# 百年商脉

◎ 主 编／陈建平

浙江工商大学出版社
ZHEJIANG GONGSHANG UNIVERSITY PRESS
·杭州·

图书在版编目（CIP）数据

百年商脉／陈建平主编 . — 杭州：浙江工商大学
出版社，2021.9
（浙江工商大学校史校情教育系列丛书：2021版）
ISBN 978-7-5178-4403-7

I. ①百 … II. ①陈 … III. ①浙江工商大学－校史
IV. ① G649.285.51

中国版本图书馆 CIP 数据核字（2021）第 054722 号

## 百年商脉
BAI NIAN SHANG MAI
陈建平　主编

| | |
|---|---|
| 出 品 人 | 鲍观明 |
| 策划编辑 | 尹　洁 |
| 责任编辑 | 吴岳婷 |
| 责任校对 | 张春琴 |
| 封面设计 | 东印广告 |
| 责任印制 | 包建辉 |
| 出版发行 | 浙江工商大学出版社 |
| | （杭州市教工路 198 号　邮政编码 310012） |
| | （E-mail：zjgsupress@163.com） |
| | （网址：http://www.zjgsupress.com） |
| | 电话：0571-88904980，88831806（传真） |
| 排　　版 | 庆春籍研 |
| 印　　刷 | 浙江海虹彩色印务有限公司 |
| 开　　本 | 880mm×1230mm　1/32 |
| 印　　张 | 15.125 |
| 字　　数 | 345 千 |
| 版 印 次 | 2021 年 9 月第 1 版　2021 年 9 月第 1 次印刷 |
| 书　　号 | ISBN 978-7-5178-4403-7 |
| 定　　价 | 288.00 元（全四册） |

浙江工商大学校史校情教育系列丛书
（2021版）

编　委：张　东　陈建平　沈笑莉

《百年商脉》

主　编：陈建平

编　者：陈建平　彭　慧

# 总　序

　　浙江工商大学的前身是创办于 1911 年的杭州中等商业学堂，系中国最早的商科学校之一，迄今已走过 110 年的历程。从辛亥革命到抗日战争，在半殖民地半封建的环境下，学校在动荡不安中艰苦跋涉，与中华民族同呼吸共命运，16 次易名，12 次迁址，走过了一条艰难曲折的发展道路。

　　在清末民初的旧中国，很少有人有意识地通过公开撰述来记录文化历史的重大变化，以至于留存至今的文字材料并不多。随着时间的流逝，亲历者也相继离去，很多历史已无从知晓。对于百余年浙商大来说，情况也是如此，学校厚重文化资源的发掘、研究、利用相对滞后，更缺乏一部体系完整、内容厚实的浙商大校史。2011 年，浙江工商大学在百年校庆之际，曾委托专业教师对学校历史沿革进行了详细考证，苦于能够利用的史料并不多，仅整理出学校在中华人民共和国成立前的 38 年校史，共计 9200 余字。

　　浙商大的历史，是历届师生校友共同创造、记录、发展的文化记忆。这些不可复制的珍贵文化财富，如果不及时保护、抢救，将给我们及后人留下巨大的遗憾。2019 年 4 月，学校宣传部接手校史馆改建工作后，会同校档案馆从不同角度查阅了大量历史文献，对校史文化资源初步进行了收集、整理

和编研。这一过程得益于"晚清民国期刊数据库"陆续上线，可以对《浙江公报》《浙江省立甲种商业学校校友会杂志》《浙江省立杭州高级中学校刊》《商学研究（杭州）》等民国刊物进行详细的发掘和整理，新发现的史料不仅是研究浙商大历史脉络的重要素材，也是研究浙商大学术人物和学科发展的宝贵线索。

"浙江工商大学校史校情教育系列丛书（2021版）"分为《商风清气》《故人情怀》《文思相望》《百年商脉》4册，分别从商大人物、历史故事、校园文化、馆藏珍品等方面展现了一个多世纪的办学岁月中的人、事、物，重现当年师长谆谆教诲、同窗切磋砥砺、生活艰苦奋进的场景。但是，百余年浙商大岁月绵长，校史内容浩大，我们的丛书自不免瑕瑜互见，不尽如人意。我们希望，本丛书能够起到回顾、前瞻、承先启后的作用，吸引更多后来者投入校史研究，据实订正，使其日臻完善。更希望本丛书所承载的文化历史积淀，能够对我们今天的学习、工作和生活，有一定的借鉴意义。

"浙江工商大学校史校情教育系列丛书（2021版）"是对师生进行校史校情、爱国爱校教育的生动教材，有利于培养全校师生员工对学校精神与理念的认同感、归属感和自豪感，形成强大的凝聚力，促进学校优良的校风、学风的继承和发展，更好地朝着习近平总书记对浙商大提出的"把学校办好，使浙江工商大学成为一所在全国有位置，在全省很重要的学校"这一目标而努力奋斗！

编委会

2021 年 3 月 15 日

# 序 言

2021 年，浙江工商大学迎来 110 周年校庆。经历百余年的风雨，浙江工商大学从一所孕育于清末、始创于辛亥革命之年的新式中等商业学堂，发展为一所具有"大商科"特色的现代化高等学府。

学校以 1909 年杭州商学公会的发起和成立为起点，经历 1911 年创校、1929 年合校、1942 年复校和 1980 年升格为本科院校的历史变迁，累计 16 次易名，在创建新校、南迁办学和返杭办学的曲折过程中，合计 12 次迁址。"甲商""商校""高商""杭商院"等不同历史时期的校名称呼，无不亲切而深入人们的记忆；"黄醋园巷""平安桥""直大方伯""银洞桥绸业会馆""蒲场巷钱塘道尹公署""金华琐园""丽水碧湖""岳坟金沙港"等校址名称，无不让人熟悉而勾起无限的回想；其承载的精神与文化无不影响着一代又一代商大学子，无不激励着一届又一届商大校友，在浙江大地上生根、发芽、开花和结果。

借校庆这一契机，作为一名校史档案研究人员，尤其还曾是负责校史展厅管理的专职人员，编者以极其深切的情感，"回首百年，追忆商脉"，尝试通过档案史料原貌，以时间为轴，以史实为体，以"办学缘起、创校与早期办学、合校与南迁办学、复校与返杭办学、中华人民共和国与新高商、商校变迁、商院扬帆、商大潮涌"八个转折节点为篇章，原汁原味地呈现学校110年来的峥嵘岁月，让新老学子重温"商大记忆"，共同见证商大百余年发展的历史印记。

此外，将散佚的史料编撰成集，实属不易。编者也殷切地希望本书能成为商大史料研究的第一手资料集，能成为商大学子始业教育、"爱校荣校"主题教育、毕业教育的读本之一，以发挥其作用。

陈建平　于杭州文教区

2020 年 10 月 4 日

1911

# 目录

第一篇

# 办学缘起

（ 1909—1911 ）

1904年，清政府颁布《奏定学堂章程》，在全国推行新式学制。其中，《奏定实业学堂通则》指出，“实业学堂所以振兴农工商各项实业，为富国裕民之本计”；《学务纲要》则强调“各省宜速设实业学堂”，“农工商各项学堂，以学成后各得治生之计为主，最有益于邦本”，“如通商繁盛之区，宜设商业学堂”。1906年，科举制度废止。随后，全国各地开始兴办实业学堂。正是在这股热潮中，杭州中等商业学堂得以孕育、萌发。

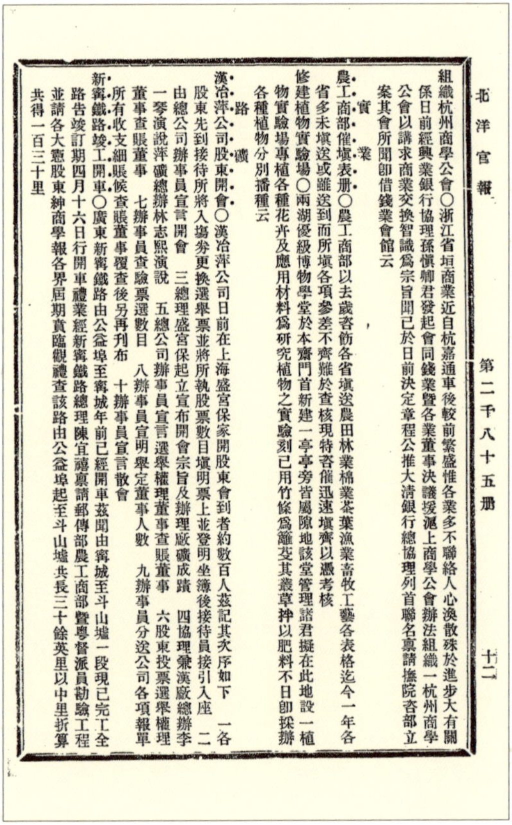
北洋官報　第二千八十五冊　十二

組織杭州商學公會○浙江省垣商業近自杭嘉通車後較前繁盛惟各業多不聯絡人心渙散殊於進步大有關係日前經興業銀行協理孫愼卿君發起會同錢業暨各業董事決議援滬上商學公會辦法組織一杭州商學公會以講求商業交換智識爲宗旨聞已於日前決定章程公推大清銀行總協理列首聯名稟請撫院咨部立案其會所聞卽借錢業會館云

實業

農工商部催塡表册○農工商部以去歲咨飭各省塡送農田林業棉業茶葉漁業畜牧工藝各表格迄今一年各省多未塡送或雖送到而所塡各項參差不齊難於查核現特咨催迅速塡齊以憑考核

修建植物實驗場○兩湖優級博物學堂於本齋門首新建一亭亭旁皆屬隙地該堂管理諸君擬在此地設一植物實驗場專植各種花卉及應用材料爲研究植物之實驗刻已用竹條爲籬芟其叢草抃以肥料不日卽採辦各種植物分別播種云

路礦

漢冶萍公司股東開會○漢冶萍公司日前在上海盛宮保家開股東會到者約數百人茲記其次序如下　一各股東先到接待所將入塲劵更換選舉票並將所執股票數目塡明票上並登明坐簿後接待員接引入座　二由總公司辦事員宣言開會　三總理盛宮保起立宣布開會宗旨及辦理廠礦成蹟　四協理兼漢廠總辦李一琴演說萍礦總辦林志熙演說　五總公司辦事員宣言選舉權理董事查賬董事　六股東投票選舉權理董事查賬董事　七辦事員查驗票選數目　八辦事員宣明舉定董事人數　九辦事員分送公司各項報單所有收支細賬候查賬董事覆查後另再刋布　十辦事員宣言散會

新甯鐵路竣工開車○廣東新甯鐵路由公益埠至甯城年前已經開車茲聞由甯城至斗山墟一段現已完工全路告竣訂期四月十六日行開車禮業經新甯鐵路總理陳宜禧稟請郵傳部農工商部暨粵督派員勘驗工程並請各大憲股東紳商學報各界屆期賁臨觀禮查該路由公益埠起至斗山墟共長三十餘英里以中里折算共得一百三十里

组织杭州商学公会——《北洋官报》，1909年第2085期，第12页

發起杭州商學公會第一次禀稿

會務報告

具稟職商大清銀行經理金百順等

為援案呈請設立商學公會以瀹商智而維公益事竊商等伏讀
朝廷保護商業開通
商部外設商會商學則特設專科商法則別編商律足見
智之至意浙江省垣江河交通本為商業薈萃之區現復鐵道接軌凡贛皖蘇閩各
省出產音將轉輸於此商務之盛可以預計杭州商務總會雖已成立有年惟是商
會之設爲各幫各業集合而成事繁體重於商學商法之故供求研求商等尙維
實業之興爲可空言商智之開要在漸進物產盈虛可以預計杭州商務總會難已成立有年惟是商
以悉其蘊非調查無以得其實非合同志交換智識延聘通人廣爲勸導不足以
啟發商智改良實業泰西商人出自學校即非專門亦具有普通知識商等從事經
營多歷年所思不出位未嘗無一二經驗究竟考證但情以渙而不通斯識以狹而
不廣用是糾合同志設立商學公會籌集經費定會董討論講求定期於開通商智

一

會務報告

擴張貿易或者於
朝廷振興實業之意不無裨益上海地方商務總會分會而外
別有商學公會業經商部批准有案杭州事同一律商等不揣冒昧援例以實
上副
朝廷預備立憲之期成下樹地方自治團體之基礎爲此具呈謹將組
織方法備載章程糶具清摺公叩
懇台大人俯賜鑒察准予立案伏乞
行實爲公便謹呈
學憲批　案悉現奉學部電開以實業教育於九年籌備事宜關係重要商學爲
學之一種亟應法軍浙省因經費艱鉅商業學堂尙無設立該商等擬
設商學公會以瀹商智而維公益有此基礎將來組織商校必易爲力察閱簡章亦極
周妥發職商務等實力熱心殊堪嘉尙應准立案仍候撥憲勸業道衙門批示此批
章程清摺存
撫憲批　來呈整簡章均悉我國商智閉塞由來已久現在商會林立漸知聯絡而
智識幼稚尙未能立求進步以擴利權究其病源實坐不學當此商戰時代洵非研

二

《发起杭州商学公会第一次禀稿》
——《杭州商业杂志》，1909 年第
1 期，第 1—2 页

記事　　杭州商學公會成立大會記事

兌盡儲蓄一項現已籌欵即逗未到期之存欵仔一天有一天之利。到期則如數清還云云。又按近年官商銀行紛紛設立亦紛紛行用鈔票其最後之結果殆難預言茲將最近查得各銀行發行鈔票之數目列長於下藉資參考。

| 行名 | 鈔票數目 |
| --- | --- |
| 大清 | 一百五十萬 |
| 通商 | 四十萬 |
| 裕甯 | 四十萬 |
| 裕蘇 | 五十萬 |
| 廣東官銀號 | 十萬 |
| 興業 | 三十萬 |
| 信成 | 五十萬 |

附記各國銀行發行鈔票數目

| 行名 | 鈔票數目 |
| --- | --- |
| 滙豐 | 一百八十萬 |
| 麥加利 | 六十萬 |
| 德華 | 五十萬 |
| 道勝 | 三十萬 |
| 華比 | 四十萬 |
| 花旗（或說是萬國銀行） | 三十萬 |
| 正金 | 一百萬 |

一百六十四　五月

## 杭州商學公會成立大會記事

五月初二日爲杭州商學公會成立大會之期以協和講堂爲會場。官長如巡警道楊觀察勸業道某觀察提學使因病派熊大令運昌警局總辦杭府卓太守派周大令承鬯代表蒞會。下午二句鐘開會先由副會長周君湘舲宣布開會辭繼舉潘君亦文爲臨時議長潘君請本會審記員景君本白演說辦法之最要者數端（一）設商報以開通智識（二）辦商學以培育人材（三）考商品以擴充貿易次由書記員魏君在田報告入會人數次由會計員毛君浩頤報告收入欵目次由巡警道楊陳春觀察記

《杭州商学公会成立大会记事》——《东方杂志》1909 年第 6 卷第 6 期，第 164 页

於女生熊姚蘭且給官費而賢高等實業者反不得補亦未免予人口實

應仍由該省委為籌畫如果五校經費之外尚有餘款可籌自應仍酌定

高等實業官費名額以資遣就除咨 覆貴州巡撫日行 大臣外相應咨行查照辦理

可也須至咨者

○○○咨覆浙撫核准杭州商學公會章程應將商務雜誌呈部並速設商業學

堂文 宣統二年正月二十七日

為咨覆事准咨開案查前據各業經董職商金百順等稟稱集合同志設

立商學公會籌集經費舉定會董討論講貫期於開通商智擴張貿易上

海地方商務總會分會而外別有商學公會業經商部批准有案杭州事

同一律商等不揣冒昧援例以請謹將會中組織方法備載章程繕具清

冊公叩立案等情當經本部院批准立案並飭提學司會同勸業道核明

詳辦旋經該司道等會核覆杭州商學公會係為注重教育而設與商

會劃清界限不相侵越又核章程第三條已庚兩則曰協助利害曰聯絡

《咨复浙抚核准杭州商学公会章程应将〈商务杂志〉呈部并速设商业学堂文》——《学部官报》1910 年第 119 期，第 11 页

外二百八十五元係同族陳登雲陳彝琳陳益議陳蔚文等所捐未便一併率入兩項合計得
洋一千四百五十五元有奇可稽敷所申請給獎時業已除出二百八十五元核算故與總數不
符委非錯誤請予其復前來復核無異詳請獎勵銜並聲明現奉行知
虞支部核欵監生楊德
費等捐助學欵請獎案內凡由具監請獎欵銜均須呈繳執照實收一道
又陳熙報監捐照一道又具監陳秉成捐照各一道隨詳具監捐章各程詳谿核辦等情前來伏
查各屬紳民報捐學堂經費前奉行准　部咨准照賑捐章程按五成例銀獎給衍封具監歷
經照辦在案令平陽縣監生陳讓等捐助學堂經費洋一千一百三十元一五合銀七百六
十六兩零詳請獎給該堂由監生陳讓由監生加布經詳閣街伊弟陳胸由監生加布經詳閣街伊父陳秉
成由貢生加同知街並陳成之父汝鑾母鄭氏請從五品
對典核與例定銀數有盈無
絀既攏讓縣取具册結繕具文詳請　奏獎前來應請准予給獎以昭激勵理合詳請　奏獎爲此備由呈乞照
册結及實收册監等照一併附呈仰祈
憲台察核請俟彙案附片
詳爲施行

本署司賓照會鄭紳在常充任杭州中等商業學堂監督並將該堂組織成立文八月十九
日

為照會事本年八月初一日准　杭州商學公會咨開照准查實業之中農工二門均頼
商以轉輸中國以農業為本原料豐富而商業不振銷路滯塞絲茶糖各項出口之數日見衰
落推其原因由於智識短淺貪近利味遠圖有以致之祖貴會熱心教育募集商款欵設有
可爲自應酌量補助無如康咨支絀分配維艱來咨稱杭州高等小學堂經費有初擬立商業學頭科則
補助若將該堂作中等商業學堂以現有學生作初中等兩級俟開拓
可成立將以中校係爲開拓之地此意見復施行等因惟
實業講求學識起見亟以為普通為本科改官立為公立其徵貴司提倡商校通籌全局之盛意良深欽
佩敬會籌欵已有成數而候内各務仍公推該堂堂長鄭紳
杭州高等小學堂堂長鄭紳爲中校監督之職必能勝任愉快敕會同人衆議會同咨明俟據擬照前會
自應照辦相應擬情照會鄭紳查照希即充任中等商業學堂監督並將
該堂事務組織成立議章通遠核辦可也

《本署司袁照会郑绅在常充任杭州中等商业学堂监督并将该堂组织成立文》——《浙江教育官报》1910年第34期，第258—259页

期隨帶文憑相片來學務公所塡冊以便選送各在案兹准杭州府中學堂及安定
中學堂先後保送並擴顏赴肄業各生陸續隨帶文憑相片來所塡冊請給咨赴京
肄業前來 本署司 伏查此次保送及來所塡冊各生均係中學以上畢業者核其程
度皆屬相當應即一併送京肄業以遂其僑學之忱除由司分別逐行咨送 農工
商部高等實業學堂考試肄業以期捷速並詳報 撫憲察核外合將咨送諸生姓
名年籍履歷開清摺備文詳送仰祈 鈞部察核迅賜轉咨 農工商部查照實
為公便為此備由呈乞照詳施行

本署司郭移勸業道杭州中等商業學堂不敷經費請照會商學公會商務總
會籌議咨復核辦文 九月二十八日

杭州高等小學堂校長度支部主事
鄭紳在常咨呈本年八月十九日准照開准杭州商學公會開敷會前擬創立商
業中校係為開拓實業講求學識起見貳以時局艱難籌欵太鉅重煩藤籌勸將官
立高等小學升作中等商業學堂一轉移間易為普通為專科改官立為公立具徵貲

司提倡商校通籌全局之盛意易深欽佩敦會籌欵已有成數而校內各務仍公推
該堂堂長鄭紳在常組織且鄭紳辦學有年規畫井於士論倉服眾且以中校監督之
職必能勝任愉快敦會同人眾議僉同咨祈俯准讓情照會杭州高等小學堂長
鄭紳為中等商業學堂監督併後組織之處惟希鑒察等由過肖准此自應照辦相
應據情照會為此照會貴會查照希即充任中等商業學堂監督並新將該堂事務
組織成立議章通送核辦可也等因准此查敦堂經費向由敷捐局核定每月三百
三十元自縈恫局歸併改由 藩司按季提前照數發給計常年三千九百六十
元過閏照加但能勉強敷用若將敦堂升作商業中等程度既已加高經費自益增
多成目前而論即令先開正科一班預科兩班極力撐節計非歲有萬元不可惟組
織之初目前籌開辦及經常等費究得若干其欵如何核定從前領起以及領欵之方
法如何應請明白批答再行議章呈復等情到司准此司署司未及
核辦移交前來本署司查起案發起於仁錢教育會之養成教員而贊成於商學公

《本署司郭移劝业道杭州中等商
业学堂不敷经费请照会商学公会
商务总会筹议咨复核办文》——
《浙江教育官报》1910年第41期,
第280—281页

## 本省商業

(杭州)稟訐銀行之結果。 浙江銀行。前被上海商業研究會陳震福等稟訐資本未充。輕發紙幣各節。茲奉度支部核復。以該銀行資本並流通票紙準備數目不甚懸殊。與本部奏訂通用票紙暫行章程。尚無不合。嗣後飭將票紙流通數目。準備數目。遵章按期填表報部。每年遞減二成。準備務期確實。至該銀行卽係官商合股開辦。所有營業範圍。監察機關。均應遵照銀行則例辦理。庶息浮議而昭信用云。

(杭州)開辦商業學堂之先聲。 杭州商學公會成立後。業經由勸業道詳請撫院咨部註冊立案。所有商業雜誌首期。業經呈送各憲鑒核。惟會中經費闕如。正會長高培卿君。又以事冗不克兼顧。現聞副會長金潤泉周湘齡兩君。擬墊欵項。開辦商業學堂。入手辦法。擬各籌經費一千二百元。約計常年費需萬金左右。係仿照上海已成之局。規定布置。下月朔日。常會提議。以待公同取決云。

(杭州)日商違約肇禍彙誌。

(一)起事原因。 大井巷日商前田佐市村上喜次郞所開福壽堂蛋餅店。於本年

《(杭州)开办商业学堂之先声》——《商业杂志(绍兴)》1910 年第 2 卷第 4 期，第 52 页

1911

第二篇

# 创校与早期办学

## （1911—1929）

## （一）杭州中等商业学堂

1911年3月15日，杭州中等商业学堂正式开办，校址在杭州马市街黄醋园巷杭州高等小学堂旧址，设普通商科专业，修业年限为预科2年、本科3年，郑在常任监督（校长）。

郑在常先生遗像
——《浙江省立女子师范学校校友会杂志》1919年第1期

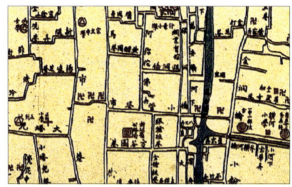

马市街黄醋园巷
——《最近实测杭州市街图》（1930年）局部

校友會雜誌

## 前校長鄭岱生先生傳

朱光勳

先生諱在常字岱生餘杭鄭氏家故豐自奉若寒唆見義勇爲以公誼干之巨金弗悋也甲辰歲集貲創設杭州女學校旋任外總理顧經營伊始絀拂擊尤多先生覃溉支持不稍阻惑先後助欵六千餘金女校之得以維持廓充以迄于今者先生力也迨故改爲省立女子師範當事者以先生繼任校長經畫數年規模益廓嘗曰女子教育乃家庭教育社會教育之基荀或不愼將風紀頹喪禮教蕩然轉爲文明之玷故總持十載斷斷以融會新知保存舊德養成賢母良妻爲職志學風整飭士論宗之初先生在杭州高等小學校校長一以躬行實踐訓勉學子待蒙生如家人會改設中等商業學校先生仍任校長時女校正資釐釐乃辭去兼職以次編制學科力求完備於師範外增設保姆蒙養暨附屬小學高等國民諸科先後畢業者逾六百人成績卓著途拜五等嘉禾章之褒然先生畢生心力已瘁於斯矣丙辰夏以疾卒於里第卒之前一日尚在校董理學務曾謂余曰病如不起將奈何在校十

第一期　前校長鄭岱生先生傳

一

《前校长郑岱生（即郑在常——编者注）先生传》——朱光勋撰，《浙江省立女子师范学校校友会杂志》1919年第1期，第1页

## （二）浙江公立中等商业学校

1912 年 8 月，依据中华民国南京临时政府教育部《普通教育暂行办法》要求，学校易名为浙江公立中等商业学校，周锡经任校长。

周锡经 校长
（任期：1912 年 8 月—1918 年 8 月）

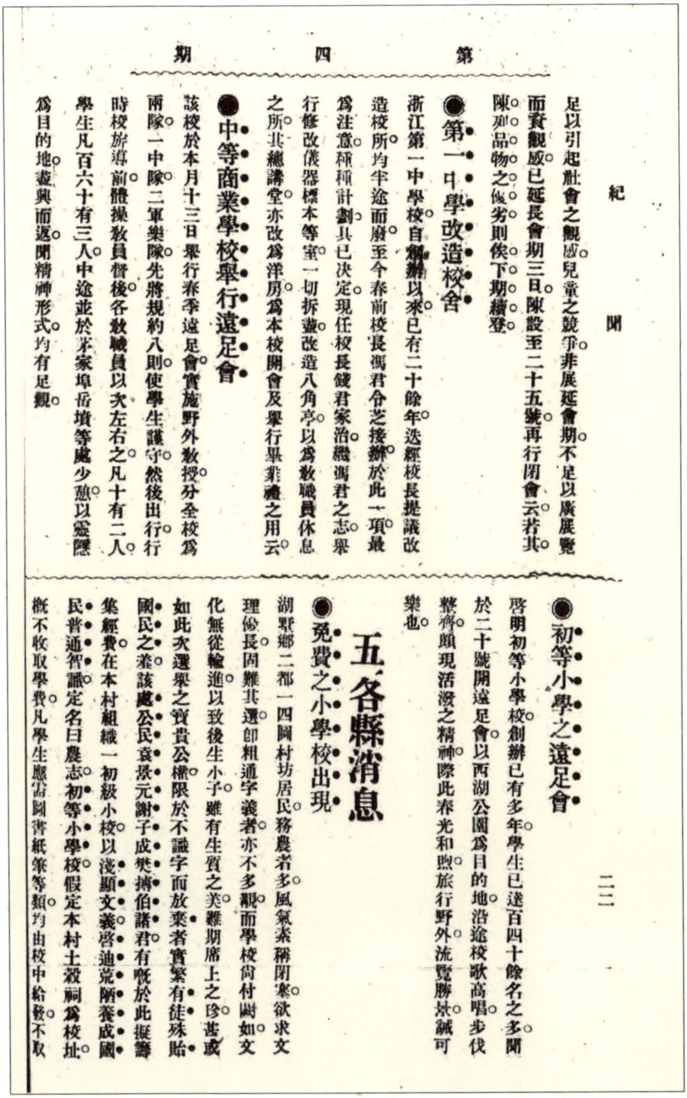



足以引起社會之觀感。兒童之競爭。非展延會期。不足以廣展覽而資觀感。已延長會期三日。陳設至二十五號。再行閉會云。若其陳列品物之優劣。則俟下期續登。

●第一中學改造校舍

浙江第一中學校自創辦以來。已有二十餘年。迭經校長提議改造校所。均半途而廢。至今春前校長馮君令芝接辦。於此一項最為注意。種種計劃。具已決定。現任校長錢君家治。繼馮君之志。舉行修改儀器標本等室。一切拆盡。改造八角亭。以為教職員休息之所。其總講堂。亦改為洋房。為本校開會及舉行畢業禮之用云。

●中等商業學校舉行遠足會

該校於本月十三日舉行春季遠足會。實施野外教授。分全校為兩隊。一中隊。二軍樂隊。先將規約八則。使學生謹守。然後出行。行時校旗導前。體操教員督後。各教職員以次左右之。凡十有二人。學生凡百六十有三人。中途並於茅家埠岳墳等處少憩。以靈隱為目的地。盡興而返。聞精神形式。均有足觀。

●初等小學之遠足會

啓明初等小學校。創辦已有多年。學生已達百四十餘名之多。聞於二十號開遠足會。以西湖公園為目的地。沿途校歌高唱。步伐整齊。頗現活潑之精神。際此春光和煦。旅行野外。流覽勝景。誠可樂也。

## 五、各縣消息

●免費之小學校出現

湖墅鄉二都一四圖村坊居民。務農者多。風氣素稱閉塞。欲求文理條長。固難其選。即粗通字義者。亦不多觀。而學校尚付闕如。文化無從輸進。以致後生小子。雖有生質之美。難期席上之珍。甚或如此次選舉之寶貴公權。限於不識字而放棄者。實繁有徒。殊貽國民之羞。該處公民袁景元謝子成樊搏伯諸君。有慨於此。擬籌集經費。在本村組織一初級小校。以淺顯文義。啓迪荒陋。養成國民普通智識。定名曰農志初等小學校。假定本村土穀祠為校址。概不收取學費。凡學生應需圖書紙筆等類。均由校中給發。不取

《中等商业学校举行远足会》——《教育周报（杭州）》1913 年第 4 期，第 22 页

## （三）浙江省立甲种商业学校

1913 年 8 月，国民政府颁布《实业学校令》和《实业学校规程》。是年冬，学校易名为浙江省立甲种商业学校（简称"甲商"），修业年限改为预科 1 年、本科 3 年。

1913 年 8 月，学校添招本科一班。

1914 年春，学校迁至平安桥前浙江高等学校遗舍，即原浙江两级师范学堂（现杭州高级中学）内。

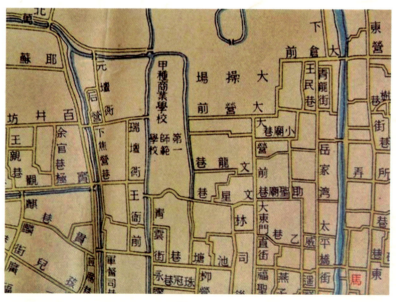

浙江省立甲种商业学校校址示意图

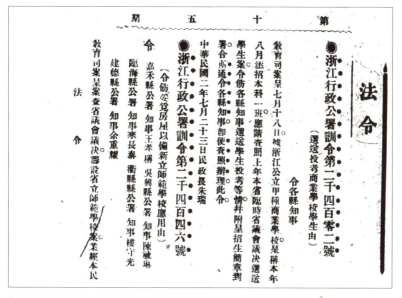

《选送投考商业学校学生由》（浙江行政公署训令第二千四百零二号）
——《教育周报（杭州）》1913年第15期，第25页

20世纪20年代，浙江省立甲种商业学校位于平安桥校址的校舍

1914年7月，学校第一期本科生修业期满毕业。

1917年7月，章埏，即章乃器，以甲等成绩毕业，系本校第四届本科毕业生。

1918年8月，因周锡经就职杭县农工银行行长，辞去校长职务，由学校教务部部长李涵真继任校长。

1920年12月，与浙江省立第一师范学校交换土地，开拓学校操场。

李涵真 校长
（任期：1918年8月—1927年4月）

卜豐收上忙收數截止六月底止已超過十成下月當再籌解洋一萬元合先電慰慈廑等情據此查接管卷
內前行政公署以中央迭催解款通電所屬飭卽湊濟該縣賓瘠素著乃擄節商借雙方並進竟能籌解萬元
到署已屬難能茲據前情徵收竟達十成以外尤覺成績逾恒合行飭仰該廳長照章議獎以示鼓勵並將該
縣近三年徵收比較列表詳報候核此飭

浙江巡按使屈映光
右飭財政廳長准此

中華民國三年七月　日

浙江巡按使公署飭第一千一百零六號　飭各縣轉知各機關酌用甲種商校畢業生由

為飭知事案據省立甲種商業學校校長周錫經詳稱案查本校創辦於前清宣統三年所有第一班本科主
本年七月修業期滿業經詳請鈞署核准畢業計本科畢業生共三十二名列甲等者十二名列乙等者十二
名列丙等者八名均於七月五日舉行畢業式發給證書各在案查甲種商業學校本科學生畢業之後爲乙種商
學計者應升入商業專門學校肄業爲謀生計者可入實業界或公私各種學校而
業學校之教員現在浙省尚無商業專門學校而北京及各省此種學校亦均未設立此次本校畢業生欲
再研求高深之學問者固不乏人然無校可入有願莫償若欲遠涉重洋遊學外國復因學資過鉅無力負擔
此其艱於求學者一也本校本科功課悉遵部定新章辦理於簿記銀行諸科尤爲注重而本校爲謀學生將
來應用起見復授官廳簿記統計財政識別銀元練習打字機等功課務期學生畢業之後有相當之
技術學識之供辦事之需惟就浙江現在之情形言之各種實業尚未發達大規模之公司商店極形稀少而
乙種商業學校亦甚爲寥寥此其艱於謀生者二也竊惟地方以款設立實業學校原欲養成畢業生以供
社會之用而今日我國之實業尚屬幼穉非廣植實業人材分布各方面則尤不足以謀振興校長勞察社會
情狀默慮教育前途展轉思維計惟有仰懇鈞座遴選成績優美之畢業生飭迄公私各機關准予任用之一

《飭各縣轉知各機關酌用甲種商校畢業生由》（浙江巡按使公署飭第一千一百零六號）——《浙江公報》1914年第885期，第5頁

## ⊙ 訓令

浙江省長公署訓令第二千六百三十五號 令省立甲種商校准
　　教育部咨復該校學生章埏等准予畢業由

令省立甲種商業學校

案准

教育部咨開准咨述省立甲種商業學校畢業生一覽表到部查表開學生章埏等二十六名履歷核與原案相符成績亦均及格惟查良治一名學業成績未能及格既據稱相差分數不及十分之一而操行成績列在乙等以上均應准其畢業備案等因准此合就令仰該校知照此令

中華民國六年八月二十一日

省長齊耀珊

浙江省長公署訓令第二千六百五十八號 令省立第四中學校准
　　部復該校四年級生鄭尊法等准予畢業備案由

令省立第四中學校

案准

教育部咨開准咨送省立第四中學校四年級生鄭尊法等四十名畢業表到部查該校學生鄭尊法等四十名核與舊報相符成績亦尚及格應准畢業備案請查照令知等因准此合行令仰該校知照此令

中華民國八年八月二十一日

浙江公報　訓令

九月六日第一千九百六十六號

五

《令省立甲种商校准教育部咨复该校学生章埏等准予毕业由》
（浙江省长公署训令第二千六百三十五号）——《浙江公报》1917
年第1966期，第5页

汪稼民。 會計許惕時

**開拓本校之操場**

本校操場面積本狹自七年夏在原有操場地基內建築兩操場一座而固有面積更形狹小從事擴充自不容緩九年十二月商諸第一師範學校將毗連本校之至公堂舊址隙地一方與本校原有膳廳後面之廚房及儲藏室拆換基地并洋五百元訂立交換合同繪具地圖呈請官廳核准備案自是操場始擴充至三分之二乃添設足球籃球網球鐵桿等各種運動器具并捐貲建築運動跑圈以便練習徑賽矣。

**舉行本科第八次畢業式**

民國十年五月開第十次省會中等以上學校校長會議於商校本校提議舉行頃合畢業式經衆討論咸謂此舉既省手續又壯觀瞻且可聯絡感情法至美也同時贊成加入者有農校蠶校工校商校女師一中等六校遂定於七月八日上午假省

續圖

二一

《开拓本校之操场》——《浙江省立甲种商业学校校友会杂志》
1922年第6期，第21页

## （四）浙江省立商业学校

　　1922 年，教育部实施学制改革，职业教育机构由单轨型向综合型过渡，并与普通教育合二为一。浙江省也遵照新学制的规定，分别调整。1923 年，将旧制省立甲种农业、蚕业、商业、水产、森林各学校一律改为省立职业学校。是年 8 月，"甲商"易名为浙江省立商业学校，修业年限为5 年。

1925 年 7 月，浙江省立商业学校第十二届毕业生全体合影

## （五）浙江省立商科职业学校

　　1926 年春，根据浙江省《施行新学制省立各校改组办法》中的规定，学校又易名为浙江省立商科职业学校。1927年春，张琏任校长。是年夏，学校与省立一中互换校舍，迁入直大方伯原省立一中校舍（现解放路浙医二院），开始实行男女兼收。同年 10 月，许绍棣任校长。

许绍棣　校长
（任期：1927 年 10 月—1929 年 5 月）

## 通告

黃巖縣長覽提路橋藥業店員工會聲稱對要求加薪一案不服該縣仲裁決定請予覆裁等情仰即檢齊案全卷剋日送府以憑核辦省政府印

省政府委員會議決任免職員事件

十月二十八日省政府委員會第三十九次會議決任命許紹棣為省立商科職業學校校長

各機關呈報事件

寧波市公安局長張炯宥代電呈報於十月二十六日宣誓就職

## 判決案

浙江高等法院民二庭判決案件表

| 案由 | 主文 | 文裁判日期 |
|---|---|---|
| 鄞縣甬台輪船公司與闕順生賠償 上訴 | 原判除認上訴人應負賠償損害責任之部分外廢棄上訴人應賠償被上訴訴人一千零六十六元六角六分及上年舊曆三月初一日起至執行終了日止之甬市利息上訴人之其他上訴及被上訴人在原審其餘之請求取斥第一二審訴訟費用兩造各自負擔 | 十月十七日 |
| 龍泉藥有武興藥有紹山界上訴 | 上訴駁斥第三審訴訟費用由上訴人負擔 | 十月十七日 |

省政府委员会议决任免职员事件：10月28日省政府委员会第三十九次会议决任命许绍棣为省立商科职业学校校长——《浙江省政府公报》1927年第143期，第13页

百年商脉

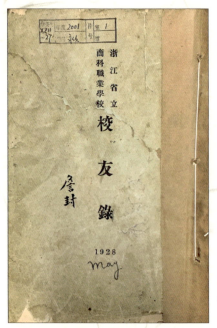

《浙江省立商科职业学校
校友录》（1928 年）封面

《浙江省立商科职业学校校
友录》（1928 年）第 1 页

《浙江省立商科职业学校校友录》（1928 年）第 2 页

《浙江省立商科职业学校校友录》（1928 年）第 3 页

## （六）浙江省立高级商科中学

1928 年 8 月，学校易名浙江省立高级商科中学，迁入蒲场巷（现大学路）道尹公署旧址，新生入学资格为初中毕业，修业年限为三年。

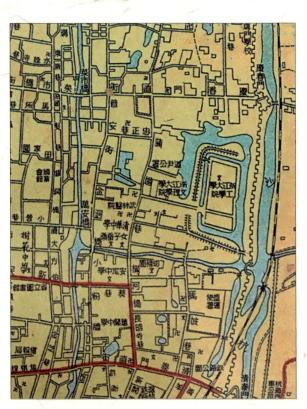

蒲场巷道尹公署
——《最新杭州市地图：西湖全图》（1946 年）局部

<br/>

浙江建設月刊　航政會議專刊

| 借撥槍械 | | |
|---|---|---|
| 快槍 | 或稱金陵槍或稱拾槍 十二枝 | 附子彈二千四百顆 |
| 廣線槍 | 二枝 | 附子彈二百顆 |

四八

丁添置武裝以備不虞

（議決）查沿海各區已有巡船足敷巡查之用不必添設以節經費至島民譬橫須備武裝一節可將該區巡

## 擬請商同國立浙江大學在省立高級商科中學開辦航政系案

查吾浙河流交錯海岸綿長水上交通亟待發展值此本省創辦航政之始除改善航務之設備及整頓航政之管理外對於航政人才尤當亟予培植方為根本之圖惟專設學校頗非易事如能在省立高級商科中學添設航政科則設校學程既加擴充而本省航政人才亦將輩出為計之得無過於是用特提出開辦航政系

課程辦法大綱是否有當敬請

公決

### 辦法大綱

（一）開辦航政之宗旨　培植航政人才以供本省及全國航政界之需用

《拟请商同国立浙江大学在省立高级商科中学开办航政系案》
——《浙江建设月刊》1928年第15期，第48页

（二）航政系之課程

第一組　商業地理　商業發達史　國際貿易　國際匯兌　關稅論　國際公法

第二組　航運原理　船舶構造大意　海險學　海商法　港政概論　商船管理論　運輸契約論

兩組學科除第一組前四門如有相當程度者可免習外餘均為必修科

（三）航政系辦理學校　由建設廳商同國立浙江大學委託省立商科高級中學辦理

（四）航政系招收學生資格

一、高中一年級肄業期滿學生

二、凡本省管理船舶事務所人員曾在中學畢業而英文程度優良者得呈准建設廳無試入學

兩項學生總共人數每年每級不得過三十人

（五）航政系學生畢業年限　兩年畢業給予高級商科中學航政系畢業證書

（議決）查航政人才亟應造就航政系自當商請國立浙江大學開辦惟不必指定商科中學茲將課程改訂如下

第一系

中國經濟地理　銀行學　統計學　中國編稅制度及報關手續論　中外航政史　中國各港情形

第二系

《拟请商同国立浙江大学在省立高级商科中学开办航政系案》
——《浙江建设月刊》1928年第15期，第49页

第三篇

# 合校与南迁办学

## （1929—1942）

## （一）浙江省立高级中学（商科）

　　1929 年 5 月 17 日，浙江省政府决定将省立一中、二中的高中部和省立高级商科中学合并组成浙江省立高级中学，设文、理、师范、商四科，以原省立一中校舍为校址，由浙江大学校长蒋梦麟兼任校长，日常事务由校务主任林晓主持。1930 年 6 月，蒋梦麟升任教育部长，由林晓继任校长。1931 年 6 月，叶溯中继任校长。

蒋梦麟 校长　　　　　　林晓 校长　　　　　　叶溯中 校长
（任期：1929 年 5 月—　　（任期：1930 年 6 月—　　（任期：1931 年 6 月—
　1930 年 6 月）　　　　　1931 年 6 月）　　　　　1934 年 5 月）

校门和门道——1930 年 5 月《浙江省立高级中学周年纪念册》

纪念厅和教室——1930 年 5 月《浙江省立高级中学周年纪念册》

自修室和宿舍——1930 年 5 月《浙江省立高级中学周年纪念册》

阅览室和实验室——1930 年 5 月《浙江省立高级中学周年纪念册》

## （二）浙江省立杭州高级中学（商科）

1933 年 6 月，学校改名为浙江省立杭州高级中学（商科），由项定荣任校长，萧家干任商科主任，后由万鲁生、陈博文、张孟强相继接任。1937 年，抗日战争全面爆发。同年 11 月，学校被迫南迁至金华瑓园；同年 12 月，再迁至丽水碧湖。

项定荣 校长
（任期：1934 年 7 月—1938 年 6 月）

中華郵政特准掛號立券之報紙

# 浙江省立杭州高級中學校刊

地址杭州貢院前

校聞

## 本中學改用新校名

本中學奉教育廳訓令，遵照中學規程之規定，校名應改稱為「浙江省立杭州高級中學」。遵於八月二十日起，改稱為「浙江省立杭州高級中學。」除呈報外，並已分函布告一體知照云。

## 開學典禮補誌

本中學本學期業於八月二十三日起開始註冊，二十五日上午九時，在紀念堂舉行開學典禮，是日新生四百餘人，先由葉校長報告校務進行計劃，及勉勵學生努力進修等後，再由隔教務主任王訓育主任分別報告教訓育上學生應注意各點，及普通科汪主任作之演說；辭多勉勵，為動甚容。待散會已鐘鳴十一下矣。

浙江省立杭州高級中學校刊 第八十期

232

## 本學期招生誌略

第一次招生，於八月三日起開始報名，十三日舉行筆試，十五日口試及體格檢查。普通科一年新生，計投考生六百十二名，筆試合格經口試及體格檢查錄取者三百六十五名，免除筆試經口試及體格檢查錄取者二十一名，錄取生計七名，第二次招收普通科一年級特別班」班……

### 錄目

開：本中學改用新校名

本學期校務訓令發書獎助金

本學期採用新教科圖書儀器

新生入學後分配成績之統計

假期生活概況

普通科各級任教員一覽

體育會上學期成績之統計

召集各級新生談話

紀載

啟事

章則

附

第八十期
民國二十二年九月十日出版
中學總務處編輯及發行
每旬一日出版 七日集稿

《本中学改用新校名》——《浙江省立杭州高级中学校刊》1933 年第 80 期，第 233 页主席：陳博文。記錄：張文哉。

行禮如儀

甲。報告事項：

1.六月三日舉行划船比賽。2.六月四日懲戒不參加新生活運動大會者，及中途離隊學生。3.六月五日起擬訂全省訓育會議工作考核表並分別加以懲獎。4.六月八日公佈學生自治會工作考核表，並分別加以懲獎。5.全省訓育會議概況。6.六月十四日舉行第八次升旗禮。7.取締普三女生在校外包飯。8.六月十五日舉行三年級學生談話會。

乙。討論事項：

1.普三、商三、財專學生，本學期操行成績，業已評定，請公決案。議決：修正通過。2.學生暑期服勞訓練，應如何實施案。議決：依照教育顧問頒發辦法施行，於下星期一（十八日）上午十時三十分在中山紀念週由王亦文先生演講通俗宣傳方法。3.各科級學生住校日期，應如何限制案。議決：1.普通科及商科三年級學生，限六月二十六日以前，一律離校。2.二年級及春三學生，限七月廿五日以前，一律離校。3.普通科及商科三年級學生，如欲借住校內，須向訓育處登記核准。4.財專班住校學生，自六月二十四日起，至七月卅日止，由張之楨

炎、關慶雲、李如漢、張夢吉、余楙。李如漢兩先生負責管理。4.確定一二年級及春三學生操行成績評定日期案。議決：各級任導師，至遲於下星期二（二十九日）以前送處核算。

丙。散會。

## 第二次商科商務會議記錄

日期：六月十五日下午三時。

地點：前樓大廳。

出席者：楊山農、張之楨、劉炳炎、陳博文、董志一、王孟恕、顧品瑜、徐寶山、戴千里、王亦文、李如漢。

主席：陳博文。紀錄：李啟枚。

甲。報告

1.主席報告2.級任報告3.各教師報告。

乙。討論

1.商業科教學研究會提：茲擬訂商科學生暑期作業暫行辦法草案，請核議案。議決：照原提案通過。2.李仲廈先生提：訂學務會修正實習管理辦法草案，請核議案。議決：照原提案通過。3.教務處提：請決定下學期商三學生選科目案。議決：選定下學期商三學生選科目案如下：一、三角幾何（每週二小時）英報（每週二小時）一理（每週四小時）英文（每週三小時）運輸概論（每週三小時）公司會計（每週三小時）。b商二考公民，國文，數學，英文，經濟概

## 下學期招生委員會第一次會議記錄

日期：五月三十一日下午四時。

地點：教員休息室。

出席者：張之楨、瞿汈、王孟恕、胡倫清、汪寶潤、蔣孟起、盛光遠、王培德、董志一、洪芷垞、陳博文、吳鹿鳴、張翔南、施寶華。

主席：陳博文。紀錄：李啟枚。

甲。恭讀 總理遺囑

乙。討論事項（略）

甲。報告事項

1.本屆招生日期應如何決定案。議決：八月三日至九日報名。八月十二三日筆試。2.普通科商科招收秋季二年級插班生各若干名。3.請推定總務部推定報考試部主持人員案。議決：總務部推定洪芷垞先生擔任。考試部指定陳博文先生擔任。4.請決定新生暨插班生考試科目案。議決：1.新生考黨義，自然，史地，國文，英文，數學。2.插班生a普二考公民常識，國文，英文，數學，史地，生物，經濟概

化。

《第二次商科科务会议记录》——《浙江省立杭州高级中学校刊》1934年第105期，第664页

躍，收到稿件，約計三十篇左右。現已由各英文教員逐一評閱，將分數量變交教務處應受測驗學生，亦均分別赴規定之四大教室，靜候測驗。並聞是項英文課外閱讀之平均結算完竣，計優勝學生姓名誌錄於後：

三年級1.鄭志譽2.葉朗3.李敦仁4.趙松喬5.趙儀昌

二年級1.吳家華2.凌南興

一年級1.洪錦章2.陳家耀

## 舉行英文課外閱讀測驗

本中學各科各年級英文課外閱讀書籍，前經外國語科教學研究會分別規定。該科各教員爲考核各科秋季二三年級學生英文課外閱讀成績起見，特於上年十二月十三日（星期日）上午，舉行英文課外閱讀測驗一次。是日各英文教員均到場監試。

## 商科學生榮獲級際足球錦標

本中學級際足球錦標比賽，或因天氣關係，或因雙方實力平均，前數學期數度比賽，乃能按照規定日期，次第比賽。本學期天氣頗佳，各項比賽，乃能按照規定日期，次第比賽，間亦有雙方實力平均，需數度之角逐，始分勝負者，故中間經過情形，非常熱烈，作壁上觀者，咸爲助威吶喊，尤以商科一組，人才濟濟，始終努力，獲得全項總錦標。茲將各級比賽秩序錄後：

商科
秋三
秋二
秋一
德文
春季
商科

1:0　商科
0:3　春季
3:1　商科
（襄權）0:1　春季
4:2　商科

## 第十一屆全校運動會暨班級際球類錦標給獎

本中學本學年所行第十一屆全校運動會暨班級際球類比賽各項消息，業經先後登載本刊。茲因團體及個人分數之結算，獎品之遴備及分配，均須一再商酌辦理，自需相當時日，及至上年十二月中旬始告竣事，茲已於十二月廿八日紀念週時，舉行給獎儀式，由項校長親自給獎並致詞獎勉云。

## 各種課外比賽分別給獎

本中學本學期舉行全校國文作文比賽，國語講演競賽、國語辯論比賽、英文徵文比賽，算術演題比賽、書法比賽、圖畫比賽，各種消息，業已先後登載本刊。各項優勝獎品，一律於本年一月四日晨舉行本年第一次，總紀念週時，由項校長親自分別給獎，以資薈勵，同時去年叁加集中軍訓成績優良學生獎品及教育廳獎學金狀等，亦一併轉頒云。

## 本年春假後將開春三畢業補習班

本中學本學期普通科春季三年級一二南班學生五十九人，已於本年寒假期內，修滿三學年，成績及格，准予畢業。惟寒假期內，國立著名各大學，均不招收新生

《商科学生荣获级际足球锦标》——《浙江省立杭州高级中学校刊》1937年第160期，第1596页

## （三）浙江省立临时联合中学（商科）

1938 年 6 月，浙江省政府决议将浙江省立杭州高级中学、浙江省立杭州初级中学、浙江省立杭州师范、浙江省立杭州女子中学、杭州民众教育实验学校、嘉兴中学和湖州中学 7 所省立中等学校合并组成"浙江省立临时联合中学"，设高中、初中和师范 3 部。校址在丽水县碧湖镇。学校改校长制为委员制，由原嘉兴中学校长张印通任校务委员会主任委员兼高中部主任。项定荣（另有他就）、唐世芳（兼初中部主任）、徐旭东（兼师范部主任）、孙简文、周翔等 7 校原任校长均为校务委员；并通令 7 校流散之学生到校登记。结果原商科学生前往登记者寥寥无几，除应届毕业生有 5 人登记准予继续开班外，其余一年级 4 人、二年级 5 人被编入普通科肄业，并且停止了当年商科招生。1939 年，省立临时联合中学恢复商科招生。春、秋两季各招 1 个班，为春、秋两季招生制之开端。

——据《抗日战争时期内迁丽水的学校》，载《丽水市教育志》（1994 年出版）

百年商脉

张印通 校长
（任期：1938 年 6 月—
1942 年 7 月）

校徽

校徽上的7颗星，分别代表合并前的7所省立中学

20世纪30年代，浙江省立临时联合中学教室外景（碧湖龙子庙外）

1939年1月，浙江省立临时联合中学第一届毕业生合影

## （四）浙江省立临时联合高级中学（商科）

　　1939 年 8 月，浙江省立临时联合中学奉命分为各自独立的 3 所学校——浙江省立临时联合高级中学（简称"联高"）、浙江省立临时联合初级中学和浙江省立临时联合师范学校。张印通任浙江省立临时联合高级中学校长。联高校址设在碧湖，校本部在龙子庙，一年级男学生宿舍在胡公庙，生物、化学、物理教室和实验室在广福寺。学校在龙子庙后东北方分两处新盖草舍教室十几间，并借用庙宇，因陋就简办学。1942 年 6 月，日寇自金华南犯，战火波及丽水；7 月，浙江省立联合高级中学迁至青田县南田村。

　　——据《抗日战争时期内迁丽水的学校》，载《丽水市教育志》（1994 年出版）

百年商脉

浙江省立临时联合高级中学理
化实验室（碧湖广福寺）

浙江省立临时
联合高级中学校徽

欧一字第三九號公函內開：

「案查修正高中以上學校軍事教育方案第二十三條之規定『高中以上學校女生免受軍訓但平時應以軍事看護爲必修科教訓時得酌派服務』。查過去尚有少數學校對於女生軍事看護未能切實奉行，嗣後自應請飭令各校切實遵照辦理除分令外相應函達，即希查照并轉飭各校遵照應荷」。

遵照。此令。

## 浙江省教育廳訓令

教字第五五九號民國二十八年元月十六日發

察報告令仰知照由

令省立臨時聯合高級中學

案據本廳督學呈送臨中學二十八年度第一學期視察報告書稱：該校春三國文教員錢南揚，授國學槪論，源流熟悉，詮釋明達。秋三乙公民教員沈乃昌講陸九淵王陽明學術思想，叙事說理，均無不合。春二甲算學教員叔弘德，講二次聯立方程，演示純熟。秋二國文教員王冕鴻，講張宋代遞例，舉例說明，廣博清楚。春二乙圖畫教員施世珍，處理專務，誘掖獎勸，紀事考成，具見化育陶溶之功。查閱學生月表考成績，其中路，是查其二甲英文教員王顯良，講授文法分詞練習，分別指正，教學合法。秋二化學多係優良，上屆畢業名次進華，教員徐澄華，講磷及其化合物，教課純熟。春一國文教員李建綱，升入國內著名大學者甚多，足證學業程度，不落人後，均屬難得。等情，據此，該校辦理認眞所以體臻努力，期臻至善爲要。此令。

秋一甲國文教員錢師瑞，講王粲登模賦，分析詞句，詳明透達。春三物理教員壽介星，講張光燈與白熾燈，說理詳明。秋二中文教員黄衆叙，叙說分明。商春一英之張中丞傳後叙，顧爲純熟。詳盡明白。商春一醫學教員吳啟牧生，詳盡明白。用人行政，處理校務，亦均安切。該校係聯合浙西各省綸陷區轉入學生組織而成，原有其所乘，現在圖整體治，和同一氣，紀律秩。特細教員，分組進行，生氣蓬勃，成績可觀。導師們切實奉行，每一導師，領導學生少十餘人，多則二

（一）教室兩前大井，須設法一次利用；男生盥洗所之篷蓬，及女生井然有序之活動儲藏類，須設法改善。

（二）該校補師生及女生在三百以

## 浙江省教育廳訓令

教字第一〇二號民國二十九年元月五日發

察報告令飭遵行改進各點仰遵照由

令省立浙西第一臨時中學

案據本廳督學呈送該校二十八年度第一學期視察報告書略稱：該校中學校方勉可敷用，校具充實，圖書儀器藥品等均可敷用，記載詳明；教職員能力健全，各項裝飾，記載詳明；他如衛護環境，開闢農場及衛生設備等項，亦均能注意。惟有應行改進各點，分別指示於後：

《据本厅督学二十八年度第一学期视察报告令仰知照由》（浙江省教育厅训令教字第五五九号）——《浙江教育》1940年第2卷第9期，第88页

畢業證書

學生曹大琛係浙江省杭市縣人現年貳拾歲在本校高級中學修業期滿成績及格准予畢業此證

浙江省立臨時聯合高級中學

校長張即通

中華民國三十一年七月 日

1942 年 7 月，浙江省立临时联合高级中学毕业证书

第四篇

复校与返杭办学

（1942—1949）

## 浙江省立高级商业职业学校

1942 年 9 月 5 日，省教育厅将商科从浙江省立临时联合高级中学划出单独成校，定校名为浙江省立高级商业职业学校（简称"高商"），以丽水县碧湖镇龙子庙原联高校舍为校址（当时丽水一带的日寇已经撤退），委任张之桢为校长。

张校长一上任，即着力整顿校务，诸如教育方针、规章制度的制订及各种重要机构的组建。全校师生发扬合作精神，在十分困难的条件下，不仅坚持商科的教学，还招收了一期会计人员短训班，并于 1943 年秋和 1945 年春，先后增设了秋季招生的会计科和春季招生的统计科两个专业。

1945 年 9 月，抗日战争胜利，学校往杭州陆续搬迁。至 1946 年 1 月 9 日全部迁回杭州，暂租银洞桥绸业会馆过渡。

——据《抗日战争时期内迁丽水的学校》，载《丽水市教育志》（1994 年出版）

张之桢 校长
（任期：1942 年 9 月—1946 年 8 月）

20世纪40年代，浙江省立高级商业职业学校丽水碧湖校址校园一景

1947年，上海、南京等地校友捐资金圆券数千万元，用以资助母校修建礼堂，名为"之桢堂"

1942 年 12 月，浙江省立高级商业职业学校第一届毕业学生留影

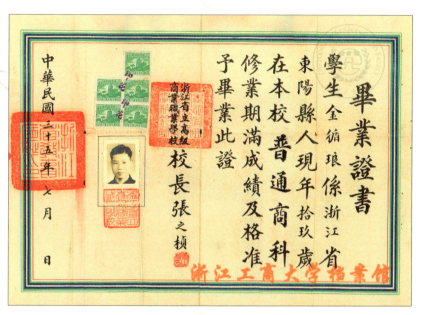

畢業證書

學生全循琅係浙江省

東陽縣人現年拾玖歲

在本校普通商科

修業期滿成績及格准

予畢業此證

浙江省立高級
商業職業學校

校長張之楨

中華民國二十五年七月　日

1946 年 7 月，浙江省立高级商业职业学校毕业证书

1946 年 8 月，张之桢校长因保护参加进步活动的学生而被解职，改任厅聘教员，钟大雄继任校长。同年 10 月，学校迁回平安桥原"甲商"校址。1947 年春，学校增设银行科。至此，共设置商业、会计、统计、银行 4 科。1948 年始，学校停止春季招生，秋季每科各招 1 个班。

钟大雄　校长
（任期：1946 年 8 月—1949 年 5 月）

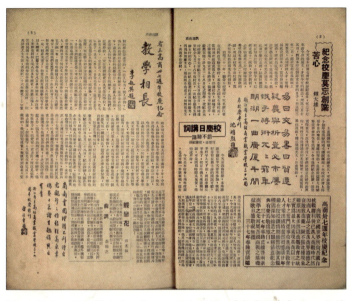

《纪念校庆，莫忘创业苦心》——钟大雄撰，《高商通讯》1948 年第
5 期三十七周年校庆纪念特辑

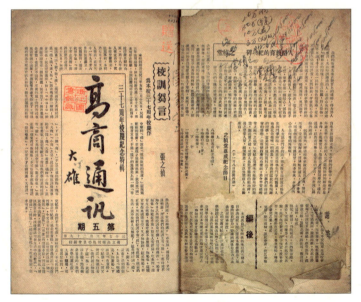

《高商通讯》1948 年第 5 期三十七周年校庆纪念特辑

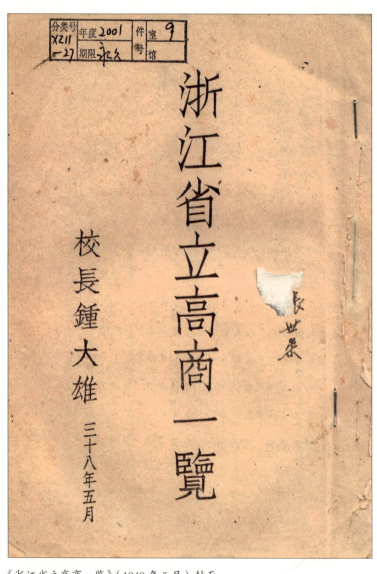

浙江省立高商一覽

校長鍾大雄 三十八年五月

長世榮

《浙江省立高商一览》（1949 年 5 月）封面

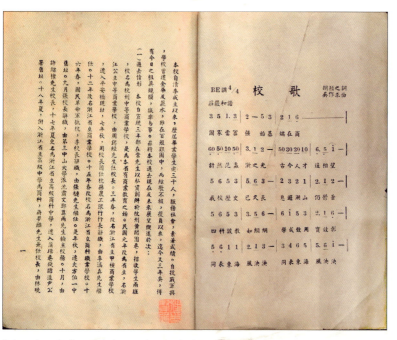

《浙江省立高商一览》（1949 年 5 月）中的校歌及校史简介

先生代理。二十二年度夏，常校長并係浙江省教育廳長，由項定榮先生任校長。二十六年抗
戰軍興，學校遷往金華。二十七年秋，附入浙江省臨時聯合中學，遷碧湖，由張
印通先生任校務主任委員。二十八年秋，將聯高中剝出，成立臨時聯合高級中
學，以張印通先生為校長。三十一年，將聯高商併剝出，成立浙江省立高級商業職
業學校，由張之楨先生任校長。三十五年春復員回杭，暫假銀洞橋商業會館為校舍
，幾經棻剝，始於是年秋回平安橋原址。

（二）復校三週來之經過

1.校舍：三十五年秋，大雄春舍續長本校，因綱業會館房屋不多，且係暫時租用，
不便作久長之計，乃商請教育廳設法收回當局，請歸還平安橋原址，經幾度洽商始
允歸還兩排房屋，易日冠實作本校校場原址，經幾度洽商始……廣場
則僅教飾置藍場球場三處，較之原有房屋見破損，短數月修葺并

二

，易開大門，加建門台。廚房，廁所，繼備建盟室，浴室，合作社平房兩座。復
以員生三百餘人為集會處所，尖感不便，計劃於明遠禮堂建懷堂，以省政府
財政艱難，乃於三十六年秋赴京港向校友捐資，從此集會有處亦。為紀念本校故教
三十六年之張之楨先生之名之四之楨室，增加之運動室，為學生課外活動，增廣之園地。
隔，商由惚高歸運空地一方，增加運動室。三十七年及圖場地恢

2.設備：商業學科實官重實習，經先後洽說打字室，銀行實習室，消費
合作社及打字機十一架，圖書十餘冊，會計科，銀行科……
課桌凳二百餘付。

3.增設科目：本校原設普通科，會計科，
銀行科，計每科三班，共十二屆。

（三）組織：本校依照職業學校組織規程設教務訓導事務三處，各處下設
組長組員書記十二人，會計室主辦會計員一人，佐理員一人，校醫室設醫師一人，
護士一人，策訓團設主任教官助理教官各一人。

三

《浙江省立高商一览》（1949 年 5 月）中的"复校后概况"

第五篇

# 中华人民共和国与新高商

（1949—1953）

1949 年 5 月 7 日，中国人民解放军华东军区杭州市军事管制委员会（以下简称"市军管会"）成立。市军管会下设文教部，管理教育和文化。不久，市军管会先后派遣郑公盾、陈伯亮、熊觉进驻高商担任军代表。6 月中旬，浙江省军管会文教部朱讯和孔福亭来校宣布，俞光德、李清怡、方文惠、钱彰录等参加接管组。在军代表的领导下，学校顺利完成接管工作。8 月 30 日，市军管会决定由俞光德、汪贤进、方文惠、赵凤涛、钱彰录和两名学生代表（由学生会选举产生）组成校务委员会，俞光德任副主任委员，下设教导处和总务处。是年，学校新招生 120 余名。当时在校学生近 300 名，教师 25 名，职员 12 名，工人 13 名。

1951 年夏，学校迁入岳坟附近金沙港原杭州市立中学旧址。

杭州西湖图（1955 年）局部——《杭州古旧地图集》（杭州市档案馆编）

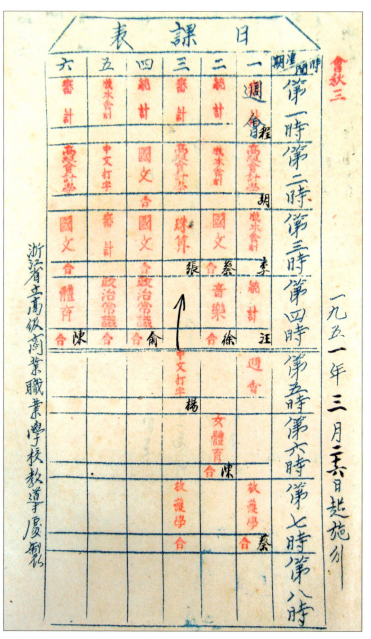

1951年3月，浙江省立高级商业职业学校日课表

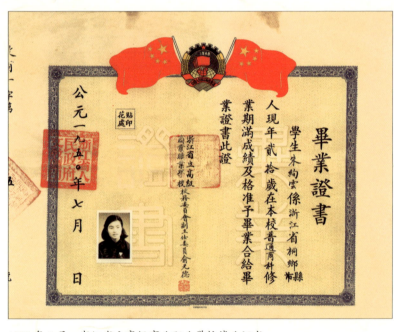

畢業證書

學生朱絢雲係浙江省桐鄉縣
人現年貳拾歲在本校普通商科修
業期滿成績及格准予畢業合給畢
業證書此證

浙江省立高級
商業職業學校

校務委員會副主任委員俞元偰

公元一九五〇年七月　日

1950 年 7 月，浙江省立高级商业职业学校毕业证书

1951 年 1 月，浙江省立高级商业职业学校学生毕业纪念留影

金沙港校址一角

1952年，浙江省人民政府决定，浙江省立高级商业职业学校改由浙江省文教厅和商业厅共同领导。同年6月，省商业厅任命俞光德为校务委员会第一副主任委员，宗树义为第二副主任委员。7月，省政府任命商业厅副厅长李作森兼任主任委员。11月，遵照浙江省政府指令，学校的管理体制由校务委员会负责制改为校长负责制，李作森兼校长，俞光德为副校长，宗树义为副校长兼党支部书记，柏峻峰为党支部副书记。是年，浙江银行学校成立，高商的银行科并入银行学校。

李作森 校务委员会主任委员（任期：1952年7月—1952年11月）、校长（任期：1952年11月—1954年5月）

宗树义 校务委员会第二副主任委员（任期：1952年6月—1952年11月）、副校长兼党支部书记（任期：1952年11月—1957年）

第六篇

# 高校变迁

## （1953—1980）

## （一）浙江省杭州商业学校

1953 年 1 月，浙江省商业厅通知学校，根据教育部关于统一中等技术学校名称的规定，浙江省立高级商业职业学校易名为浙江省杭州商业学校，隶属商业部领导与管理。

1953 年，金华婺江商业职业学校和永康县徐氏职业学校部分（商科）学生并入浙江省杭州商业学校。

金华婺江商业职业学校在 1947 年由金华县商会创办，最初名为金华县立长山商业职校，翌年改名为金华县私立婺江商业职业学校。该校自开办以来，只求盲目发展，忽视教学质量，既无适用教材，又无办学经费，毕业生普遍不符合业务部门要求。其师生思想混乱，学校办学消极。1953 年做停办并校处理时，其中部分学生并入浙江省杭州商业学校。

永康县徐氏职业学校创办于 1948 年，初名卉周油桐职业学校。该校培养目标不符合业务部门需要，1952 年将农科学生并入金华农校，1953 年将商科学生并入浙江省杭州商业学校。

浙江省杭州商业学校印模

金沙港校门

1953 年 1 月，更名为浙江省杭州商业学校的文件

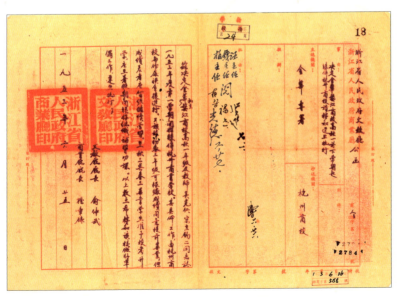

1953 年 6 月，关于金华婺江商业职业学校并入浙江省杭州商业学校的公函

1954 年 5 月，浙江省人民政府任命商业厅副厅长张惠胜兼校长，免去李作森兼任的校长职务。同月，商业厅委派于平来校任副校长，并明确学校的常务工作由宗树义全面负责。俞光德于 1956 年调离，于平于 1958 年免职。由于中共党员数量不断增多，1957 年成立中共浙江省杭州商业学校总支委员会，宗树义任总支书记、舒惠春任总支副书记。1960 年后，邱中琪任总支副书记。

张惠胜 校长
（任期：1954 年 5 月——
1958 年 8 月）

为配合西湖风景区的建设，学校从 1955 年起在文二路新校址建起了礼堂（兼膳厅）、学生宿舍和教工宿舍。1960 年暑假，经省委财贸部批准，学校全部迁至教工路浙江省财贸干校商业班原址，文二路校址作为分部。

百年商脉

浙江省杭州商业学校 1955—1956 学年全体优等生与班主任合影

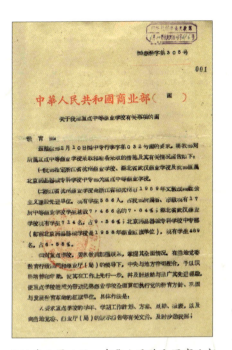

1960年3月4日，中华人民共和国商业部
《关于我部重点中等商业学校有关事项的函》，第1页

1956年1月，浙江省杭州商业学校毕业证书

## （二）商业部杭州商业学校

1963 年 7 月，浙江省杭州商业学校易名为商业部杭州商业学校，被商业部列为全国重点学校，确定在校学生规模为 1200 人。从此年始，每年招生 400 人。到 1965 年，在校学生已达 1260 人，教职工 170 余人。

宋东昇 党委书记兼校长（1965 年 8 月—1968 年 5 月）、革委会主任（1968 年 5 月—1977 年 6 月）

1965 年夏，文二路校址 5000 平方米的教学楼落成，校本部又迁至文二路，教工路校址改为分部。同年 8 月，省商业厅任命宋东昇为校长。是年，学校成立党委，宋东昇兼任党委书记。

1966 年 5 月"文化大革命"开始后，学校停止招生，教学中断。1969 年 3 月，商业部军管组将学校交给省革委会领导；4 月，省革委会又将学校交给杭州市革委会领导管理。

百年商脉

1965 年 8 月，校团委、学生会致新同学的一封信

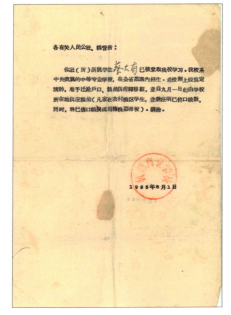

1965 年 8 月，学校录取通知书

最　高　指　示

革命委员会要实行一元化的领导，打破重迭的行政机构，
精兵简政，组织起一个革命化的联系群众的领导班子。

中国人民解放军商业部军事代表业务办公室
中国人民解放军财政部军管会业务组

(69)商军业综联字第148号
(69)财军企字第16号

关于杭州商业学校交给浙江省
革命委员会领导的函

浙江省革命委员会生产指挥组：

经征得你们的同意，将杭州商业学校从即日起交给你省领导。

今后这所学校是否继续办下去和怎样办，均请你们决定。随着领导
关系的改变，对这所学校的全部财产，也全部交给你们统一管理使用。

一九六九年这所学校的经费指标二十三万元相应划转给省财政。一
季度商业部已拨的经费五万五千元，请退回商业部。

一九六九年三月六日

抄送：教育部军代表，杭州商业学校革命委员会。

1969 年 3 月 6 日，《关于杭州商业学校交给浙江省革命委员会领导的函》

0004

┌─ 最 高 指 示 ─┐
领导我们事业的核心力量是中国共产党。
指导我们思想的理论基础是马克思列宁主义。
└────────────────┘

# 浙 江 省 革 命 委 员 会

最 高 指 示

认真搞好斗、批、改

浙江省革命委员会　政治工作组
　　　　　　　　　　生产指挥组

关于杭州商业学校交给杭州市革命委员会领导的通知

浙革生财⑥⑨110号
浙革政 ⑥⑨ 11号

杭州市革委会政工组、生产指挥组:

接商业部军代表业务办公室、财政部军管会业务组三月六日⑥⑨商军业综联字第148号、⑥⑨财军企字第16号来函,将杭州商业学校交给我省领导。经我们研究,决定将这所学校下放给你市领导。

随着领导关系的改变,对这所学校的全部财产,也全部交给你们统一管理使用,请派人前往办理接收事项。一九六九年这所学校的经费标准二十三万元,中央两部已划转给省财政,由省财政厅生产领导小组办理划拨手续,划转给市财政。一季度商业部已拨的经费五万五千元,请退回商业部军代表业务办公室。

共同敬祝

伟大领袖毛主席万寿无疆!

· 1 ·

067

第六篇　商校变迁

0040

1969 年 4 月 1 日,《关于杭州商业学校交给杭州市革命委员会领导的通知》,第 1 页

## （三）杭州师范学校

1970 年 8 月，学校改办为杭州师范学校。

1971 年 6 月，杭州市革委会根据浙江省革委会《关于调整大专院校的决定》中"各地应办师范、卫生学校，有条件的还可以办农科、工科学校"的精神，发出了《关于杭州师范学校、杭州工业学校招生的通知》，学校恢复招收师范学生 500 人。

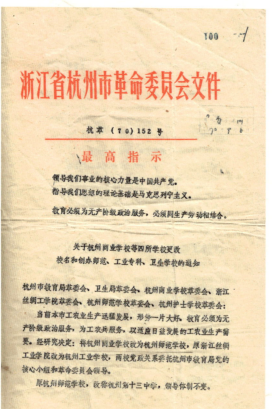

1970 年 8 月 28 日，《关于杭州商业学校等四所学校更改校名和创办师范、工业专科、卫生学校的通知》，第 1 页

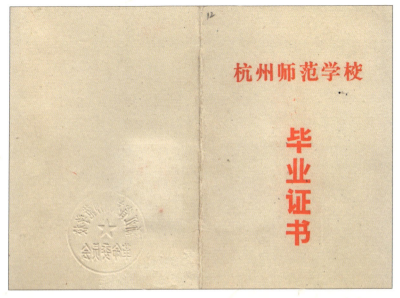

1973 年 4 月，杭州师范学校毕业证书

## （四）浙江商业学校

1972 年 8 月 22 日，省商业局核心小组以浙商党〔1972〕33 号文向省革委会生产指挥组党委报告，要求恢复杭州商业学校。9 月 5 日，又以浙商党〔1972〕34 号文提交了补充报告。1973 年 7 月 17 日，杭州市教育局以教办〔1973〕200 号文向市革委会、省教育局、省商业局递交了《关于恢复杭州商业学校有关问题的请示报告》。同日，省商业局以商政函〔1973〕62 号文将该报告转报省革委会。8 月 7 日，省革委会以浙革〔1973〕77 号文批复省政工组，同意恢复杭州商业商校，并将其改名为浙江商业学校，设计划统计、财务会计、五金电工、食品检验、兽医卫生 5 个专业。学校由浙江省商业厅领导、主管，教学业务由省教育局和省商业局共管，宋东昇为校革委会主任，宗树义为副主任。

1978 年 5 月 16 日，商业部发出《关于商讨收回三所中专学校的函》（〔1978〕商政字 16 号），提出收回浙江商业学校。6 月 24 日，省商业厅征得省革委会同意，浙江商业学校实行商业部和浙江省双重领导、以商业部为主的领导体制。

浙江商业学校文二路校址大门（今商大巷内）

浙江商业学校文二路校址教学楼（今教工路校区东院内）

1973 年 8 月 7 日,《关于同意恢复浙江商业学校的批复》

1973 年 9 月 1 日,《关于启用"浙江商业学校"印章的通知》

1978 年 11 月 11 日，《关于改变浙江省商业学校领导体制的函》，第 1—2 页

1978 年 11 月，时任商业部部长的姚依林来校视察，酝酿成立杭州商学院。

1979 年 1 月 4 日，浙江省革委会下达《关于 1979 年高等学校扩大招生问题的通知》，同意浙江商业学校商业经济管理大专班在全省范围内招生 80 名。2 月 12 日，学校完成招生任务，举行开学典礼。

姚依林 时任商业部部长

姚依林部长听取浙江商业学校汇报后的讲话稿（节选）

# 浙江商业学校大专班专业介绍

根据商业部、教育部通知，我校今年秋季招收大专班，学制四年，毕业后分配在浙江和华东地区等其他各省工作。兹将各专业简介如下：

## 肉食品卫生专业：

本专业为商业食品部门培养有社会主义觉悟的，掌握本专业所必需的基础理论、专业知识和实际技能，具有商品畜禽检疫、肉食品检验、食品污染的检测和预防、肉食品卫生管理的能力，身体健康的高级肉食品卫生技术人员。学制四年。

学生在校期间，学习的主要课程有：政治、外语、高等数学、化学、生物学、动物生物化学、畜禽组织学、畜禽解剖学、畜禽生理学、畜禽病理形态学、畜禽普通病及诊断学、兽医微生物及免疫学诊断、畜禽传染病学、畜禽寄生虫病学、肉食品微生物检验、畜禽商品卫生管理、肉品理化检验等。此外，还将结合专业需要，开设有关选修课。

## 商用电子技术专业：

本专业为商业部门培养有社会主义觉悟的，掌握本专业所必需的基础理论、专业知识和实际技能，具有分析和解决商业企业经营管理电气化、自动化以及电视接收机方面的一般理论问题和实际问题的能力，身体健康的高级电子工程技术人员。学制四年。

学生在校期间，学习的主要课程有：政治、外语、高等数学、普通物理、制图、机械基础、电路信号与系统、电子线路、脉冲与数字电路、自动调节原理、电子仪器与测量、电子数字计算机原理、电子计算机程序设计、商业电子技术设计与应用、电视接收机等。此外，还将结合专业需要，开设有关选修课。

## 商业企业管理专业：

本专业为商业部门培养有社会主义觉悟的，掌握本专业所必需的基础理论、专业知识和实际技能，具有分析和解决商业企业管理的一般理论问题和实际问题的能力，身体健康的高级商业企业管理人员。学制四年。

学生在校期间，学习的主要课程有：政治经济学、哲学、汉语与写作、外语、高等数学、计算技术、电子计算机应用、中国经济地理、商业经济学、商业企业管理学、国民经济计划、统计学原理和商业统计、商业财务会计、商业物价、财政与信贷、经济法概论等。此外，还将结合专业需要，开设有关选修课。

浙江商业学校

（请张贴）

一九七九年八月三日

1979 年 8 月 3 日，浙江商业学校大专班专业介绍

1979年3月1日,商业部和浙江省革委会联合向国务院呈送《关于建立杭州商学院的报告》。经教育部考察,同意学校当年先行招收商业企业管理、肉食品卫生、商用电子技术3个专业的本科生215名,同时停止招收中专生。

1979年,浙江商业学校棉花加工检验、蚕茧收烘检验、茶叶加工检验等农副产品检验与加工专业划入浙江供销学校,现发展为浙江经贸职业技术学院。

百年商脉

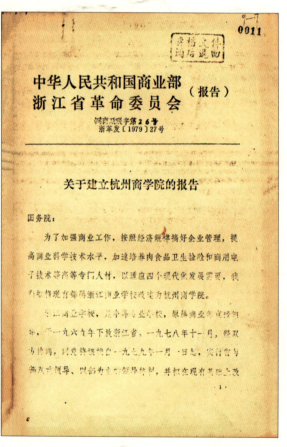

1979年3月1日,《关于建立杭州商学院的报告》,第1页

建为杭州商学院。

改建商学院的条件是基本具备的。该校是建国初期接管的旧商业专科学校，解放前后已有六十多年的办学历史。根据现有校舍、设备和教职人员等条件，可以先开设肉食品卫生检验、商用电子技术和商业企业管理三个专业，学制四年，规模一千人，扩建后可以达到三千人。招生、分配面向全国，给予浙江省百分之十五到二十的照顾。

改建学院后，省和部的分工，按照国务院国发〔1978〕27号文件的规定原则，商业部主要负责贯彻教育事业的具体方针、政策；在国家统一计划下，负责学校的规划、专业设置、招生计划、分配毕业生、劳动工资计划、科学研究、经费、基本建设、统配物资和进口仪器设备供应等；浙江省主要负责学校党的建设、人事工作和政治思想工作，检查督促党的方针、政策和教育事业具体方针、政策的贯彻执行，组织经验交流，基本建设设计、施工、地方物资供应等。学校一级领导干部的任免、调动，由部和部

· 2 ·

1979 年 3 月 1 日，《关于建立杭州商学院的报告》，第 2 页

关于浙江商校棉茶茧专业

划交省供销学校有关事项的协议

　　浙江商业学校根据商业部〔79〕商政字第56号文件，从一九七九年一月一日起，改变领导体制，划归部属，并已报国务院改办商学院。为此，浙江商校棉茶茧专业于一九七九年秋季开始，划交浙江供销学校。经局、社协商，就有关事项协议如下：

　　一、棉茶茧专业现在校学生共一百三十九名，其中：一九七七届棉检班五十名，蚕茧班五十名，一九七八届茶叶班三十九名。

　　七七届棉、茧两班学制为二年，将于今年十二月份毕业，仍由浙江商校负责培养到毕业为止，并发给毕业证书。七八届茶叶班学制三年，在做好思想政治工作的基础上，从九月十五日起划给浙江供销学校。

　　二、浙江商校棉茶茧专业现有专业教学人员十四名，全部划交省供销学校。

　　鉴于浙江商校今年下半年仍要担负棉、茧两个班一百名学员的培养和毕业工作的任务，原棉茶茧专业科中应指定一个负责人和必要的专业教师留在两校善始善终地负责做好毕业结束工作。

　　三、浙江商校棉茶茧专业现有的专门教学仪器设备、专业书籍教材以及十四名教工本人使用的一桌一椅，移交给浙江省供销学校。

　　四、省社要求商业部和财政部从本省财政上划的一九七九年教育经费指标中划给浙江供销学校三个中专班的经费指标六万元，（但应扣除一九七九年一至九月份已开支部份和留下棉、茧两个班

1979 年 9 月 5 日，《关于浙江商校棉茶茧专业划交省供销学校有关事项的协议》，第 1 页

第七篇

# 商院扬帆

## （1980—2004）

## （一）杭州商学院

1980年5月8日，国务院批准建立杭州商学院。学校由商业部和浙江省双重领导，以商业部为主。校内实行党委领导下的院长分工负责制。10月15日，经商业部党组和省委协商决定，任命牛万龄为党委书记兼院长。

1983年，学校获得学士学位授予权。

1990年6月，学校获企业管理和统计学两个专业的硕士学位授予权。

百年商脉

1985年11月，杭州商学院教工路校区大门

附件：

第二批授予学士学位高等学校名单

（一九八三年三月四日国务院学位委员会批准）

| 地　区 | 授予学士学位高等学校 | 主管部门 |
|---|---|---|
| 北京市 | 北京轻工业学院 | 轻工业部 |
| | 北京农学院 | 北京市 |
| | 北京政法学院 | 司法部 |
| 河北省 | 河北财贸学院 | 河北省 |
| 内蒙古自治区 | 内蒙古财经学院 | 内蒙古自治区 |
| 吉林省 | 吉林拉工师范学院 | 吉林省 |
| 黑龙江省 | 哈尔滨体育学院 | 黑龙江省 |
| 上海市 | 华东政法学院 | 司法部 |
| 浙江省 | 杭州师范学院 | 浙江省 |
| | 苑州商学院 | 司业部 |
| 福建省 | 福建体育学院 | 福建省 |
| 山东省 | 山东经济学院 | 山东省 |
| | 山东体育学院 | |
| | 山东艺术学院 | |
| 河南省 | 郑州轻工业学院 | 轻工业部 |
| | 信阳师范学院 | 河南省 |
| 湖南省 | 吉首大学 | 湖南省 |
| | 长沙交通学院 | 交通部 |
| | 湖南财经学院 | 中国人民银行 |

1983年3月，《关于下达第二批授予学士学位高等学校名单的通知》附件

0005

附件二

第四批新增硕士学位授予单位

及其学科、专业名单

| 单位名称 | 学科、专业名称 |
|---|---|
| 山西师范大学 | 政治经济学 |
| | 戏剧学（戏曲学） |
| | 应用数学 |
| 包头钢铁学院 | 钢铁冶金 |
| | 结构工程 |
| 吉林工学院 | 采矿工程（露天开采） |
| | 机械制造 |
| | 金属材料及热处理 |
| | 化学工程 |
| 吉林医学院 | 临床检验诊断学 |
| 吉林财贸学院 | 会计学 |
| 黑龙江八一农垦大学 | 植物病理学 |
| 杭州电子工业学院 | 会计学 |
| | 机电控制及自动化 |
| | 电与系统 |
| 杭州商学院 | 统计学 |
| | 企业管理 |
| 华东冶金学院 | 钢铁冶金 |
| 华东地质学院 | 放射性地质与勘探 |
| 南昌航空工业学院 | 金属塑性加工 |
| | 焊接 |
| 广西艺术学院 | 音乐学（民族音乐理论） |

1990年6月，《关于下达第四批新增博士和硕士学位授予单位名单的通知》附件

1998 年 7 月 2 日，学校由国内贸易部部属院校转为"中央与地方共建，以地方管理为主"的管理体制。

　　1998 年 9 月 14 日，中共中央政治局常委、国务院副总理李岚清，教育部部长陈至立在浙江省委领导李泽民、柴松岳、刘枫等陪同下来校视察。

百年商脉

1998 年 9 月，中共中央政治局常委、国务院副总理李岚清（左五），教育部部长陈至立（左四）、中共浙江省委书记李泽民（左六）来校视察

附件二

## 81 所普通高等学校名单

| 序 号 | 原主管部门、学校名称 | 地 址 | 层次 |
|---|---|---|---|
| (一) | 国内贸易部(11所) | | |
| 1 | 北京商学院 | 北京市 | 本科 |
| 2 | 黑龙江商学院 | 黑龙江省哈尔滨市 | 本科 |
| 3 | 郑州粮食学院 | 河南省郑州市 | 本科 |
| 4 | 杭州商学院 | 浙江省杭州市 | 本科 |
| 5 | 北京物资学院 | 北京市 | 本科 |
| 6 | 天津商学院 | 天津市 | 本科 |
| 7 | 兰州商学院 | 甘肃省兰州市 | 本科 |
| 8 | 重庆商学院 | 重庆市 | 本科 |
| 9 | 南京经济学院 | 江苏省南京市 | 本科 |
| 10 | 武汉食品工业学院 | 湖北省武汉市 | 本科 |
| 11 | 四川烹饪高等专科学校 | 四川省成都市 | 专科 |
| (二) | 化学工业部(7所) | | |
| 12 | 南京化工大学 | 江苏省南京市 | 本科 |
| 13 | 郑州工业大学 | 河南省郑州市 | 本科 |
| 14 | 青岛化工学院 | 山东省青岛市 | 本科 |
| 15 | 沈阳化工学院 | 辽宁省沈阳市 | 本科 |
| 16 | 武汉化工学院 | 湖北省武汉市 | 本科 |
| 17 | 南京动力高等专科学校 | 江苏省南京市 | 专科 |
| 18 | 连云港化工高等专科学校 | 江苏省连云港市 | 专科 |
| (三) | 机械工业部(15所) | | |
| 19 | 江苏理工大学 | 江苏省镇江市 | 本科 |
| 20 | 燕山大学 | 河北省秦皇岛市 | 本科 |

| 4 | 宝钢职工大学 | 冶金工业部 | 成人 | 上海市 |
|---|---|---|---|---|
| 十、江苏省(普通高校8所) | | | | |
| 1 | 中国矿业大学 | 煤炭工业部 | 本科 | 江苏省徐州市、北京市 |
| 2 | 无锡轻工大学 | 中国轻工总会 | 本科 | 江苏省无锡市 |
| 3 | 江苏理工大学 | 机械工业部 | 本科 | 江苏省镇江市 |
| 4 | 南京化工大学 | 化学工业部 | 本科 | 江苏省南京市 |
| 5 | 南京经济学院 | 国内贸易部 | 本科 | 江苏省南京市 |
| 6 | 南京动力高等专科学校 | 化学工业部 | 专科 | 江苏省南京市 |
| 7 | 连云港化工高等专科学校 | 化学工业部 | 专科 | 江苏省连云港市 |
| 8 | 南京机械高等专科学校 | 机械工业部 | 专科 | 江苏省南京市 |
| 十一、浙江省(普通高校3所) | | | | |
| 1 | 杭州商学院 | 国内贸易部 | 本科 | 浙江省杭州市 |
| 2 | 浙江丝绸工学院 | 中国纺织总会 | 本科 | 浙江省杭州市 |
| 3 | 浙江经济高等专科学校 | 中国有色金属工业总公司 | 专科 | 浙江省嘉兴市 |
| 十二、安徽省(普通高校4所、成人高校3所) | | | | |
| 1 | 合肥工业大学 | 机械工业部 | 本科 | 安徽省合肥市 |
| 2 | 淮南工业学院 | 煤炭工业部 | 本科 | 安徽省淮南市 |
| 3 | 华东冶金学院 | 冶金工业部 | 本科 | 安徽省马鞍山 |
| 4 | 淮北煤炭师范学院 | 煤炭工业部 | 本科 | 安徽省淮北市 |
| 5 | 淮北矿务局职工大学 | 煤炭工业部 | 成人 | 安徽省 |
| 6 | 淮南矿务局职工大学 | 煤炭工业部 | 成人 | 安徽省 |
| 7 | 铜陵有色金属公司职工大学 | 中国有色金属工业总公司 | 成人 | 安徽省 |
| 十三、江西省(普通高校2所、成人高校1所) | | | | |
| 1 | 南方冶金学院 | 中国有色金属工业总公司 | 本科 | 江西省赣州市 |
| 2 | 景德镇陶瓷学院 | 中国轻工总会 | 本科 | 江西省景德镇市 |
| 3 | 萍乡煤矿职工大学 | 煤炭工业部 | 成人 | 江西省 |
| 十四、山东省(普通高校5所、成人高校6所) | | | | |
| 1 | 山东矿业学院 | 煤炭工业部 | 本科 | 山东省泰安市 |
| 2 | 青岛化工学院 | 化学工业部 | 本科 | 山东省青岛市 |
| 3 | 青岛建筑工程学院 | 冶金工业部 | 本科 | 山东省青岛市 |
| 4 | 中国煤炭经济学院 | 煤炭工业部 | 本科 | 山东省烟台市 |
| 5 | 山东建材学院 | 国家建筑材料工业局 | 本科 | 山东省济南市 |
| 6 | 中国重型汽车集团公司职工大学 | 机械工业部 | 成人 | 山东省 |

1998 年 7 月 1 日,《国务院关于调整撤并部门所属学校管理体制的决定》附件

1999 年 3 月，省政府决定，将杭州应用工程学校和杭州化学工业学校并入杭州商学院。

1999 年 8 月，经省政府批复，同意学校组建民办二级学院——杭州商学院国际经贸学院。

2001 年 5 月，经中共浙江省委、浙江省人民政府研究，同意浙江省政法管理干部学院并入杭州商学院。

2004 年 11 月，杭州商学院国际经贸学院经教育部确认为独立学院；同时，更名为浙江工商大学杭州商学院。

杭州应用工程学校、杭州化学工业学校并入杭州商学院欢迎大会

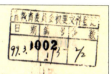

# 浙江省人民政府 （批复）

浙政发〔1999〕47号

## 关于杭州应用工程学校、杭州化学工业学校
## 并入杭州商学院的批复

省教委：

你委《关于将杭州商学院与杭州应用工程学校实行合并的请示》（浙教计〔1998〕203号）、《关于要求将杭州商学院与杭州化学工业学校实行合并办学的请示》（浙教计〔1999〕19号）悉。经研究，现就有关问题批复如下：

一、同意杭州应用工程学校、杭州化学工业学校并入杭州商学院，并撤销两校独立建制。自1999年起停止中专招生，现有中专在校生仍按原渠道和办法培养至毕业。为有

· 1 ·

1999年3月12日，《关于杭州应用工程学校、杭州化学工业学校并入杭州商学院的批复》，第1页

0016    1·1·4

0308

# 浙江省人民政府 （批复）

浙政发〔1999〕192 号

## 关于浙江工业大学等 8 所高校
## 组建民办二级学院的批复

省教委、省计经委：

浙教计〔1999〕139 号、140 号、141 号、142 号、143 号、
44 号、145 号、153 号请示悉。经研究，现将浙江工业大学
等 8 所普通高等院校组建民办二级学院的有关事项批复如
下：

一、同意浙江工业大学等院校通过现有学校部分土地、
校产的置换、与有关中等专业学校的合并（合作）和资产重
组，筹措社会资金，组建浙江工业大学之江学院、杭州电子

— 1 —

1999 年 8 月 4 日，《关于浙江工业大学等 8 所高校组建民办二级学院的批
复》，第 1 页

工业学院信息工程学院、温州医学院仁济学院、杭州商学院国际经贸学院、浙江财经学院东方学院、浙江师范大学行知学院、杭州师范学院钱江学院、湖州师范学院求真学院等 8 所学院。学院均为各自普通高校的二级学院,按民办机制办学,具有独立法人资格,实行相对独立办学,财务独立核算。

二、二级学院实行学校董事会领导下的院长负责制,校董会负责人由各自的普通高等院校派员担任。校董会要依诺国家有关法律、法规和省政府《关于鼓励社会力量参与办学的若干规定》(浙政发〔1998〕272 号),制定章程,规范运作。

三、办学规模。浙江工业大学之江学院近期为 3000 人,远期为 4000 人;杭州电子工业学院信息学院为 4000 人;温州医学院仁济学院为 4000 人;杭州商学院国际经贸学院为 3000 人;浙江财经学院东方学院为 2000 人;浙江师范大学行知学院为 1000 人;杭州师范学院钱江学院近期为 2000 人;湖州师范学院求真学院近期为 1000 人。专业设置须按规定程序报批。年度招生计划纳入各自普通高等院校单列编报,经办学主管部门同意后,由省批准列入全省普通高校招生计划,面向全省统一招生。但 8 所普通高校不得

· 2 ·

1999 年 8 月 4 日,《关于浙江工业大学等 8 所高校组建民办二级学院的批复》,第 2 页

# 中共浙江省委 （批复）

浙委发〔2001〕23 号

### 中共浙江省委　浙江省人民政府
### 关于同意浙江政法管理干部学院并入
### 杭州商学院的批复

省委政法委、省司法厅、省教育厅：

你们《关于浙江省政法管理干部学院与杭州商学院合并办学的请示》(浙政法〔2001〕8 号)悉。为合理调整和优化高教资源配置，扩大规模，提升层次，增强实力，提高办学效益，经省委、省政府研究，同意将浙江政法管理干部学院并入杭州商学院。现将有关问题批复如下：

一、撤销浙江政法管理干部学院独立建制，其现有财产、土地、教职工(含离退休人员)全部划归杭州商学院，由

· 1 ·

2001 年 5 月 17 日，《中共浙江省委　浙江省人民政府关于同意浙江政法管理干部学院并入杭州商学院的批复》，第 1 页

杭州商学院与浙江省政法管理干部学院合并仪式

2003 年 9 月，学校获统计学、企业管理和食品科学 3 个学科的博士学位授予权。

2003 年 10 月 8 日，下沙校区正式启用，迎接首届新生报到入学。

**百年商脉**

附件1：

**新增学位授予单位及其学科、专业名单**

新增博士授予单位及其学科、专业

　　杭州商学院
　　　　统计学
　　　　食品科学
　　　　企业管理（含：财务管理、市场营销、人力资源管理）

新增硕士学位授予单位及其学科、专业
　　温州师范学院
　　　　民俗学
　　　　文艺学
　　　　汉语言文字学
　　　　应用数学
　　　　凝聚态物理
　　　　有机化学
　　浙江财经学院
　　　　经济史
　　　　财政学
　　　　金融学
　　　　产业经济学
　　　　会计学
　　　　企业管理（含：财务管理、市场营销、人力资源管理）
　　浙江林学院
　　　　木材科学与技术
　　　　森林培育

2

2003 年 9 月 30 日，《浙江省学位委员会关于公布新增学位授予单位和新增学位授予权学科、专业名单的通知》附件

2002年10月31日，校领导为下沙校区开工奠基加土

杭州商学院热烈欢迎2003级新同学

## （二）杭州应用工程学校

杭州应用工程学校是煤炭工业部直属的中等专业学校。其前身为浙江省煤矿学校，1958年创建于义乌后宅西河村，1959年迁址原寿昌县委大院，1960年再迁至长兴小浦，1962年停办。1972年浙江燃化局培训班创建，1975年浙江燃料化学工业学校成立，1978年浙江燃料化学工业学校（煤炭部分）改建为浙江煤炭工业学校，1984年易名为杭州煤炭工业学校。1998年，经煤炭部同意，更名为杭州应用工程学校。1999年并入杭州商学院。

杭州应用工程学校为经济管理类中专，面向全国招生。先后开设有采煤、机电、地质、计划统计等专业，1975年以来为社会培养各类人才5000多名，开办各种短训班31期，培训学员1200多人。

1958年浙江省煤矿学校建校时的校址（义乌后宅西河村）

1975 年，浙江燃料化学工业学校（杭州）

1978 年，浙江煤炭工业学校校门（杭州）

校刊

杭州煤炭工业学校

4
1986

《杭州煤炭工业学校校刊》，1986 年第 4 期

1996年，杭州煤炭工业学校教学大楼

1998年，杭州煤炭工业学校更名为杭州应用工程学校

## （三）杭州化学工业学校

　　杭州化学工业学校成立于1953年6月，由温州工业学校、杭州工业学校化工科、苏州高级工业技术学校化工科合并而成。初建时，属重工业部领导。1956年，划归化工部领导。1958年6月，下放浙江省管理。同年8月，升格为浙江化工专科学校，仍附设中专班。1960年，学校迁往衢州，中专部定名为乌溪江化工学院杭州分部。1962年，恢复杭州化学工业学校建制，由省化工厅领导。1963年，归属化学工业部领导。1965年，又划归省重工业厅管辖。1970年7月，学校并入浙江化工学院，原建制撤销。1975年，浙江燃料化学工业学校成立。1978年6月，浙江燃料化学工业学校（化工部分）改建为杭州化学工业学校。1999年3月，省政府决定，将杭州化学工业学校并入杭州商学院。

　　截至1998年底，杭州化学工业学校共有化工机械、化工分析、化学工艺、工业企业管理等18个专业，高级讲师18名，讲师30名，在校生1408名。

《杭化学刊》1984年第1期

杭州化学工业学校大门

杭州化学工业学校校门（教工路）

杭州化学工业学校校舍

杭州化学工业学校校舍

## （四）浙江省政法管理干部学院

　　浙江省政法管理干部学院是一所独立设置的省属成人高等院校，由浙江省政法委主管，日常工作委托浙江省司法厅代管。其前身是创办于1979年的浙江法警学校；1980年，调整为浙江法律学校；1985年，升格为浙江政法专科学校；1992年，改建为浙江省政法管理干部学院。2001年5月，省委、省政府决定，浙江省政法管理干部学院并入杭州商学院。

　　学校主要任务是承担浙江省检、法、司系统的干部教育、培训工作和成人大专层次的学历教育等。开设的专业有法律、经济法、狱政管理及司法行政管理等。到2000年底，学校有教职工258人，在校生达3277人。

浙江法警学校校门
（宁波慈城）

浙江法律学校校门（文一路）

浙江政法专科学校校门（文一路）

浙江省政法管理干部学院文二路校区（现为浙江省教育考试院）

浙江省政法管理干部学院文一路校区（现为梧桐公寓）

—— 第八篇 ——

# 商大潮涌

## （2004——　　）

## 浙江工商大学

2004 年 5 月，杭州商学院更名为浙江工商大学，由此翻开了学校历史发展的新篇章。

2004 年 9 月，时任中共浙江省委书记习近平、省委副书记梁平波、副省长盛昌黎来校视察。其间，习近平同志提出了殷切的希望——"把学校办好，使浙江工商大学成为一所在全国有位置、在全省很重要的学校。"

2005 年 5 月，浙江省轻纺工业环境保护管理站（含浙江省工业环保设计研究院）并入浙江工商大学。

2004 年，浙江工商大学教工路校区大门悬挂庆祝更名横幅

# 中华人民共和国教育部

教发函〔2004〕78 号

### 教育部关于同意杭州商学院
### 更名为浙江工商大学的通知

浙江省人民政府:

《浙江省人民政府关于要求将杭州商学院升格更名为华东工商大学的函》(浙政函〔2003〕116 号)和《浙江省教育厅关于杭州商学院要求更名为浙江工商大学有关事项的函》(浙教计〔2003〕250 号)收悉。

根据《高等教育法》和《普通高等学校设置暂行条例》的有关规定以及全国高等学校设置评议委员会的评议结果,经研究,同意杭州商学院更名为浙江工商大学。现将有关事项通知如下:

一、浙江工商大学为多科性的普通本科高校,以普通本科教育为主,同时承担研究生教育。

二、学校由你省领导和管理,学校发展所需经费由你省统筹解决。

三、学校全日制在校生近期规模为 18000 人。

四、学校现有专业结构的调整和新专业的增设,应按我部有关规定办理。

五、你省承诺的投入该校 16.6 亿元(其中 9.24 亿元未到位)学校建设经费和财政补助,限落实到位。

望你省加强对浙江工商大学的领导和管理,加大投资力度,加快学校的学科规划和校园建设,进一步提高学校的教育质量、科研水平和办学效益,为浙江省的经济建设和社会发展做出更大贡献。

二〇〇四年五月十七日

主题词:高校　更名　浙江　通知
抄　送:浙江省教育厅
部内发送:部领导、办公厅、人事司、财务司、高教司、社政司、学生司、科技司、体卫艺、国际司、学位办

| 教育部办公厅 | 2004 年 5 月 17 日印发 |

2004 年 5 月,《教育部关于同意杭州商学院更名为浙江工商大学的通知》

2004 年 9 月，时任中共浙江省委书记的习近平（右五）、省委副书记梁平波（右二）、副省长盛昌黎（右一）来校视察

# 浙江省机构编制委员会文件

浙编〔2005〕33 号

### 关于省轻纺工业环境保护管理站
### 并入浙江工商大学的批复

浙江工商大学、省轻纺集团公司：

　　浙商大办〔2005〕30 号请示悉。经研究，同意省轻纺工业环境保护管理站的事业编制、现有人员、资产等成建制并入浙江工商大学，其 30 名事业编制计入工商大学编制总数。有关浙江工商大学编制问题另行研究。

二○○五年五月二十五日

主题词：机构　工商大学　轻纺集团　批复
抄送：省政府办公厅、省人事厅、省财政厅、省劳动保障厅、
　　　省国资委、省教育厅。
浙江省机构编制委员会办公室　　　2005 年 5 月 27 日印发

2005 年 5 月，《关于省轻纺工业环境保护管理站并入浙江工商大学的批复》

2006 年 5 月 26 日，老校训"诚毅勤朴"重新被确定为校训。

2011 年 3 月 24 日，学校举行校歌、新校标发布仪式。

**001 137**

### "诚毅勤朴"校训历久弥新

历时两个多月的新校训评选工作结束了。在一百多条新校训建议方案中，我校老校训"诚毅勤朴"脱颖而出，获得新时代广大师生员工的肯定。经校党委研究决定，确定"诚毅勤朴"（Honest，Perseverant，Hardworking，Plain）为校训。

"诚毅勤朴"校训始于 95 年前的建校之初。二十世纪初，国家腐败，政治黑暗，民不聊生，百废待兴。教育界的志士仁人以"教育救国"为己任，纷纷开办新式学校培养社会急需的各种实用型人才，以实现振兴中华的抱负。我校的前身杭州中等商业学堂就在这样的背景下于 1911 年创建。她是我省新式教育之先驱，也是当时全国最早创办的商业专门学校之一。学校于 1913 年定"诚毅勤朴"为校训。在 90 多年的办学历程中，培养了大批英才俊杰，我国爱国民主先驱、救国会著名"七君子"之一章乃器先生，我国著名经济学家骆耕漠先生就是其中的杰出代表。

"诚毅勤朴"校训言简意赅，精练凝重，意味深长：

"诚"——忠诚、诚信。寓意着对祖国的忠诚，对人民的赤诚，蕴含着"诚信"这一为商、为人之根本。

"毅"——坚毅、刚毅。体现了对事业的执着追求，体现了在任何困难面前绝不低头的人无畏精神。

"勤"——勤奋、勤勉。勤奋是中华民族的传统美德，也是事业成功的基石。"业精于勤，荒于嬉，"勤能补拙，天道酬勤。

"朴"——朴实、务实。脚踏实地，求真务实，踏实做事，老实为人。

今天我们重启"诚毅勤朴"校训，不是历史的简单重复，而是历史的传承和新世纪的召唤。"诚毅勤朴"与社会主义的荣辱观一脉相承，更与"自强不息、坚忍不拔、勇于创新、讲求实效"的浙江精神相契合。历史赋予我校校训以厚重的传统底蕴，时代则诠释她新的生命内涵和活力。

"诚毅勤朴"，重在实践，贵在坚持。让我们全校师生员工秉承"诚毅勤朴"之传统，薪火相传，与时俱进，为把学校建设成为学科专业特色鲜明、结构合理的教学研究型大学而努力奋斗！

发布时间：2006 年 05 月 26 日

2006 年 5 月，校训发布说明《"诚毅勤朴"校训历久弥新》

浙江工商大学新校标 logo 及组合

BE調 4/4　　校　歌　　　胡頴之詞　吳作求曲

莊嚴和諧

3 5 1.3 | 2 — 5 3 | 2 1 6 — |

國家當富　強　始基　端在商

60 50 10 50 | 3.1 2 — | 50 30 20 10 | 6.5 1 — |

計然范蠡　浙之光　古今人才　遙相望

5 6 5 3 | 5.6 3 — | 2 3 2 1 | 2.1 2 — |

我校歷史　已久長　息遊湖山　仍鬱蒼

5 6 5 3 | 3.5 6 — | 6 1 5 3 | 2.1 6 — |

四科設教　如綱綱　學成致用　實效彰

5 6 1 1 | 2.1 3 — | 3 4 6 5 | 5.6 1 — |

同表東海　風泱泱　同表東海　風泱泱

2011 年 3 月，浙江工商大学发布校歌

2015 年 11 月，浙江工商大学被确立为浙江省人民政府、商务部、教育部共建大学。

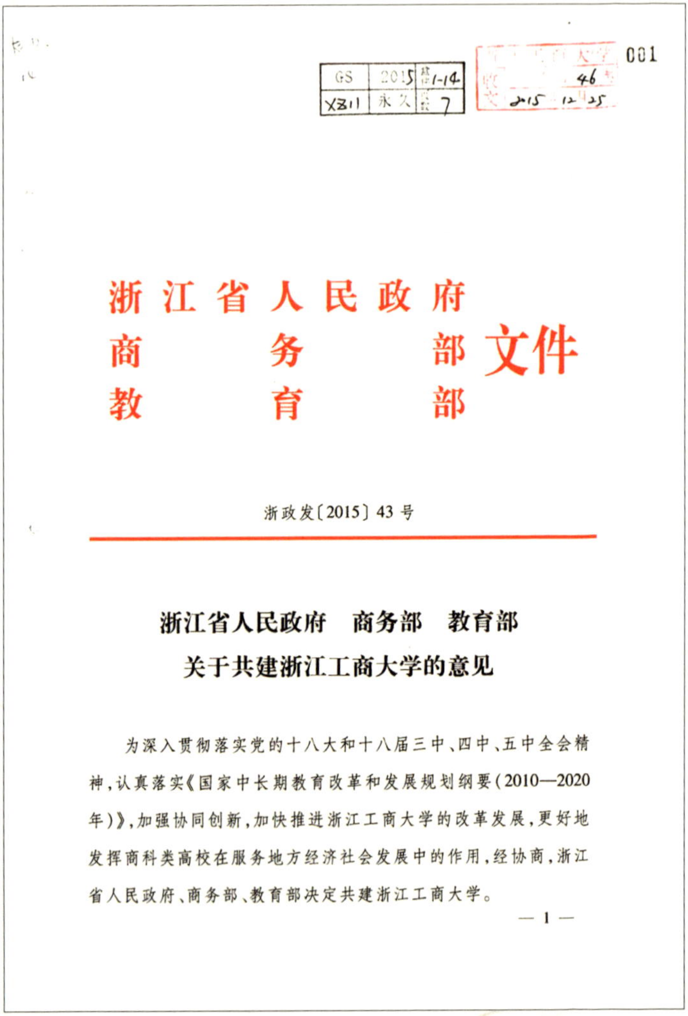

# 浙 江 省 人 民 政 府
# 商 务 部 文件
# 教 育 部

浙政发〔2015〕43 号

## 浙江省人民政府　商务部　教育部
## 关于共建浙江工商大学的意见

为深入贯彻落实党的十八大和十八届三中、四中、五中全会精神，认真落实《国家中长期教育改革和发展规划纲要（2010—2020年）》，加强协同创新，加快推进浙江工商大学的改革发展，更好地发挥商科类高校在服务地方经济社会发展中的作用，经协商，浙江省人民政府、商务部、教育部决定共建浙江工商大学。

— 1 —

2015 年 11 月 26 日，《浙江省人民政府、商务部、教育部关于共建浙江工商大学的意见》，第 1 页

2017 年 8 月，浙江工商大学入选浙江省重点建设高校。

# 浙江省人民政府办公厅文件

浙政办发〔2017〕93 号

## 浙江省人民政府办公厅关于公布
## 第二批省重点建设高校名单的通知

各市、县(市、区)人民政府，省政府直属各单位：

省政府决定启动第二批省重点高校建设，同意省教育厅推选的浙江理工大学、浙江工商大学、浙江中医药大学、浙江农林大学、温州医科大学、浙江财经大学、杭州师范大学为第二批省重点建设高校。第二批省重点建设高校以优势特色学科为遴选依据和建设基础，共涉及 11 个学科。

列入第二批省重点建设的高校，要根据相关文件精神，聚焦优势特色学科，认真制订 5 年建设规划，报省教育厅审核同意后实施。省教育厅要会同省财政厅每年组织开展对省重点建设高校的

— 1 —

2017 年 8 月 26 日，《浙江省人民政府办公厅关于公布第二批省重点建设高校名单的通知》，第 1 页

以下为校门、校园景观及校区示意图。

浙江工商大学下沙校区校门（飞翔门）全景图

浙江工商大学下沙校区（教学区）鸟瞰图

百年商脉

第八篇　商大潮涌

浙江工商大学下沙校区综合楼、教学楼、墨湖、学生活动中心

浙江工商大学下沙校区俯瞰图

浙江工商大学下沙校区图书馆

2011 年 3 月 15 日，浙江工商大学下沙校区示意图

# 校 区 示 意 图

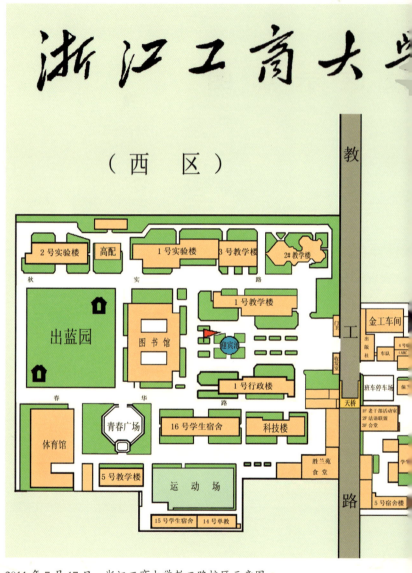

浙江工商大学

（西　区）

2号实验楼　高配　1号实验楼　3号教学楼　2#教学楼

秋　　　实　　　路

1号教学楼

出蓝园　图书馆　迎宾池

1号行政楼

春　华　路

青春广场　16号学生宿舍　科技楼

体育馆

5号教学楼　运动场

15号学生宿舍　14号单教

教　工　路

金工车间

出版社　车队　4号楼（ABC）

班车停车场　保卫

1F老干活动室　2F法语联盟　3F会堂

胜兰苑食堂

5号宿舍楼

2011 年 7 月 17 日，浙江工商大学教工路校区示意图

# 教工路校区示意图

（东　区）

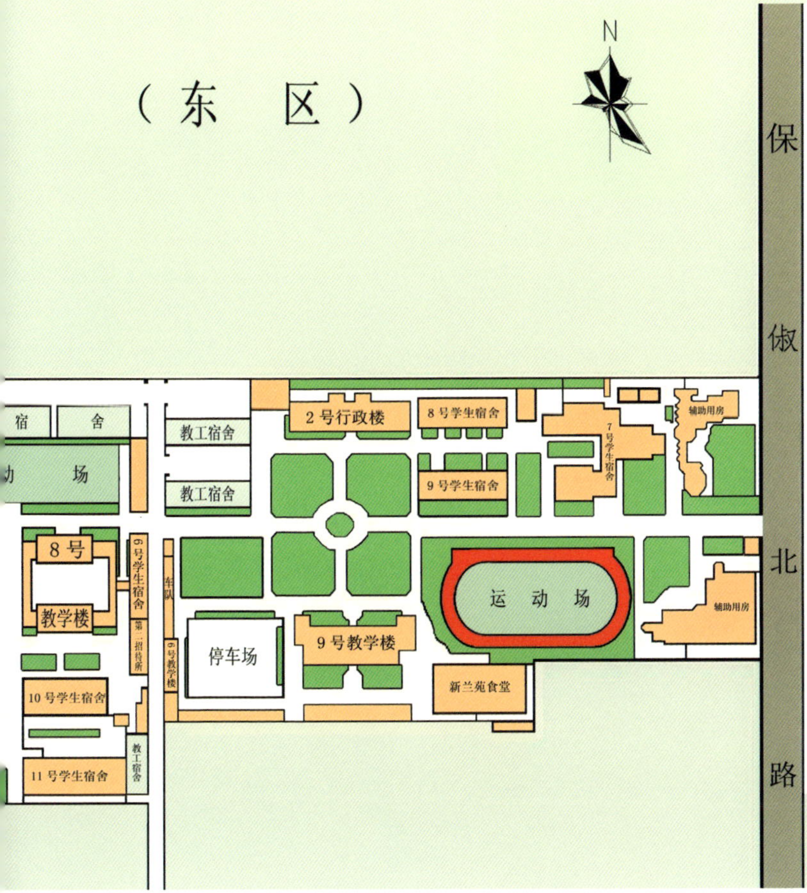
N
保俶北路
宿舍
教工宿舍
教工宿舍
2号行政楼
8号学生宿舍
7号学生宿舍
辅助用房
9号学生宿舍
8号教学楼
6号学生宿舍
第二招待所
车队
运动场
辅助用房
停车场
9号教学楼
6号教学楼
10号学生宿舍
新兰苑食堂
11号学生宿舍
教工宿舍

浙江工商大学
校史校情教育系列丛书
1911—2021

# 商风清气

◎

主编／张　东

浙江工商大学出版社
ZHEJIANG GONGSHANG UNIVERSITY PRESS

·杭州·

## 图书在版编目（CIP）数据

商风清气 / 张东主编 . — 杭州：浙江工商大学出版社，2021.9

（浙江工商大学校史校情教育系列丛书：2021 版）

ISBN 978-7-5178-4403-7

I. ①商 ⋯ II. ①张 ⋯ III. ①浙江工商大学－校史 IV. ① G649.285.51

中国版本图书馆 CIP 数据核字（2021）第 054270 号

## 商风清气
SHANG FENG QING QI
张 东 主编

| | |
|---|---|
| 出 品 人 | 鲍观明 |
| 策划编辑 | 尹 洁 |
| 责任编辑 | 唐 红 |
| 责任校对 | 夏湘娣 |
| 封面设计 | 东印广告 |
| 责任印制 | 包建辉 |
| 出版发行 | 浙江工商大学出版社 |
| | （杭州市教工路 198 号 邮政编码 310012） |
| | （E-mail：zjgsupress@163.com） |
| | （网址：http://www.zjgsupress.com） |
| | 电话：0571-88904980，88831806（传真） |
| 排 版 | 杭州红羽文化创意有限公司 |
| 印 刷 | 浙江海虹彩色印务有限公司 |
| 开 本 | 880mm×1230mm 1/32 |
| 印 张 | 15.125 |
| 字 数 | 345 千 |
| 版 印 次 | 2021 年 9 月第 1 版 2021 年 9 月第 1 次印刷 |
| 书 号 | ISBN 978-7-5178-4403-7 |
| 定 价 | 288.00 元（全四册） |

浙江工商大学校史校情教育系列丛书
（2021 版）

编　委：张　东　陈建平　沈笑莉

《商风清气》

主　编：张　东

编　者：张　东　俞吉东　叶华娟
　　　　张　敏　张雯煜　王一琇

# 总 序

　　浙江工商大学的前身是创办于 1911 年的杭州中等商业学堂，系中国最早的商科学校之一，迄今已走过 110 年的历程。从辛亥革命到抗日战争，在半殖民地半封建的环境下，学校在动荡不安中艰苦跋涉，与中华民族同呼吸共命运，16 次易名，12 次迁址，走过了一条艰难曲折的发展道路。

　　在清末民初的旧中国，很少有人有意识地通过公开撰述来记录文化历史的重大变化，以至于留存至今的文字材料并不多。随着时间的流逝，亲历者也相继离去，很多历史已无从知晓。对于百余年浙商大来说，情况也是如此，学校厚重文化资源的发掘、研究、利用相对滞后，更缺乏一部体系完整、内容厚实的浙商大校史。2011 年，浙江工商大学在百年校庆之际，曾委托专业教师对学校历史沿革进行了详细考证，苦于能够利用的史料并不多，仅整理出学校在中华人民共和国成立前的 38 年校史，共计 9200 余字。

　　浙商大的历史，是历届师生校友共同创造、记录、发展的文化记忆。这些不可复制的珍贵文化财富，如果不及时保护、抢救，将给我们及后人留下巨大的遗憾。2019 年 4 月，学校宣传部接手校史馆改建工作后，会同校档案馆从不同角度查阅了大量历史文献，对校史文化资源初步进行了收集、整理

和编研。这一过程得益于"晚清民国期刊数据库"陆续上线，可以对《浙江公报》《浙江省立甲种商业学校校友会杂志》《浙江省立杭州高级中学校刊》《商学研究（杭州）》等民国刊物进行详细的发掘和整理，新发现的史料不仅是研究浙商大历史脉络的重要素材，也是研究浙商大学术人物和学科发展的宝贵线索。

"浙江工商大学校史校情教育系列丛书（2021版）"分为《商风清气》《故人情怀》《文思相望》《百年商脉》4册，分别从商大人物、历史故事、校园文化、馆藏珍品等方面展现了一个多世纪的办学岁月中的人、事、物，重现当年师长谆谆教诲、同窗切磋砥砺、生活艰苦奋进的场景。但是，百余年浙商大岁月绵长，校史内容浩大，我们的丛书自不免瑕瑜互见，不尽如人意。我们希望，本丛书能够起到回顾、前瞻、承先启后的作用，吸引更多后来者投入校史研究，据实订正，使其日臻完善。更希望本丛书所承载的文化历史积淀，能够对我们今天的学习、工作和生活，有一定的借鉴意义。

"浙江工商大学校史校情教育系列丛书（2021版）"是对师生进行校史校情、爱国爱校教育的生动教材，有利于培养全校师生员工对学校精神与理念的认同感、归属感和自豪感，形成强大的凝聚力，促进学校优良的校风、学风的继承和发展，更好地朝着习近平总书记对浙商大提出的"把学校办好，使浙江工商大学成为一所在全国有位置，在全省很重要的学校"这一目标而努力奋斗！

编委会

2021年3月15日

# 目录

# 杭州中等商业学堂源起

## 近代商业教育的兴起

清末政府"重商"政策的施行，为商人参与社会治理奠定了基础。1840年鸦片战争后，外国势力强迫中国开放通商口岸，并与中国签订了一系列不平等条约，资本主义列强开始在中国设洋行、修铁路，间接推动了国内工商业的发展。新的生产方式逐步取代原来的手工作坊，动摇了自给自足的小农经济结构。到1911年，全国通商口岸已达82个，资本主义列强创立的近代工商企业约220家。随着资本主义经济一起涌入国内的还有国外先进的科学技术和思想文化，"重农轻商"的传统经济思想受到一定程度的冲击。代表新兴资产阶级的开明士绅在这些冲击下，提出"商为国本"等重商主义观点。鸦片战争及太平天国运动后，晚清政府面临严重的财政困难，从中央到地方，商税成为解决问题的重要手段，国家经济开始由"重农"转向"重商"，增加了对商人的仰赖。再经义和团一役，清政府彻底觉悟，"重商主义"终于成为清政府的基本经济政策。

近代实业发展中的人才短缺问题是官民兴办实业教育的直

接推动力。中国近代商业教育的起步亦开始于这段时期。最早出现的是 1891 年张之洞在湖北创办的方言商务学堂，随后全国各地的大学堂或高等学堂里陆续开始开设商科，但独立设置商业学堂的还较少。1894 年，中日甲午战争爆发，中华民族陷入空前的危机之中，实业救国思潮盛极一时。这一时期清政府高度重视兴办实业教育，甚至强调实业教育应作为国家复兴的"新政"施行。1903 年，清政府颁发《奏定学堂章程》，强调通商繁盛之区宜设商业学。政府开始借助民间力量，鼓励工商业资本进入教育领域，并把奖励民间资本兴学作为制度，如《时闻：优奖提倡学务乡绅》《提学司详遵化州绅董王世昌等捐助学款请奖》等指出，"已悉遵化州绅董王世昌等捐助学堂经费制钱二百吊以上，应准给予六品功牌"。一系列政策和奖励，调动了工商业人士捐资办学的热情，实业教育特别是商业教育在此期间获得较快发展。1912 年，"壬子学制"出台，改实业学堂为实业学校，商业教育开始被列入学制，初等、中等、高等三个层次相互衔接的实业教育体系初步形成。

晚清时期，近代商业教育已经从无到有，特别是中等商业学堂和初等商业学堂的开办较为普遍。据统计，在学部立案的高等学堂仅南洋高等商业学堂 1 所。1909 年，该学堂与江宁省城（现苏州）的江宁中等商业学堂合并，改称江南高中两等商业学堂，修业 3 年。中等商业学堂主要有天津公立中等商业学堂、奉天官立中等商业学堂等。1905 年，日军在营口设立军政署并开办商业学堂，盛京将军赵尔巽于该年将其收回改为自办。1907 年，营口商业学堂迁至奉天，更名为奉天中等商业学校。天津公立中等商业学堂创立于

1906年，由长芦盐纲公所总办兼天津商务总会总理王贤宾捐资筹建，定名为直隶天津府天津县公立中等商业学堂，简称天津中等商业学堂。"从商业学堂分布看，商业学堂主要集中在东部沿海省份和两湖等中部大省，西部地区几乎一片空白。除公立商业学堂外，私立商业学堂也具有相当规模。"[1]一些经济实力雄厚的商人设立的商业学堂是私立商业学堂的主要组成部分，但是商业教育的发展与当时快速发展的商业仍不匹配。宣统元年（1909）清政府学部全国教育统计显示，全国中等以上商业学校仅有11所，在校生近千人，落后于当时商业发展的需求，商业人才短缺的问题仍未解决。

清末民初，浙江商业教育的发展更为缓慢。究其原因，在于没有来自政府的强力推动，社会上未形成重视商业教育的氛围。与基础教育相比，实业教育的投入显然要大很多，但其他缺乏专门的师资和设备。光绪三十四年（1908），浙江省专门学堂统计显示，全省高等学堂1所，文科学堂1所，法科学堂2所（杭州、宁波各1所），在校学生合计762人，没有商业专门学堂。

## 近代杭州商业地位及商会发展

杭州是宋元时期重要的通商口岸之一，贸易往来自古比较发达。自清代施行海禁制度后，中国对外贸易逐渐转变

---

[1]马修近.民国时期华北地区商业教育研究（1912-1937）［M］.济南：山东师范大学出版社，2015.

为以上海为中心，浙江通商口岸的地位趋向衰落。1895 年，晚清政府被迫与日本签订《马关条约》，增开杭州为商埠。1896 年，清政府在杭州设立"海关"。此后，从浙江以南接壤的福建到北部比邻而居的上海、苏州，皆为当时商业繁荣之地，杭州居于南北交通中心，商业地理位置的优势由此凸显出来。随之而来的是各国商务人士开设洋行、创立公司，近代杭州的商业经济重新获得繁荣。杭州开埠前，浙江省内宁波的商业贸易居于杭州之上，其凭借靠海优势，基本垄断浙江地区的对外贸易。杭州开埠后，周边河流交错，水道众多，绍兴、衢州、金华等地的商贸往来均需经过杭州。作为省会城市，其商业地位在这段时期取得一定的提升。但是，沪杭甬铁路竣工并开通以后，运河运输需求锐减，杭州乃至浙江省的商业贸易中心地位开始弱化。

晚清政府迫于时势而施行"重商"政策，商人组织开始在全国普遍产生。旧式商人组织改组为新式商会的方式主要为在各行业"同业公会"的基础上进行变革。作为近代新式团体，商会的产生和发展在中国商业发展史上具有非常重要的意义，使得以"晋商""徽商"等为代表的地域性商人行会，向以行业划分的商业公会转变，也使商人群体的眼界更加拓展，素质得到进一步提升。1904 年，清政府商部出台《奏定商会简明章程》等相关法律，其中规定"凡各省各埠，如前经各行众商公立有商业公所及商务公会等名目者，应即遵照现定部章，一律改为商会以归画一"，并且同时做出规定，"凡属商务繁富之区，不论系会垣、系城埠，宜设立商务总会，而于商务稍次之地，设立分会"。1906 年，清政府改商部为农工商部，进一步放宽对工商业的限制。其后，又要求各乡镇"凡有商铺汇聚之处，次第筹设公会之分会，隶属于县城分会"。在官方引导下，全国各地和部分乡镇相继设立商会组织，商会由大中城市发展到县城以及乡镇。

1902 年上海商业会议公所成立，1904 年改称上海商务总会，其暂行章程中亦表明，其宗旨是"联络同业，启发智识，以开通商智"，"日后经费充实，应随时酌议设立商务学堂，以期造就人才，兴起商业"。杭州商人在新旧历史交替的背景下，也产生较为深刻的变化。1858 年，《天津条约》规定，外国商船可以自由地在各通商口岸转口，而不需要重新缴税。也就是说，进口货物只需缴纳 2.5% 的关税，就可以在中国市场大量倾销；此外，国外新式商品的涌入也吸引了中国百姓，进一步排挤了中国工业和手工业产品。1906 年，杭州商务总会终于应运而生，总理樊介轩，协理顾少岚，另设议董 16 人，业董若干，这是杭州历史上第一个由全体工商从业者组成的商业组织。杭州商务总会成立初期，其内部运作机制秉承政府的相关法律规定，组织架构与人事任命也须报经政府批准，议董皆由有官衔者担任，缺乏民主选举意识。由此可见，在政府政策引导下被动成立的杭州商务总会，在严格意义上仍然是一个官办机构。

## 杭州中等商业学堂的建立

最早提议创办的实业学堂是江西高安蚕桑学堂，时间是

1896 年，依据是张之洞等人的奏折。1897 年，浙江瑞安人、近代著名教育家、经学大师孙诒让在温州创办永嘉蚕学馆，用以培养养蚕、种桑的专门人才。其办学章程、校舍、课程、教师、学生皆有据可查。永嘉蚕学馆应为中国最早创办并招生的实业学堂之一，而规模最大、影响最广、知名度最高的是杭州知府林启创办的蚕学馆。1896 年春，清末维新务实派官员林启从衢州调任杭州，大力兴办学校，发展实业。1897 年，当时任杭州知府的林启创办了近代第一个新式学堂——求是书院，并先后创办了杭州蚕学馆和养正书塾，由此开启杭州创办新式教育的大幕。在其倡导之下，杭州各种新式学堂纷纷设立，其中不乏由商人创办或与商业有关的学堂。据考证，杭州商人胡乃麟独资创办安定学堂，其规模宏大，科教完善，随后也"添设银行簿记各科"。一直到民国时期，安定学堂虽历经变迁，仍保持着较好的发展态势，为社会各界输送了大量人才，如在设立了银行科后，"其后学生之毕业者，多于银行界蜚声"。尽管浙江在 1897 年就设立了永嘉蚕学馆，但直到 1902 年"壬寅学制"的颁布，才标志着我国的实业教育制度正式确立。

1904 年，商部左参议王清穆在《奏长江一带商务情形请饬各省筹办实业学堂折》中提出，"饬下各督抚将大中小商业学堂次第筹办以开商智而兴实业"。原因在于，其考察长江一带商务之大概情形后指出："值此列国竞争以商战为主义，洋商之来华者，类皆谙习商法，洞明财政，为各国商业学堂卒业之士。我国商人未尝学问于阜通货贿之义，盈虚消长之机。未能洞悉彼明此暗，形见势拙。互市数十年，动为洋商所持者以此方今。"由此可见，外国来华商人早已掌握商业知识、洞悉国际商法，在与华商交易中占据主动。而华商则缺乏专业知识，经常吃亏。而且，"现在各省议办实业学堂，先后选派学生出洋，其中学习农工以外专习商业者无几"。创办商业教育学堂，培养自己的商业人才的需求应运而生。1906年和1909年，清政府学部还曾两次通令各省加快设立农、工、商实业学堂。

杭州商会对于商业教育的追求，此时也显得颇为强烈。据《杭州商业杂志》所刊载的《发起杭州商学公会第一次禀稿》一文，职商大清银行金百顺（金润泉）等因"浙江省垣江河交通，本为商业荟萃之区，现复铁道接轨，凡赣皖苏闽各省出产皆将转输于此，商务之盛可以预计"。因此，杭州商会特"请设立公会以论商智而维公益事"。政府批复"商学为实业之一种，极应注重。浙省因经费难筹，商业学堂尚无设立，诚为缺点。该职商等拟设商学公会论商智维公益，有此基础，将来组织商校必易为力"。在政府的支持下，杭州商会发起成立"杭州商学公会"一事得以顺利进行。其发起人金百顺时任大清银行浙江分行经理，具有强烈的爱国情怀，后期一直掌握浙江金融大权，为浙江的商业繁荣发展做出了重要贡献。

在"杭州商学公会"筹备过程中，各业特别是银钱业最为积极踊跃。商会"日前经兴业银行协理孙慎卿君发起，会同钱业暨各业董事，决议援沪上商学公会办法组织——杭州商学公会，以讲求商业交换知识为宗旨，闻已于日前决定章程，公推大清银行协理列首联名，禀请抚院咨部立案"。1909年农历五月初二，"杭州商学公会"在协和讲堂召开成立大会，劝业道、提学使、杭府等均派代表莅会，"先由副会长周君湘龄宣布开会辞，旋推举潘君赤文为临时议长"。潘赤文（潘炳南）时任杭州商务总会总理，由他出面组织领导杭州商学公会，显示了杭州商会学习商业知识的迫切需要，以及适应时代发展的巨大决心。随后，大会提议事件进行讨论："一是商业杂志。二是创设商业讲习所。三是筹办商业学校。（景君云此为速效法，延聘讲员，编刊讲义，定期听讲，以研究商学商法。周君湘龄云，此为开通已成材之商人而设。商业学校系培植商家子弟，二者可并举。又言拟办中等商业学校，约定学额 250 人，每年预计约需经费银 1 万两）四是赞助出品协会。五是筹议开办费。"可以看出，杭州商学公会与杭州商务总会的职能有着明显区别，其主要是为了增进杭州商人的商业知识，培养商家子弟，以求商业发达。

1910 年，杭州商学公会与杭州商务总会联合发起成立"杭州商业学堂"。学部《咨复浙抚核准杭州商学公会章程应将商务杂志呈部并速设商业学堂文》中提到，"查前据各业经董职商金百顺等禀称，集合同志设立商学公会，所拟商学公会章程大致尚属周妥，核丁项所开设立商业学堂应即从速办理，以便养成专门人才"。同年 8 月 19 日，学部《提学司袁照会郑绅在常充任杭州中等商业学堂监督并将该堂组织成立文》明确，"本年八月初一日，准杭州商学公会咨开准司照开，查实业之中农、工两门均赖商以转轮，中国以农业为本，原料丰富而商业不振……来咨称杭州高等小学堂经费有商业认捐之辅助，若将该堂升作中等商业学堂，以现有学生作为中等学堂预科生，一转移间，易普通为专科，改官立为公立。敝会筹款已有成数，并祈将该堂事务组织成立"，确定了办学经费"有商业认捐之辅助",由"副会长金润泉、周湘龄两君拟垫款项开办商业学堂,拟各筹经费1200元"。"由厘饷局核定每月330元,自厘饷局归并后,改由藩司按季提前照数发给,计常年3960元,遇闰照加。""该商会等前次开会筹议,已认有4000元,共计约有8000元之谱,核与郑监督预算不相上下。"周湘龄即周庆云,湘龄是他的号,清末秀才,曾任苏、浙、沪属盐公堂总经理,并开办了浙西鹾务学校,亦为热心教育的开明士绅。他与金润泉一起捐助经费共计2400元,为杭州商业学堂的顺利开办做出了巨大贡献。

清宣统三年农历二月十五日(1911年3月15日),在杭州官绅的共同努力下,"杭州中等商业学堂"在杭州市马市街黄醋园巷(原杭州高等小学堂旧址)正式成立。因杭州高等小学堂发起人郑在常办学口碑甚佳,"校内各务仍公推该堂长郑绅在常组织,且郑绅办学有年,规划井然,希即充任中等商业学堂监督"。郑在常作为首任校长,为学校筹建付出了巨大心血,"其时本校沿未归省立,经费支绌,郑公悉心筹垫,具费苦心"。其道德学问,亦为师生所钦仰。"杭州中等商业学堂"作为浙江省商业教育的先驱和我国最早创办的商业专门学校之一,在100多年的办学历程中,16次易名,12次迁址,校名中的"商"字从未更改,如今已经成为浙江省重点建设高校——浙江工商大学。

在杭州商会筹设杭州中等商业学堂之前,杭州某些行业已设立不同等级的商业学堂,如绸业、木业,均已设立商业小学堂。这些商业学堂是杭州近代新式教育的重要组成部分,其创设表明了杭州商会具有学习西方商业知识的自觉性,商人在其中既是承办者，又是学习者。杭州近代新式教育，与商人或商业有关的，除商人创办的学校外，还有一种就是由官方主导创设的学校，商人在其中参与教习，并且发挥了重要作用。而这种学校的创办，又培养了商会人才，间接推动了杭州商业的发展。

## 浙江省内近代商业教育的发展

浙江省内各色商业学堂在 1908 年之前很少。据《浙江教育官报》1909 年的记载，从"光绪二十九年（1903）至三十四年（1908）浙省学堂增减比较表"中的统计结果来看，实业学堂中商业专门学堂数量为 0。1912 年之后，政府颁布了一系列促进民族工商业发展的措施，又因为受到外国资本利润丰厚的刺激，民族工商业得到迅速发展，而工业资本投资相对于商业资本周期长、风险大，因而商业资本主义发展较快，商业学堂的创办也日益增加。

浙江省各市县成立的商会机构，在当地的商学教育方面做出了显著成绩。1910 年，绍兴职商鲍承先等禀办商学公会，《本署司袁准劝业道移农工商部咨复浙抚绍兴鲍承先禀办商学公会应即认真办理文》称："绍兴商会成立有年，而于商业根本之图，组织商学公会，设立商学研究会及商学传习所，延聘讲员逐日讲授商学商法。"1911 年，《本署司袁批秀水县详嘉兴商会附设商业学堂请批示立案由》对嘉兴商会创办商业学堂予以肯定："该商会热心实业教育，图商智之发达，就该会附设商业学堂询甚嘉慰。"1914 年，宁波地方士绅陈时夏、邬之和等创议将四明专门学校改为宁波公立甲种商业学校，先后设有初高商科、高级银行科和银行专修科。1915年，"建德商号日生和等，邀集同志，合议组织乙种商业学校。经费悉由各商家担任。俾各业子弟均得入学肄业，于实业教育前途而有裨益"。民国时期，浙江商会主导的各色商业教育得到一定程度的发展，商业学堂数量有所增加，规模有所扩大，办学条件逐渐改善。商业学堂学生与旧式商业学徒相比，在知识结构上已经有了很大区别，除了使用算盘、记账之外，更具备现代商业所需要的各种专门知识，如商业道德、商业算术、商业地理、商业历史、簿记、商品学、统计学、民法、商法、外国语等，并开设有商业实践、体育等科目，培养学生之商业能力已渐与世界接轨。而一些不具备兴办新式学堂的地方，商会则通过创办商业杂志、设立商业讲习所等，联络商事，宣讲商情，从而成为当时浙江普及实业教育的一股重要力量。

此后，浙江商会创办各类学校的趋势进一步加强。为了增

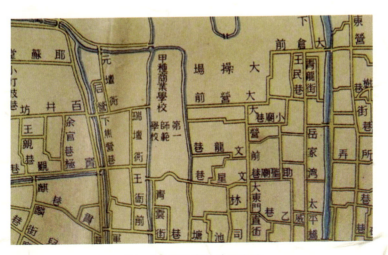

浙江省立甲种商业学校地图

进杭州商人的专业技能，进一步提高商人的知识水平，杭州市总商会曾筹款举办簿记学校。1935年，杭州市总商会设办商业补习学校，设普通课和专修课，学生多为店员。普通课和专修课课程内容丰富，契合时代特征，普通课课程有"商业国文、商业簿记、商业英文、商业常识、经济概论、商业算术、公民训练"等，专修课课程有"会计学、银行学、英文、日文"等。

浙江各色商业教育的渐次发展，为社会培养了大批商业人才。商业学校毕业生一般有三种流向：一是少数人充任民国时期政府的商务官员，这些人大部分具有高等教育学历，其中有商科背景的不在少数；二是商科大学的毕业生也常是初、中等商业学校教师的主要来源；三是大多数毕业生从事钱庄、银行等工作或直接投资商业等。1914年7月，浙江省立甲种商业学校（前身即杭州中等商业学堂）的第一届本科毕业生共32人，其中就有7人到银行工作，7人在统捐局工作。"浙江省立甲种商业学校第一班本科修业期满，校长周锡经君日前呈请行政公署，核准毕业。此次本科毕业生共计32人。学习优秀者，居其多数，而操行成绩尤属良好，将来进身商会，当能于吾浙实业前途有所裨益也。"浙江省立甲种商业学校从此之后，一直在浙江省的教育界和商界都拥有较高声誉，毕业生中涌现出著名爱国人士章乃器，著名马克思主义经济学家骆耕漠，著名合作经济学家寿勉成，中科院院士、经济地理学家周立三等蜚声国内的人物。而地方上商业学堂的毕业生也积极服务各种商业活动，如吴兴县立甲种商业学校的"毕业生大多在湖州、苏州、上海等地从事钱庄、银行、'洋行'工作"，对于浙江地方商业发展起到了催化剂的作用。

（本文作者系浙江工商大学党委宣传部张东）

# 甲商三剑客

1923年8月，骆耕漠从於潜到杭州来上商校，是高小毕业考上来的。商校头一年的课程基本上是预科性质，比高小课程难不了多少。因为高小功底比较扎实，进商校后第一年骆耕漠游刃有余，一点也不觉得累。他就经常邀几个同学到西湖旁边的一个树林里学骑自行车。那时候骑自行车是一种时尚，骆耕漠刚进商校时看到有些同学是骑自行车来上学的，羡慕极了。后来有人告诉他，西湖九里松有一个自行车学骑点，在那里可以租到自行车学骑，一小时一角钱。骆耕漠心动了，一到星期天就去九里松花钱学骑自行车。

同去的还有2个同学，一个叫丁兆明，一个叫陈英乔。丁兆明是湖州人，个子高，力气大，骆耕漠、陈英乔学上车时，总是他来扶自行车"屁股"，他的手劲特别大，扶的车也特别稳；骆耕漠在场地上来回了几圈后就能上车、下车、趟车了。陈英乔体质较弱，据说他父母把他当女儿养，他说话有点嗲，一上车就怕跌倒，结果学了半天，连趟车也不会。但他为人很大方，每次学车的租金都是他抢着付。这与骆耕漠的思想很不一样，骆耕漠主张这笔租金应该"三一三余一"，3人分担。陈英乔抢着付钱，骆耕漠觉得这个同学有可爱的一面，也有不可取的一面。

后来，他们3人学会了骑车，技术水平也不算低，有了空闲，他们就进城租自行车玩，有时候逛街，有时候游西湖。那时杭州人口不多，街道上不像现在这样车水马龙，空荡荡的，他们蹬着自行车飞跑，快乐得像3只小鸟。

有一回，可能是"双十节"之后，他们3人又进城到西湖边上玩。在湖畔诗社的院子里逗留了一会，他们就到傍湖的下湖路人行道上，看到一群群的男男女女都快速向第一公园的东面汇拢，他们手里都拿着一面糊在竹竿上的彩旗，旗子上好像写着标语。他们3人呆住了，看了好久，觉得十分诧异，也跟着往公园的东面跑去。原来这里是一个自发的民众集会，反对曹锟贿选。骆耕漠他们3人都不知道什么叫"曹锟贿选"，骆耕漠最敏感，觉得这是大事，就叫丁兆明他们不要走开，就在这里听听。此时有一个操宁波口音的中年人一步步爬上公园里供孩子们滑滑梯的架子，对大家讲话。他说："北洋军阀曹锟用金钱来贿赂参议选举，当上了大总统，手段极不正当！民国政府是民主的政府，我们决不能容忍，要坚决反对！"当场群情激愤，齐声高呼："反对！反对！坚决反对！"他们3人一头雾水，根本不知道是怎么回事，见一旁的人在叽叽喳喳议论，上前探问也似乎不太清楚。这时一个中等个子的读书人也爬上滑梯，向大家大声宣讲。他说："民国政府已经换了5个大总统，黎元洪被北洋军阀逼下台，议会选举新的大总统时，曹锟就以5000元一张选票收买议员，又以 40 万元的高价收买了国会议长，3 天前曹锟宣布自己是大总统。这样的总统不过是个贿选总统，我们能不反对吗？""反对！反对！"现场又是一片呼喊声。

反对贿选总统的民众集会场面让这 3 个同学认识到了社会的复杂，他们也十分佩服这些敢站出来演讲的年轻人。一是佩服他们对国家大事了解得那么多；二是佩服他们敢作敢为胆子大。他们后来打听到那位侃侃而谈的读书人是浙江医专学校的学生，名叫童志沂。自此以后，他们 3 人时常谈论这个具有反叛精神的同学，言谈间这个学生成了偶像，他们就是他的粉丝。骆耕漠还特别想到了一个问题：同样是读书的学生，人家为什么会知道得那么多呢？有人告知说，秀才不出门，能知天下事，都是读书看报得来的，这是人家多读报纸的结果。自此，骆耕漠就开始热衷跑图书馆了。那时候的商校在教学楼的西侧开设了图书馆，也效仿西方学校设外借图书与阅览图书。骆耕漠是阅览室里的常客，他将里面的报纸、杂志翻阅得烂熟。学生时代与各种各样报纸、杂志的广泛接触，开阔了骆耕漠的眼界，增加了他对刊物的感性认识，也成了他的一种资本。后来在不同时期，骆耕漠创办出《动员周刊》等许多杂志，就与他在商校阅览室里广泛阅读刊物的经历有关。

到了第二学年，骆耕漠所在年级开设了一门新课叫"商务会计"，教务长说这是商校学生的"饭碗课"，必须学好。骆耕漠他们也意识到这门课新鲜，是高小里没有的课程，要下功夫学好它才对。但教这门课的老师让他们有点失望，这位老师是个姓单的福建人，一口闽语令大家听起来十分吃力。当时的职业教育还没有专门的教材，学生用的课本都是任课教师刻印的讲义。杭州商校的讲义是从天津商校套来的。或许单老师不擅长刻钢板，他发的讲义又少又不清楚。不少同学暗地里向教务长诉说单老师的课很"臭"！消息传到单老师的耳朵里，单老师不但没有接受，还给同学们摆谱，标榜他南洋归来的资历。到了这学期的期末，这位老师又把这门课的学分给大家打得很低，惹得同学们都不开心，提出了要"弹劾"他的请求。这件事就是丁兆明、陈英乔与骆耕漠3人干的。他们于放假前在教室的大黑板上写了一篇"弹劾檄文"，让校长他们来看。此事件的结局也不能算"弹劾"完全成功，单老师是不再任教了，但他们3人也因此受到了处分。学校不让他们再住在校内的学生宿舍里，指令他们在一个离学校还有一里地的木工间里下榻。据说这是一个学监的意见，学监认为一颗老鼠屎能坏一锅粥，这3个挑头的学生还是远离集体一点好。但人是活物，这么简单就能让人驯服吗？相反，他们3人更有了反叛心理。学监的手段也没有得到其他师生的支持，大家都认定丁兆明、陈英乔、骆耕漠代表民意敢于直言，是一种义胆侠骨，好得很！商校里有这样3个敢顶撞"上峰"的人的消息传到校外，校外也是一片褒扬声，赞誉他们是"甲商三剑客"。当时的学校已经不叫"甲商"，但社会上叫惯了还用这个称呼。"甲商三剑客"的名号在后来的"学联"活动中十分有能量，为上海大罢工组织社会募捐，"甲商三剑客"一出面就好办得多。

商业学校个别训话

## 募捐风波

根据"甲商"时期的教育制度，一个学校的学监权力很大，省立商校的这个学监又很坏，他对骆耕漠等3个学生的处分很不得人心，许多教师也出来讲话。所以，不到3个月，校方就答应让他们3人回到学校住宿，不再走读。

刚回到集体宿舍的那天，他们就碰到一个要不要参与杭州学联组织的募捐活动的争议。杭州学联是杭州中高等学校联合会的简称，是杭州各学校为参加社会活动跨校区联合的学生机构。商校的学生比较关注学做生意，对学联的活动相对淡漠。杭州学联曾两度派人到这里来动员他们加盟，都没有得到很好的回应。这一次为了表达对上海"五卅惨案"的支援，杭州学联的发动工作声势浩大，商校也不能平静了。商校原来学生会的头，是一个有家室的绍兴人，为人干练豁达，但因家庭原因辍学，学生会也"瘫痪"了。杭州学联到商校来做动员，商校连联络的人都派不出。这时还是"甲商三剑客"出主意，决定由人高马大的丁兆明出面去杭州学联接洽，拿任务。为了做好这件事，骆耕漠、陈英乔做了许多工作。他们认为杭州学联的负责人是童志沂，原本就是他们3人敬佩的人，而且响应杭州学联的号召也是为商校争颜面。国家兴亡，匹夫有责，商校生岂能置之度外？骆耕漠在家国大事方面的觉悟很高，他与陈英乔一起四处游说，分析形势，权衡利弊，推举丁兆明代表商校去杭州学联接洽。丁兆明受到了大家的拥护，积极性也很高。

丁兆明果然在学联里见到了童志沂，互表敬意之后就商议支援上海大罢工的事。童志沂表示，根据有关方面的布置，杭州学联也可能要选择时机举行全市性的大罢课，但目前主要是组织募捐，为上海工人解决资金短缺的问题，同时也通过募捐来扩大影响，唤起民众。

丁兆明领着为上海募捐的任务回到商校，迅即与骆耕漠、陈英乔等学生骨干商议。大家情绪很高，不仅仅因为有意义，还觉得很新鲜，这是他们从来没有做过的事。他们正打算组成3个小队分头行动时，上海同济学生募捐出问题的消息传到了商校。因为同济有学生把募捐来的钱占为己有不上交，商校也有同学质疑搞募捐会不会也有人从中捞好处。学做生意的商校学生对资金之类的顾虑多一点十分正常，解决这个问题的窍门也很多。骆耕漠就想出了一个用毛竹筒做募捐箱的办法，钱能放进去却拿不出来，可以避免募捐款流失。

靠这个办法，大家的思想统一了，走出校门向社会募捐也没有太大的阻力。两天后各分队募捐到的款项一汇总，杭州学联布置的任务他们已经如数完成。商校学生会募捐告捷，整个学校也有光彩。但树欲静而风不止，本是挺顺畅的事也出了一些意外。偏偏有一批学生不知听了谁的讹告，到校长那里告状说募捐款没有全部上交，弄得全校掀起一阵小风波。

面对这个局面，骆耕漠怀疑是那个学监暗中做了小动作，主张去他那里交涉。丁兆明说好的，就去了。结果学监没找着，碰到了一群议论纷纷的同学在等餐厅开饭，骆耕漠就建议丁兆明趁机给大伙一个解释。丁兆明说声好就站到了吃饭的桌子上，很有礼貌地向同学们鞠躬，然后手卷喇叭向大家喊话。丁兆明把募捐事由简明扼要地说了一遍。他说："上海日本纱厂的工人被外国人打死，上海工人为讨回中国人的公道发起 20 万人的游行罢工。面对自己的同胞浴血抗争，全国各地都在声援上海，我们杭州还能例外？上海的青年学生也在流血牺牲，作为杭州的学生能袖手旁观？杭州学联的声援非常重要，商校生投入这场运动责无旁贷。我们也是热血青年，参加募捐活动就是为了表达我们对上海工人的支持。有人怀疑我们募捐的钱少上交了，这是凭空捏造！为了管好这笔钱，事先我们就已经考虑好，3 个募捐小队都采用了特别的募捐箱。我们的募捐箱是一个个的毛竹筒，钞票放得进去拿不出来，结算时也是当着众人的面剖开来清点，一分不少地登记造册，如数上交。绝对不会让谁捞到好处。不信，大家可取证调查！"最后，丁兆明还说，杭州学联主席童志沂对我们商校组织的募捐活动评价极高，赞扬我们商校经济工作就是比别人强！

丁兆明说话铿锵有力，骆耕漠他们带头鼓掌，同学们都信服了，胡乱猜疑的风波也在掌声中得以平息。

当时的通信不像现在这样发达，上海血案的结局如何，商校学生知情的并不多。那次募捐活动之后，过了一两个星期学校就放暑假了。为了这个假期，骆耕漠与丁兆明、陈英乔专门做过一次探讨。陈英乔提出上海"五卅惨案"闹得那么大，我们杭州学生都为它搞募捐，应该到那里去看看才好。丁兆明表示赞成，他说，他也是根据杭州学联童志沂发来的演讲稿子做演讲的，关于日商纱厂工人顾正红、外滩租界、英国巡捕、南京路上游行等内容统统是照本宣科，一点实地印象都没有，到上海去一趟，到这些地方走一回，考察考察肯定有意思。他们俩兴致很高，骆耕漠低头不语，催问他，他才说他不去了，为啥呢？他像是不好意思启齿，唯恐不能支持朋友的行动伤了他们的心。后来他支吾着说道，他没有盘缠，也要补习英语。他说的没有盘缠是真话，於潜老家的收入日渐衰减，供他吃饭的钱也相当捉襟见肘；说要补习英文也是真话，杭州基督教青年会暑假期间在岳坟边上的青年会馆要开设英文补习班，有好几个大学教授来上课，打义工的，他想参加补习。

共赴上海考察的计划因为骆耕漠而没有达成一致意见。放假时间一到，丁兆明、陈英乔都返回老家了，骆耕漠就准备报考青年会的英文补习班。

## 学而优则富

骆耕漠在商校念书的时候，校长叫李涵真。李涵真是一个很有思想的人，他的治校理念可谓颠覆了原来"学而优则仕"的读书观。他在全校师生大会上讲道："高等商业学校之本旨在养成商人有必要之判断能力，而执业的技术之教育则占其副位，以此种教育之目的，在其长时间之胜利。不措意于一时之厉害也。"又说："甲种商业之设立应于社会之需，要催促急速间养成合适的人才。"他把教学的重点引导到培养学生"经商"的实际能力上，鼓励学生学好商业技术走商业经济之路，他鄙夷"读书做官"的那种仕途经济。

商校的校长"以商为荣"，倡导"学而优则富"的观念对骆耕漠的影响非常大。骆耕漠私逃杭州进商校读书，是他家庭环境给他的逼迫，也是他自己权衡之后的无奈选择。他不甘心沉沦在於潜的那个小家庭里，但也无意于大红大紫。他就想觅得一个可有中等收益的社会职务，在商店、银行、交易所这些行业里找到一个工作，过上自食其力的日子也就心满意足了。所以从一进校门开始他就暗下决心，要把5年课程一课不落地拿到最优秀的学分，去换取社会上的一个饭碗。

骆耕漠在商校读书时叫李政。李政的名字在学校里非常

商业学校上课

响亮，一是因为他与丁兆明、陈英乔一起有"甲商三剑客"之称；二是他各科学业成绩出色。商校推行学分制，每门课考结束，教务处都要把每人所得的学分张榜公布。李政的名字不是排在第一就是第二，令人刮目相看。但有一回他是老马失蹄，丢了面子。那是这个学期的校庆日，这也是李涵真校长想出来的，规定每年的 3 月 5 日为商校建校纪念日，这一天放假半天，全校举行校庆活动。校庆活动很多，有会议，有演讲比赛，有文娱活动。李政被班上同学推为选手参加英语演讲比赛，大家都看好他能拿冠军。但结果令人大失所望，几个单词出了差错，他与奖杯无缘。可能也是这个原因，他后来就想报名参加暑期的英文补习班。

　　杭州基督教青年会英文补习班开在岳坟西侧的青年会馆里，有几十个人报名，真正来参加补习的却只有 20 来人，而且松松散散，听课人数不齐。骆耕漠不理解这些人的想法，既然是报名来补习的，怎么能爱来不来呢？骆耕漠参加这次补习，除了因为英语演讲比赛失利外，更受到他表哥的刺激，他是为赌一口气非要学出点名堂才来的。

　　知道学校快要放暑假，骆耕漠的安徽表哥张正模趁到杭州批货的机会来学校里找他，给他送来一份洗浴证，顺便问他什么时候回於潜。那份洗浴证是张正模一个朋友推销给他的。那位朋友也是安徽人，在杭州学做生意。他的东家开了一家澡堂，生意不大好，就印了一些"洗浴证"，一份 5 元钱，凭证能每月洗一个澡。东家给他表哥的朋友一些任务让他去推销，推销不了就在工资里扣钱。朋友要表哥帮他推销洗浴证，表哥机灵，当即就买下一份给骆耕漠用，让他每月洗一回澡。骆耕漠接过这份洗浴证十分高兴，就说谢谢表哥。表哥又问他什么时候回於潜，骆耕漠说不去了，要留在杭州上补习班。表哥一听沉下脸："怎么？补习？要不要留级？我早看出你就是不聪明。"骆耕漠很不高兴，但不争辩，只是说这个暑假他不回家了，心里则暗暗下定决心要认真补习。

这个澡堂就位于离杭州基督教青年会不远的三元坊巷，夏天不烧热水，只供应冷水；而且泡澡的人不多，澡堂的屋子就当作客房出租，租金很实惠。骆耕漠看了看这个位置，离青年会馆近又能洗澡睡觉，就打着他表哥的名义去找澡堂的主人商量，说他要在附近的地方上暑期补习班，能不能让他一个暑假就做这里的房客。主人答应了，房租也收得不高，还管了一顿早餐。

这个盛夏，骆耕漠都在这里过，白天到补习班学英语，晚上回来冲个凉。因为住澡堂的人不多，里面时常空荡荡的，他就大声地朗读英语，校正自己的发音，所以这一回的英文补习效果出奇地好。秋季新学期一开学，他的英文课成绩就唰唰上升。有人猜测，明年的校庆英文演讲比赛，冠军肯定非他莫属了。

这学期是骆耕漠进入第三学年的开始，学校增设了商情调查的课程，来了个姓宋的新教师担任这门课的教学。宋老师据说是林传甲的弟子，知识渊博，作风严谨。他组织学生搞"商情社会调查"，道理讲得很透彻，演示做得很具体。他批阅学生撰写的调查报告，圈圈点点，勾勾画画，有赞语，有眉批，有总评，没有一份不下死功夫的。学生们见老师如此认真，也一个个不敢偷懒了。骆耕漠的悟性好，在模拟撰写商情调查报告时就得到宋老师首肯。后来他写出的《杭郊九区商业考察报告》，宋老师作为案例进行分析评点，指出其中的得失。古谚说"名师出高徒"，骆耕漠一生钻研的政治经济学，几乎都是通过社会调查报告的形式来阐述或佐证自己的观点的。他对这类调查报告的娴熟运用，与他学生时代得到过规范的训练不无关系。

五卅运动之后的一年，激烈的社会矛盾得到缓和，时局平静，学校里一片琅琅书声。这一年，莘莘学子追求知识的环境算是百年不遇。骆耕漠在这一学年间各门课程的考绩都非常出色。他在传达室前的告示牌上看到了自己的两条利好消息，一是他们这届学生的学制进行调整，有35人缩短为4年半毕业，其余仍为5年毕业，35人的名单中有他；二是对一学年来各科考试成绩第一名、第二名，各奖励12元钞票。他是第二名，得奖金12元，由学生户籍县支付。

这种对学业优秀的学生发奖，奖金由别人支付的办法是这个商校的独创，体现出商校的一个理念：学而优则富！

## 惜别赠禁书

学生时代的年轻人求知欲望无法斗量也没有限制，但骆耕漠进入商校后所探求的知识面并不宽泛，或许这与他一生的治学主张有关。他认定一个人的知识应该"少而专"。他在商校里攻读学校开设的"商业概论""会计原理""商业地理""商业历史"这些课程非常专注，碰上不易理解的疑难问题往往会"打破砂锅问到底",总想琢磨出头绪来;但对非商科的一些学问则"略知一二"就满足了。他对文学以及与文学相关的一些社会知识表现出越来越浓的兴趣。这和他与同班同学丁兆明走得很近有关。丁兆明年长他2岁,出身于湖州城里一个潦倒的书香门第,文史阅读的基础要比骆耕漠强得多。骆耕漠很崇拜他,学校里的什么事他都愿意和丁兆明、陈英乔一起做,结伴多了就有"甲商三剑客"之说。丁兆明是个"书迷",读到好的小说他可以夜以继日。这一点感染了骆耕漠和陈英乔,让他们也开始喜欢阅读一些当时有影响的课外书籍,比如,鲁迅的《呐喊》,陈独秀的《新青年》,蔡和森的《社会与人》,等等。《呐喊》是创造社出版的一部小说集,里面有一篇题目为《药》的小说,因此被当时的政府宣布为禁书。骆耕漠得知民智书店有卖时,跑步半个多钟头把《呐喊》这本书买了回来。星期天,他们仨在寝室里读议鲁迅《药》这篇小说,对作品里的人血馒头象征什么做些讨论,你一句我一句,结果过了吃饭时间,膳厅关了门,他们饿了一天肚子。

三年级的那个学期过得很快,一转眼就放寒假了。离校前一天,丁兆明告诉骆耕漠:"李政,下学期我可能不来了,我要退学。"骆耕漠觉得很突然,忙问:"怎么,是募捐的事惹你麻烦了?"丁兆明说,不是的,是他一个亲戚为他在上海找到了一份工作,他要谋职去。骆耕漠他们平时也谈起过,省立商校与其他高校一样不包学生就职,毕业就是失业,读书之后的谋职很不容易,丁兆明有这个机会当然不能错过。骆耕漠与朝夕相处的一个很要好的同学在这时就要分手了,骆耕漠难过得流下泪来。丁兆明劝说，男儿有泪不轻弹，有事情好联系的。骆耕漠"嗯"了一声，又说："我把创造社的那本书送给你，算个分别留念。"丁兆明说："那书你喜欢，你留着吧！"骆耕漠说："我不要紧，民智书店还会有的，再去买！"骆耕漠在书上写了一句"丁兆明同学惠存"之类的留言，两人就分手了。

骆耕漠说的民智书店位于三元坊巷与青年路的交叉口。按现代历史学家的说法，它是当时的一家进步书店。主人姓许，年纪不大，一身长袍，文质彬彬。丁兆明、骆耕漠他们看的好些书都是在这里买的。许老板见骆耕漠经常光顾书店，还时不时地买些文学书、科学书，特别是鲁迅、郭沫若的书，就问他是哪里人、在哪里念书。骆耕漠回答，於潜人，省立商校读书。许老板笑笑，说他将来会做个大文豪。骆耕漠告诉许老板，他买几本小说书看看，就想增加一点社会知识，商校生将来是做生意的，不可能当文学家。骆耕漠与这个许老板一来二往接触得多了也成了知交。那年暑期，骆耕漠凭着12元奖金留在杭州没有回於潜，他想利用假期整理一篇社会调查报告，当作毕业论文。他在民智书店对街的一个筒子间租了房子，那里光线暗，不通风，一到晚上闷热难当。许老板得知后，主动让骆耕漠到他书店楼上的闲置客房来住，那里清静透风，一日三餐也能在楼下的小伙房里搭伙。骆耕漠问："房价能不能打折？搭伙是不是包餐？"许老板说："你真是一副商脑，不愧是个商校生！"

许老板还是个消息灵通人士，不知有什么背景，朝野大事他都能说上一些。他告诉骆耕漠，北伐军已经从广州北上，进入湖南、江西一线，很快就会到浙江。杭州免不了有场血战，老百姓无法安宁，他们读书人也不可能在学校里待着。

果然，被许老板言中了。这年的元旦不到，学校就宣布放寒假，说是全市的统一行动，避免打起仗来给学生带来麻烦。骆耕漠大约是11月初回到於潜的，一到家就有人告诉他秋村的傅荣也回来了。傅荣又叫傅玉成，是他於潜读高小的同学，一起办过"青年信义社"，后来考取杭州安定中学，在杭州也是个学联运动的活跃分子。支援上海五卅运动时，他和童志沂一道鼓励丁兆明、骆耕漠把商校学生发动起来做好宣讲募捐工作。这回也是因为学校提前放寒假，他才回到老家来的。第二天一大早，骆耕漠就赶八九里路到秋村会见老同学傅荣。结果扑了个空，他家里人说，傅荣一大早就出门了，可能去了宁国仙霞，做什么谁也不知道。

骆耕漠返回家里时，却见一帮人在他家的新屋里忙碌，原来是北伐军鲁涤平部下的先头部队在做后勤安排。骆耕漠想，真是说曹操曹操到，北伐军来得还真快呢。骆耕漠兴奋了，就忘情地关注起北伐军的"军情"来，动了好些脑筋，终于打听到是一支从昌化县过来的队伍，有六七百兵力，在於潜休整两三天再开往杭州。於潜是个小地方，没有容纳六七百人的营地，就东拼西凑地切块扎营。带兵的首长在北门头的安徽会馆里下榻，设了一个临时指挥部；大部分士兵住进於潜县立国民学校；大概有二三十个班排长一级的小官员驻扎在宏源仁店号的长条新屋里，也是拆门板当睡铺的。凡是有北伐军驻扎的地方骆耕漠都去转悠一会，处处站岗放哨，真枪实弹，有一股威严的杀气。

好像是接到进入杭州的军令了，一到第三天，整个部队就开出于潜城。没多久，于潜城就传出北伐军攻入杭州顺风顺水的消息。也确实没有多长时间，北洋军阀的势力就被打垮了，整个江浙被广州国民政府控制。1927年的春节一过，骆耕漠就回到了商校，准备最后一个学期的学习。他一到杭州，就迫不及待地约了王德军、陈英乔去做"社情考察"，他就想上街去"察看"一番北洋军阀倒台之后，杭州的老百姓过日子与以往有些什么不同。但他万万没有想到，这一趟出校门却被一件改变他一生命运的事缠住了。他考上了国民革命军第七军二师政治部宣传员。这就是说，不等他修完学业，他就已投笔从戎，跨进了社会革命家的行列。

## 声东击西闹学潮

许绍棣，民国史上的显赫人物，浙江临海人，早年与郁达夫同为留日挚友，情谊甚笃，后因与郁达夫夫人王映霞的一段绯闻，遂从情敌转为政敌，分道扬镳。郁达夫为革命献了身，而许绍棣成了蒋介石的座上宾。1927年，许绍棣从复旦大学商科毕业，正逢"四一二"事变，他站在蒋介石一边，属于国民党ＣＣ派的骨干。那年头，杭州学潮四起，一批大中学校的学生为反对"学生毕业不安排就业"的制度向政府请愿，纷纷罢课上街游行，社会影响相当大。商校分部里的高年级学生也在校内集会，抗议校方不关心毕业学生的就业问题。时任商校校长张琫毕业于北京大学，有一些新的自由民主意识，但书卷气十足，处理事务能力不强，对学生的行动非常淡漠，没有积极安抚。这些学生被激怒了，提出"弹劾"张琏的诉求。张琏也不是个好捏的软柿子，不等学生的集合队伍散去，他就留下一纸辞呈，返回北京去了。商校的校史里有一堆关于"撵走校长风潮"的文字，说的就是这段往事。

商校的学生把不称心的校长撵走了，是当时社会反政府潮流的一个缩影。刚刚组建起来的商校共青团支部在这期间发挥了很大的作用，也因为是刚刚组建，暴露出政治上的不成熟。当时杭州二区团委对商校风潮专门做过分析，认为向张琏校长问责，提出要解决"毕业就是失业"问题的请求是对的，但未必要撤换他的校长之职，这位校长民主自由的新思想比国民党右派要进步得多。骆耕漠曾专门来商校布置团支部掌握的这一策略，不料张琏校长却借梯下楼，顾自离开商校了。浙江省当局就派了国民党ＣＣ派的许绍棣来商校当校长。许是个政客，不久就成了国民党浙江省党部的执行委员兼宣传部部长。他推行国民党的"清共"政策颇有手腕后，到商校来掌权，对这所学校的共青团活动增加了压力。

商校团支部建成半个月后，骆耕漠被杭州团市委调去二区团委工作，商校团支部的书记改由黄德均担任。此时这个团支部已经新发展了２名共青团员，其中一名姓王，是冯渭水的同乡，诸暨人。诸暨人讲抱团，当时的这个支部非常不错，对付许绍棣的一套也很有成效。

许绍棣起用了一个海宁籍的同学来盯进步学生的梢。那个学生的绰号叫"金元宝"，是真名"金元少"的谐音，与骆耕漠、黄德均原是同班同学。二年级分快慢班时，因为成绩不好，他被分到了５年毕业的那个慢班。临近毕业时，像是学额不足，又把他们这个班并到快班来，也是 4 年半毕业。

金元宝读书不怎么样，数理化的思维一点都没有，但喜欢参与辩论，见风使舵，谁占上风就帮谁的腔。有一段时间，他喜欢散布一些为"四一二"事变中的国民党右派开脱的言论，得到了许绍棣校长的赏识，把他叫到身边面授机宜，派他做"眼睛"，还把他"推荐"给商校的学监，要学监多发挥发挥这个"眼睛"的作用。学监是一个学校的监察，往往是国民党派驻学校来监视师生政治动向的。学校的师生不喜欢与学监交往，对他们都敬而远之。所以学监必须拉几个学生来做他的"眼睛"。商校团支部发觉金元宝是国民党的"眼睛"后，对他就防备起来，开过一个会专门讨论对付这种人的办法。其中一个办法就是不再与他"辩论"，不再谈论什么党派。见他要谈党派，其他学生就避开，或者挑一些经商理财之道和他谈。有一次，黄德均邀了几个同学到校外集合，想商量纪念十月革命 10 周年的事。几个人刚出校门，金元宝就跟上来了。黄德均叫大家慢些走，先把金元宝支开。不一会儿，金元宝又上来了，黄德均就上前搭讪："哟！你也知道我们看电影去了，那好，我们一起去，电影票就你买，给大家请回客！"一帮人就都拥着金元宝嚷道："好哇，好哇！《冯家小子》，明星公司的新片，好看得很！电影票的钱敲在你身上，大家享受享受！"金元宝一见大家要榨他的电影票，连忙说："对不起，对不起！我身上没带钱，没法买票子。"大家没作声。他又说："要不，我回去拿，回去拿！"金元宝说着就掉头回去了。

黄德均几个人嬉笑一番，继续前进到青年基督堂的电影院，但没有看电影，而是在一个僻静的小弄堂间与骆耕漠会面，讨论了抵制许绍棣布置的全市中等学校文艺会演的事。

原来，许绍棣当商校校长不久，浙江省政府又提拔他当省教育厅厅长，给他再加一项官帽。他来了劲，就部署全杭州的中等学校搞文艺会演，以冲击当时中共地下党部署的纪念俄国十月革命胜利 10 周年的庆祝活动。

商校有个戏剧社，那年校庆节上演过一场叫《送徐庶》的折子戏因为看了精彩，许校长就指定这个节目去市里会演，他想用这个节目来出出风头。没想到校团支部暗里做了安排，只是顺应校长的"旨意"把这个节目推了出去，但演出当中又砸了锅，弄得既当校长又当厅长的许绍棣十分尴尬。这出戏里的徐庶原本是由后来加入共青团的姓王的诸暨同学担任的，团支部安排他开演前突然"摔"断腿骨，设法让平常喜欢指手画脚的金元宝顶替上台。他哪里演得好呢？招来了台下扔来的不少臭鸡蛋，金元宝也算出了个大丑。

商校团支部具有不显山不露水的战斗力，校内的进步青年都能巧妙地与国民党的右派势力周旋，金元宝这只"眼睛"也几乎与瞎了一样。在全市的一次共青团会议上，走马上任的团市委书记胡公达特地表扬了商校团支部声东击西闹学潮的斗争艺术。

（本文节选自《骆耕漠传》，作者潘庆平）

# 浙南求学
## ——忆抗日战争时期的一段学习生活

　　我于 1940 年春考入设于丽水碧湖镇的浙江省立临时联合高级中学（以下简称"联高"）。该校是在抗日战争爆发后由从沦陷区撤离出来的杭高、嘉中、湖中等校联合组成的，主要是吸收从敌占区逃亡出来的学生。学校设普通科和商科（其中的商科，后来发展成今日的浙江工商大学）。几个学校的教师大多会集在碧湖镇，几个学校的图书和仪器也多半运到这里。雄厚的师资力量，大量的藏书，完整的理化实验设备，加上传统的勤奋好学的校风，使联高成为战时全省最好的学校。

　　当时的学习生活是十分艰苦的。联高办在碧湖镇上的几座破庙里，校本部在龙子庙，庙后面搭起一排排泥墙草顶的教室，宿舍在胡公庙，实验室在广福寺，三地相距都在四五百米，每天上课、吃饭、实验、睡觉都得来回奔走。师生自己动手，平了坟地，开辟了一块供体育课和军训用的球场和操场。龙子庙的大殿和天井是学校的大礼堂兼饭厅，里面只有木板钉成的条桌，没有凳子，八人一桌，只能站着吃饭。常年吃的是青菜萝卜、豆腐腌菜，难得尝到肉味。学生睡觉用的床铺是用竹条拼成的统铺，放在胡公庙大殿里，每天与环绕在周围的菩萨和平共处。草房教室没有玻璃窗，冬天任凭北风吹打。许多同学与家庭失去联系，没有经济来源，是靠政府设置的战区学生救济金来维持生活的。学生没有钱做衣服，仅靠学校下发的套黄制服过日子；没有鞋袜，不少人常年赤足穿草鞋。冬天的日子更难过，很多同学没有棉衣，仅凭逃离杭州时带出来的一两件棉毛衫或毛线衣来御寒，大家在寒风中冻得瑟瑟发抖。夏天碧湖地区蚊子特多，疟疾流行，患有此病者，三天两头发烧；如果是恶性疟疾，常常致人高烧不退，直至死亡。有一回我因跳高受伤躺在医务室病房里，旁边床上躺着一个患了恶性疟疾的学生，那时虽有校医，但缺少药品，尤其是缺少青霉素、冰块，只能眼睁睁看着这个同学发高烧致死。

学校每天晚上 7—9 点是夜自修时间，没有电灯，每个教室只靠一盏打气的煤油灯照明。同学们自觉地坐在自己的位置上，在昏暗的灯光下安静地温课做作业。离开教室，整个学校黑灯瞎火，无处可去，只能摸索着走回胡公庙，钻进蚊帐或者被窝里。

学校的物质条件虽然很差，但我们的课余生活却是丰富多彩的。我们很喜欢体育活动，各个班级都有篮球、排球、足球运动队，下午课后经常进行班际球类比赛。学校有校运动队，常与附近的联合师范、湘湖师范、处州中学等学校举行比赛，我校操场上还举行过一次丽水地区田径运动会。校内社团众多，活动频繁。学校的"联高剧团"排练抗日话剧，不但在校内演出，还常到碧湖镇上和丽水县城公演；"正音乐社"，练奏民族乐器，如二胡、琵琶、月琴、笛子等，常在晚会上演出；合唱团在音乐教师指导下，排练《黄河大合唱》等大型抗日歌曲，也常在晚会演出。学校还有一个浙南地区独一无二的军乐队，全套铜管乐器是从杭州抢运出来的，有专职教师指导，经常在清晨练习。遇有盛会、典礼，军乐队就大显身手。我也是军乐队成员之一，专司小鼓。学校文学团体也很多，杂文、诗歌、漫画在龙子庙的墙报上各放异彩，吸引了众多同学驻足阅读。有一个同学因为在墙报上写寓言暗讽训育主任而轰动全校，大家争相阅读这篇文章。撰写这篇文章的同学就是后来在香港办《民报》，以写武侠小说闻名中外的查良镛（金庸）先生。我当时十分爱好英语，在图书馆看到许多英文版的文学故事如《天方夜谭》《白雪公主》《莎士比亚故事选》《鲁滨孙漂流记》等，爱不释手。那时学英语没有留声机、收音机、录音机、电视机，我们就在课外活动时结伴跑到碧湖镇上的天主教堂，与几位来自加拿大的神父交朋友，我们向他们学习口语表达，训练英语听力。征得学校同意，其中有两位神父还被我们邀请来校讲授英语课，也算是当时的外籍教师了。受此熏陶，后来我升学的时候选择了英语专业。

联高的纪律是很严格的。同学们早晨起床后要在操场上集合，举行升旗仪式和做早操，接着是早自修。一天三餐都要排队进入饭厅，由值日队长向校长或值日教师报告后再下令开饭。晚上9点半熄灯后，校长或值日教师总要提着煤油灯到每一间寝室查看，见大家都安静地睡下了才放心离去。

每逢考试时期，学生们只有等校长、教师查过夜了，才能偷偷地爬起来，点上一盏自制的菜油灯到教室里或饭厅里去复习功课，往往要到晚上十一二点才回宿舍睡觉。冬天同学们又冷又饿，学校里没有卖小吃的，开水也没有，大家也没有热水瓶，只好忍渴挨饿地复习迎考。晚上，学生是绝对不被允许外出的。有一阵镇上来了越剧班，一天晚上下自修课后我偷偷溜出去看越剧，张印通校长熄灯后查铺发觉少了一个人，在询问了邻铺同学后，就一直守在宿舍里。深夜我看戏回来，校长亲自来开大门。我满怀希望能"坦白从宽"，谁知第二天贴出布告，记我一个大过。学校有规定：三个大过要开除，吓得我从此再也不敢违反校纪。

学校的严格要求着重表现在考试上。每逢大考，教务主任崔东伯（后任杭高校长）总是在备考动员大会上谆谆勉励和告诫我们说："同学们要刻苦努力，继承和发扬优良校风，取得优秀成绩，把自己培养成为一个有益社会有益国家的人。考试要诚实，绝对不容许弄虚作假，一个作弊，一个开除，通同作弊，两个开除。"这样殷切的期望和严格的要求，确实在学生中产生了深刻的印象和深远的影响，使我们终生难忘。所以，"联高"毕业的学生，不论升学还是就业，都能成为当时全国各条战线上得力的建设人才，有的还有很大的成就。

那时的学校生活并不平静，时不时要受日寇飞机的骚扰。敌机来临，警报鸣响，我们被迫停课，逃散到学校周边的田野村落里去躲着自学，直到警报解除，方得回校。1942年5月，日寇入侵浙南，那时断时续、夺人心魄的警报声、日军

商风清气

飞机声、炸弹声，震破了碧湖的宁静。消息传来，诸暨、义乌、金华、衢州先后为日军侵占。学校被迫于5月24日起停课，并采取紧急应变措施：疏散图书、仪器、药品、粮食和师生，把高年级学生编组成运输队、警卫队和后勤队，维护安全，准备撤离。6月下旬，形势骤然紧张。松阳、丽水告急，日军随时来犯碧湖。驻地军警仓皇撤退，街上商店纷纷关闭，人心惶惶，碧湖乱成一团。张校长下令：学校撤离碧湖，迁往景宁、南田一带的崇山峻岭之中。6月23日下午，留校同学忙于整理行装，教室中已不见人影。晚饭后，我受命去江边守船，替换警卫队的其他同学来校晚餐。这天，江边有我校七八艘载有豆、米、行李的船只泊在那里待发。前不久，国民党部队到处强征民船，我校商科一个名叫钱舜琴的女同学，就是在江边被开枪征船的流弹击中而殒命的，我们得看守住这些物资和船只。约莫晚上9点钟光景，叶国庆先生提着灯笼来通知：尽快腾出一艘船来，将留守校中的警卫队同学，于当晚12点前全部抢渡过江去，其余船只也要漏夜起程，驶向上游。连日大雨，大溪溪水猛涨，江面宽了许多，激流滚滚，江水滔滔，一渡来回至少也得个把小时。一渡过去了，二渡过去了，已是深夜。我与金瓯回校去取了行李，在黑暗中匆忙离别了我们已经生活了两年多的龙子庙，赶上了三渡，渡过了汹涌澎湃的瓯江上游大溪。我上了岸，用步枪挑着两个大包裹，在黑暗中随着一大群同学在泥泞的沙滩上深一脚浅一脚地摸索着，看不清哪里是道路。找到了公路，大家才透过一口气来。站着喘息了一会，又急着赶路。公路旁边躺满了士兵，不知道是开赴前线去的，还是从前线撤退下来的。

过了金刚山到上八都时天已微明。虽然一夜劳累，未曾睡觉，但因为神情紧张，忘了疲惫。担心太阳一出便有敌机来空袭，我们不敢逗留，径往前奔。约7点钟抵达了大港头，在村边的小摊上吃了一碗馄饨，便继续前进。8点钟左右到达双港，找到了学校的临时伙房，在极度饥饿的当口儿连吞四碗冷粥。吃罢，在一间原来当作小学的破庙里，坐在地上略作休息，不禁身子一歪，昏昏睡去。

醒来的时候已是下午2点多钟了。据同学说，张校长还留在碧湖，在电话机旁守候消息。正说话间，一架飞机在我们头上掠过。我急忙脱去白衬衫，冲出庙门，拼命地向山里跑去。约莫过了5分钟，五六架飞机隆隆袭来，在上空盘旋了好一会，接着便是轰轰的爆炸声、哗哗的坍屋声，在附近的山谷里震响回荡。我伏在山沟中，吓得不敢动弹。敌机肆虐了20多分钟才扬长远去。我爬起身，走回宿舍。从大家七嘴八舌的谈话中，我才知道碧湖、南山、大港头、规溪等我们刚走过的村镇，今天先后都遭到了轰炸。村外的规溪站死伤了许多军校七分校的入伍生，场景十分惨烈，这是日军对我们欠下的又一笔血债。

当日深夜，我被一阵嘈杂声惊醒。看到同学在烛光下传阅张校长从碧湖送来的一张字条，说是敌情紧急，要我们火速离开住地，向景宁方向转移。此时已近午夜，大家赶紧整理行装，吃了一点原来准备次日清晨烧泡饭的冷饭，于6月25日凌晨1点多钟，背上包裹、步枪、黄豆、大米离开双港，向景宁进发。沿着公路走到石塘时天已亮了，爬了10里山路，到达小顺堡时已是中午时分。联高、联初以及一些部队的士兵挤满了这个小村子。我们又倦又饿，却又找不到东西吃。忽然，一架飞机掠过，我们顾不得休息，赶快逃离了那个村子。又走了 15 里蜿蜒陡峭的山路，人人叫苦连天。沈村是我们学校的暂驻地，负责膳食的同学已在那里烧好了粥，我到了那里后抢着吞了三大碗粥，又与同学们去找房子歇宿。第二天（26 日）上午 8 点钟左右，最后撤离碧湖的一批同学也赶到了。由于前一晚下了一场大雨，夜间赶路，无处躲雨，他们被雨水淋得浑身湿透。他们告诉我们，丽水已经失守，碧湖危在旦夕。张校长亦已南渡，但来这里的公路已被破坏，一路崎岖难行，再加彻夜大雨，年长体弱的张校长当然不胜跋涉之苦，不得不在途中暂作滞留。此地已处崇山峻岭之中，估计敌人暂时不会翻山越岭赶到这里来。连续两天的负重奔命，大家实在是疲倦极了，于是我们在沈村休息一天，等待张校长的到来。

6 月 26 日晚，心力交瘁的张校长终于到达沈村。他连夜召集有关负责人开会，筹商下一步撤退计划。6 月 27 日，张校长发动我们回双港去抢运豆米。因为我们随身所背的粮食十分稀少，即使每天喝两顿粥，也是维持不了几天的。这里多是荒山野村，如何筹措粮食？但双港来回有百来里，又多是山路，这个任务多么艰巨啊！可为了活命，当然得拼搏一番。再加上下雨天，山路已被雨水冲泻得泥泞不堪。我忍着饥饿、湿冷，走得脚上起泡，又被草鞋擦破，终于在中午到达双港。而到了后却被告知，我们的豆米已被部队抢光了。我们十分懊丧，也无比愤慨，但兵荒马乱，你到哪里去评理？只得胡乱吃了点东西，背了一二十瓶药品，于夜色朦胧中回到沈村。张校长闻讯后既气愤又心疼，但也无可奈何。我交了药品，喝了几碗薄粥，包扎了一下脚上的伤口，终因过于疲乏，顾不得蚊子叮咬，倒头便睡。在沈村稍作整顿后，学校继续转移，迁往南田。

当时，我正读高三年级，为了便于高考，继续升学，我班部分同学组成两个西行流浪小组，奔赴内地。我们办了肄业证书和去内地的通行证，上缴了步枪和子弹，每人领取了5斤大米，于7月1日告别了老师和同学，背负行囊，离开了沈村，离别了我们心爱的学校。

抗战胜利后，学校迁回杭州。时过8年，待我重返本校执教时，已是1950年了。

（本文作者系浙江工商大学外国语学院副教授、外语系原主任俞杨根）

# 漂泊东南育英才
## ——浙江省立临时联合高级中学南田办学记录（1942—1945）

在抗日战争的烽火中，由浙江省数所顶级中等教育名校合并成立的浙江省立临时联合高级中学（以下简称"联高"）在南田办学，文成人以宽广的胸怀接纳了联高。从 1942 年 8 月 8 日到 1945 年底，南田的联高师生弦歌不辍，为国家和民族培养了一大批人才（包括 4 名院士）。联高现代教育形式的输入、名师的教学以及优秀人才的培养，推动了文成本地的发展，是文成教育和社会发展史上永应铭记的一笔。

### 无处安放的联高书桌

处于长江三角洲的杭嘉湖地区历来是天下人文的渊薮。在民国时的教育界，杭州高中、杭州初中、杭州女中、杭州师范学校、杭州民众教育实验学校、嘉兴中学、湖州中学等 7 所省立中等学校是浙江省中等教育的中坚力量。1937
年 10 月，日军的炮火逼近，杭州及周边的各中学开始停课，
逐渐内迁疏散。1938 年 6 月 14 日，浙江省政府决定将撤至
浙南的 7 所中等教育名校合并，组建"浙江省立临时联合中
学"（简称"联中"）。1939 年 6 月，"联中"原高中部独立
为"浙江省立临时联合高级中学"。1942 年春夏之交，日军
发动沿浙赣线、浙南的攻势，金华、丽水相继沦陷，联高被
迫于 5 月 24 日停课，联高学生离散，浙江省的中等教育面
临断层的危险。在处处是烽火、盗贼蜂起的战时，安居、受
教育等承平时期的常态变成了奢侈品。浙江的土地之大，找
一张小小的书桌安置青年学子、接续国家和文明的精神火种
成为联高自治委员会首要解决的问题。在侵略者逼近丽水的

1942 年 5 月，联高温州
籍校务人员陈骁①就致
信南田乡贤刘耀东，询
问"山中能否布置大规
模之学校"。24 日，丽
水沦陷后，师生大半先
期逃到南田地区。1942
年 8 月 8 日②，浙江省
立联合中学校长张印通
自丽水景宁率学生到达
文成南田。南田联高办
学直至 1945 年底，师
生在烽火中弦歌不绝，

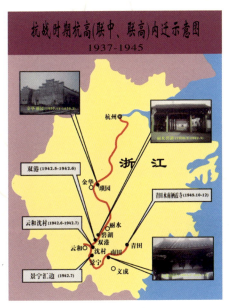

抗战时期杭高（联中、联高）内迁示意图

书写了 3 年多的战时办学史③。

## "福地"庇佑的战时联高

南田因为万山的阻隔④，历代是躲避战火的佳处，"唐广德中（763—764）袁晁之乱，邑人多避难山中"。又因为土地广阔，大旱大涝不绝收，是浙南的主产粮区之一。《大清一统志》云："（南田山）土沃宜稻，岁旱，丰稔如常。"联高迁到南田，拥有了复课需要的远离战火的地利和口粮的适时供给。另外，南田刘基庙规制恢弘的瓦房，也为联高 500多名师生的教学提供了校舍。联高到达南田后，在省督学许明远等人的沟通下，以敕建于明天顺二年（1458）的刘基庙为校舍，刘伯温家族的廷晓公祠、松岩公祠、谷阳公祠，地主庙等成为实验室、图书室及学生宿舍。

文成南田校景

师生到达南田后，旅途上险僻艰难的山路、遭遇的盗贼已经成为过去，但还必须时刻担心敌机的轰炸（如西南联大在战时遭受的轰炸）。按理说，战时南田也是日军轰炸的重点目标，因为南田涌入了大量省属机关单位、相关公务人员、城市避难者，这使得南田在日军的作战地图上定位是"市（城市）"。但据南田故老称，日军飞机飞过来后，因为只看到山，没看到"市"，没有轰炸而回。这可能就是刘伯温故里南田这个"天下第六福地"的福气吧。

　　没有敌机的轰炸使南田师生解除了对朝夕丧命的时刻担心，但日常口粮供给的紧张并未解决。500多名师生涌入南田，口粮成为首先要解决的问题。根据刘耀东《疚顾日记》记载，联合高中搬迁到南田后，全校"每日需食米500斤，菜食300斤，火柴千斤"。日复一日，即使南田是个粮食主产区，也有不小的压力。人多粮少，学生的生活依然相当艰苦，在主粮不够的情况下，学生们只能吃南瓜、芋艿、野菜，并由于缺盐少药，疾病激增。

　　南田的村民对联高办学给予了大力支持。他们每天穿越海拔600米的山，用肩膀从山外挑进大量的口粮及生活必需品，保证师生们的正常学习和生活之需。南田和文成当地学生十分照顾外地同学，经常带他们到家里就餐，或者带好吃的食物招待同学们。放假时，为了减轻外地同学长途来回的负担，温州的学生还邀请他们到自己家里共度寒暑假。战火也导致经费拨款不能及时下达，1943年1月10日，省厅发放的教育经费还没到达，校长崔东伯到刘耀东处借款，刘耀东手头也没有大款项，只能用浙江省立图书馆存在其处的数千元转借⑤，解决了师生的燃眉之急。

　　艰难的时局使联高教职工的生活也面临巨大的压力，幸好同样得到了南田人的帮助。联高刚到南田的时候，联高英文教师朱某就碰到了生活困难，刘耀东为其"集200金，以济其急"。战时物资紧缺，教师们吃得不好，刘耀东经常邀请联高教师钱南扬、王冥鸿、王季思等会餐，改善其生活。1942年11月6日，前校长张印通离任，刘耀东专门安排宴会饯别。对于学生的困难，刘耀东也竭力帮助。因为战时物价腾跃，联高以稻米等实物形式征收学费。1943年，学生的学费为"米200市斤"。在开学的前一天，一些学生还没能购买到粮食，刘耀东帮忙购买；嘉兴学生章震越生活困难，刘耀东安排其抄书，以期济其急。

## 穷而益工的联高人才

　　和撤退到昆明的西南联大、撤退到泰顺的英士大学一样，撤退到南田的联高，学生战时的学习、生活同样艰苦。联高学生们穿的是旧轮胎做的鞋子，睡的是茅草床垫。寒冷的冬天，同学们的脚被冻得失去知觉，几乎麻木一个隆冬。

　　但战时能安放下的一张书桌，和乱世中大多数同龄人为生计奔波、可能死于战火或沦为饿殍相比，已是莫大的幸运。疾风之下方有劲草，联高学生深知学习机会来之不易，尽管没有教材，他们依旧努力学习，课上认真听讲，晚上在昏暗的桐油灯下翻阅笔记，回忆日间教师讲授的内容，完成作业。每到课余和休息天，学生们三五成群，到溪边和林子里自习。很难说承平时代和乱世，哪种情况下，学生的学习热情更高。南田联高3年，因为一路上艰苦护卫的教学仪器得到完善保存，以及优秀师资的支持，联高的学生得到了质量并不低的教学，从南田联高走出来的学子在毕业后走上了各种岗位，并多有建树。在如今的杭州高级中学校园内的"院士石"上，记录了从杭高走出的46位院士，其中有4位院士就是从南田联高走出来的。

## 渊博身正的联高教师

从南田联高走出的陈志华院士回忆了在南田的岁月，他总结为"饭吃不饱，课上得好"。他说，那时，浙江一带的大学都停课了，一些名牌大学的教师来联高上课，其中便有王季思、钱南扬、王冥鸿等国内知名学者。这些教师用自己渊博的学识、高尚的师德孜孜培养学生，获得了学生的尊敬和社会的好评。

在战时的纷乱中，联高教师上课依旧一丝不苟。校长崔东伯兼任数学教师，上课不看讲稿和教材教学，一小时一口气讲下来，逻辑严密，能吸引学生跟着他的思维往下走，他反复强调重点，数学专业词汇都用英语讲；教员钱南扬坚持认真教书、批改作业，以培养学生为己任。

除了在学业上尽责外，教师们也十分关心学生的生活，竭尽所能解决学生存在的困难。崔东伯校长尽心尽责，体现出良好的人格修养和职业道德。医务室缺医少药（连日常药物奎宁与阿司匹林都缺少），崔东伯趁着去云和开会的机会，向各界募捐了不少药品；他还竭尽全力保护学生。当时，一批学生自发组织了"三月社"，秘密油印毛泽东的《新民主主义论》等体现共产主义思想的小册子，国民党当局秘密搜查"三月社"主要成员的书柜、衣箱，准备开除参加"三月社"的学生吴士廉，崔东伯挺身保护，断然拒绝开除的提议。没有行政职务的普通教师也宅心仁厚，关心学生。教员钱南扬当时自己的生活条件已很艰苦，不能按时收到工资，却依然主动承担部分与家人失联学生的吃饭问题。他的妻子同样想方设法为这些人提供帮助。联高的教师也给南田乡贤刘耀东留下深刻的印象。在《疢瘝日记》中，刘耀东对联高教师留下了"道德学问，不愧为人师""学甚渊博""温文尔雅人"之语，并有"相见恨晚"之感。

商风清气

## 朝气蓬勃的联高文艺

不管是在阳光还是在阴雨中，植物总会尽力拔节；不管是承平还是战乱，年轻人总有压抑不住的对世界和自我的探求。尽管是在抗战的艰难岁月，但由于有了省内各地年轻、有朝气的联高师生，南田充满生气。

文娱活动是青年发展和表现自我的重要舞台。在南田的3年里，学生们自发组织了球队、剧团、正音乐社（包括军乐队、民族乐队、歌咏队和京剧组）、印社、文学社等社团，使寂静的浙南山区弦歌声、欢笑声不绝于耳，给南田这个偏

联高军乐队

于正统、保守的名贤故里带来现代文明和现代教育的气息。

　　和传统的京剧不同，作为"文明剧"的话剧是农村的新鲜事物，受到了南田人的欢迎。联高剧团在当时浙江中学生剧团中演艺水准最高，他们主要在南田地区表演。名声享誉后，他们还远赴丽水、碧湖、温州，向社会售票公演。

　　学校的军乐队是省内唯一的高中军乐队，演奏水平在省内首屈一指，是师生们的骄傲。它给南田人留下了深刻的印象，当地老人至今还记得身穿校服的同学演奏着雄壮的军乐走在南田小镇上的场景。

　　军乐队主要在重大的节庆活动中演奏，特别是在校长离职、毕业典礼、学生入伍等场合，军乐队更是用最高的礼节对师长和同学进行欢送。联高前校长张印通，1936年开始担任嘉兴中学校长，联高成立时为校长，1945年丽水沦陷，他护送师生、图书、仪器、药品和粮食，历经一个月将学校搬迁到南田。他自任职起6年没回家，其老母亲时年79岁。

1942 年 9 月，张校长离职。为送别这位让人敬爱的校长，学生在离别前夜"燃薪竹，火光四照，表演技艺"，作为表演主力的军乐队上场表演，表达对老校长的敬爱之情。1945 年 3 月 10 日，联高学生参军，军乐队一路演奏欢送。

联高学生的文艺活动，给耕读氛围浓厚的南田带来了异质因素，为南田文艺的现代转型播下了种子。乡贤刘耀东的记载反衬了传统讲求苦读、节俭的"士"和现代文艺活动的隔阂。《疚颠日记》云：

"联高中学生演戏两夕，需费不赀，旷课尤久。今之教育如是，诚老悖所不解也，一叹。"

"（1944 年）立夏后迄于今（5 月 11 日），乡校逐日演戏募资，里巷若狂。余则闭门兀坐，以吟诗代顾曲，未尝一涉足，亦所谓各适其适，而不知为迂也。"

由此也可以看出，现代文艺作为现代价值范式在南田输入。在民族危亡的时刻，联高学生还接受军事教官⑥的训练，时刻准备投笔从戎。根据现有的资料，在 1944 年和 1945 年，联高约 70 名学生志愿从军。

### 联高弦歌的南田意义

战火纷飞的 1942—1945 年，万山之中的南田依然书声琅琅，求学不辍，这无疑保留了小到浙江省、大到全国的中等教育的血脉。在南田的 3 年，联高培养了一大批人才，并带动了南田的教育和地方事业的发展。

联高在南田找到了安稳的落脚地并得以继续教学、教研。1942年5月24日，丽水沦陷之后，联高辗转迁到云和县小顺和沈村，嗣后，又转辗到景宁县。一路上，师生们经受敌机轰炸、经费短缺、生活物资供应不上等困难，更谈不上上课。直至迁到南田，因为有刘基庙借做校舍，有粮食可买，又因地处万山之巅，躲过了日本侵略军的侵犯，学生才有相对安静的读书时光。1943年11月2日，因战乱推迟了2个月后，联高开学，接续了战时浙江省中等教育的血脉。南田联高在抗日战争最艰苦的3年，培养了千余名学生（包括肄业），其中就有4位院士。南田以宽广的胸怀接纳了联高学生，在南田的岁月让联高的学生至今难忘。

相对平静的生活环境也带动了学者的科研发展。钱南扬在南田联高3年，撰写、重校了《韩湘岩年谱叙》《考古质疑》《周此山集》，并承担《浙江通志》元代以前人物的编撰。王季思在联高从事教学整9个月，其中也应该有相应的科研活动。

联高的迁入对南田生活的影响，因为有刘耀东《疚颅日记》的记载，可以考察得更广阔。

联高在南田本地的教学，大大影响了南田本地的读书风气。自省立联高迁入南田后，"读书的人不必负笈他乡，栽培子孙的就多了"。

《疚颅日记》1943年8月8日记载："联立高级中学招生揭晓……我族中今次无与试者，以去年秋毕业初级中学之久持、逞增、德玉、德进诸弟侄，皆以该校迁至山中，遂得兼收并蓄矣。是为带动本地教育的明证。"

后联高虽然迁出，可是本地的读书风气已经蔚然成风。1990 年，南田中学教学质量曾与县城中学比肩。另如联高改变了乡村人们对西医的认识，钱南扬等文化大家对乡村文化生活的带动，联高学生对本地现代文娱活动的带动，《疢顾日记》中均有记述，在此不再赘述。

（文成县社会科学界联合会供稿）

注：

①字仲武。浙东临时第三中学（校址在文成龙川）校长，后任温州师范学校校长，1947 年辞职。

②刘耀东《疢顾日记》1942 年 8 月 8 日："先是，括苍沦陷，该校师生大半避至山中。"以联高商科（后发展成浙江工商大学）为例。商科在丽水沦陷后，原从丽水碧湖撤离到景宁外舍，7 月 10 日，学校连夜撤离，师生由外舍顺小溪而下岭根，弃船越岭 30 里至南田镇。

③刘耀东《疢顾日记》1942 年 8 月 8 日："联高中学校长张印通（嘉兴人），自景宁率学生来山中……今以景宁又遭寇，故尽率之入山。"

④刘耀东《南田山志·跋》："南田之山，四围皆峭拔而峻厉。"

⑤《疢顾日记》1943 年 1 月 10 日条。该款项直到 1945 年抗战胜利后才归还浙江省立图书馆，见《疢顾日记》1945 年 11 月 26 日条。

⑥网上相关回忆文章有提到军事教官，并明确校内有军事训练。《疢顾日记》1945 年 1 月 27 日条提及"中学教练员翁某"，不知教官是否为此人。

# 忆第一届商科班

我于 1928 年秋季考入杭州蒲场巷（现杭州市大学路）新成立之浙江省立高级商科中学。翌年，浙江省政府对浙江省的高级中学进行改制，原有省立第一中学高中部、第一师范高级部及浙江省立高级商科中学，合并改组为浙江省立高级中学，并一并迁入贡院前原一中校舍，即今日之杭高校舍，内分文、理、师范、商四科，当时校长由浙江大学校长蒋梦麟兼任，林晓为校务主任，洪芷湛为训导主任，萧家淦为商科主任。学校校风严谨、课业勤紧，商科学生除一般中、英、数、史、地课程外，尚有专业课程，如会计、簿记、统计、合作、运输、经济、工商管理、推销学及打字、珠算，校内设有实习银行及消费合作社等实用课程。

1931 年 6 月毕业的商科第一届毕业生全是男生，共计 30 人。学校为使学生进一步了解工商业情况，举办毕业班学生商务考察旅行，由两位教师率先乘火车赴上海参观先施、永安、大新、新新四大百货公司及江海关等机关，再沿京沪线经苏州、无锡、南京等大都市参观游览，由南京坐轮船沿长江去安徽之安庆、江西之闻名世界的瓷器制造出产地景德镇，再沿长江上武汉三镇，参观汉阳兵工厂、汉口自来水厂及观光武昌之黄鹤楼等名胜古迹，全程 3 周时间，获益匪浅。

　　商科第一届毕业生，除升学者外，大都投入社会服务。适值日本侵华日亟，继全面抗战，同班同学星散各地，甚少联系。自抗战胜利后，大陆去台湾省者有徐幼祚、蒋堦祖、葛世炎、宣武林、章树型等，除本人外，均已先后作古，蒋堦祖任交通银行理事多年，亦于 2018 年于美国病逝。

　　杭高母校 80 周年纪念时，根据《杭高校友通讯》通讯录，曾寄柬来美邀请参加。因此，我去函母校探寻 1931 年商科第一届毕业生原居杭州之同学裘乃德、马允中、钱大钧等的消息。适裘同学之三女裘惠星在母校服务，回报乃父遂与我

浙江省立高级中学商科第一届毕业生合影（1931 年 7 月，杭高校友通讯第二十九期）

联系。裘同学已年逾八十，除以信函投寄找寻外，不辞辛劳亲赴诸暨、萧山、嘉兴、湖州、平湖、乌镇、长兴及上海等地寻访失散久别的同学，当时联络到者有10余人。但甫经联系，不久如萧山之楼月乔、诸暨之楼次善，先后病逝，温岭之金杰亦告断线。故只剩7人，连我在海外共8人而已。诸同学纷纷来信，敦促我早日返回祖国谋聚，否则所剩八仙亦将难保了。因此我于1991年3月经台北赴上海相聚，远自北京之张家彦夫妇南下，杭州之裘乃德亦赶来践约，但杭州之方秉章、长兴之顾钧两同学因有恙不克应约。在上海相聚者，只有6人。为了能与方秉章、顾钧两同学谋面，再相约翌年在杭州一聚。1992年10月再度经台北径赴杭州，期与八同学相聚，旧地重游更增浓情蜜意，渠知北京之张家彦因老伴有恙不克分身，上海之韩树敏身体虚弱不胜外出旅游，在杭州相聚者仍只有6人。

现居北京之张家彦，住杭州之裘乃德与我同庚，均年届88岁。居上海之马允中最为年轻，亦已有83岁。彼此分别又有四载余，闻张家彦不慎两次跌倒，轻微中风，裘乃德脑筋有点迟钝，方秉章四肢不灵，现移居萧山女儿家从事复健。好在他自己是医生，闻复健颇有进步。长兴顾钧双手亦有麻痹现象，上海马允中身体最为健壮，暇中尚能为地方义工服务。钱大钧视力不佳，来信言及"少年同学、青年同事、老年则同病"之感叹！抗战时期，浙江省府迁驻永康之方岩，他在金华县政府及经济部难民工厂任会计主任，我则任永康县政府及浙江省田赋粮食管理处会计主任，彼此均是20多岁未满30岁的小伙子，各因工作繁忙未能相聚，此乃钱同学所说的青年同事也；我亦因左眼诊断错误，开刀失明，右眼患有白内障视力亦欠佳，此乃钱同学所云老年同病也。各同学均已风烛残年、垂垂老矣。唯我除视力较差外，一身无病，饮食起居均称正常，每日仍能偕老伴驾车外出去超级市场购买食物用品，或赴商场中心去坐坐歇歇，是消磨时间或谓颐养天年亦可。

1931年6月毕业班商务考察旅游返校，曾摄有全班同学合照，其中钱大钧同学因参加校际足球赛未能参加合影外，其余29人均合照。此照距今已逾65年，可说难得之纪念照，特拷贝赴奉，同时将1991年3月上海所摄与1992年10月杭州西湖所摄一并附上，如有篇幅请刊《杭高校友通讯》以资纪念。

（本文作者系张气浩，原载于1995年11月《杭高校友通讯（台湾）》第29期，张东校订）

商风清气

# 重返碧湖、南田

泰戈尔说："在老年时，会有许多闲暇的时间，去计算那过去的日子，把我们手里丢失了的东西，在心里爱抚着。"（《新月集》）泰戈尔道出了人的怀旧之心，却忘了补充，爱抚过去是为了捡回有价值的东西，有补于现在。这是我重返碧湖、南田后，在归途中忽然想到的。

我第一次到碧湖是 1941 年暑期。那时公路不通车，从家乡天台到碧湖考联高，要徒步走一星期。回家等发榜的话，还得走一星期。如果录取了，要上学又得一星期。烈日当头，深山岭岙，独自一人，我实在难耐这漫长而寂寞的旅途。我大哥陈干也毕业于联高，通过他的关系，我就借住在广福寺的一间小屋里等通知。每天除了看小说，就沿着附近的小河散步，碧湖肥美的田野、朴实而豪放的农民，特别是那些下田的妇女给我留下了深刻的印象。

开学后，我搬进胡公庙。那时，生活虽然清苦，但能在联高求学却是极大的幸福。可惜第一学年没有学满我就逃难回家了。联高迁南田后，为了取回寄存在碧湖老乡家的行李铺盖，我又重返碧湖。劫后浙东，满目疮痍；联高教室，一片片焦土；我的铺盖也遭了劫。怀着满腔悲愤，我离开了那里，一别就是几十年。1944年夏天我离开了南田，也是一别几十年。世事沧桑，人生易老，怀念碧湖、南田之心不仅没有被岁月冲淡，反而随着白发渐多更加浓烈了。滔滔的好溪，碧绿的田野，巨杆粗枝密叶浓荫的大樟树，特别是龙子庙后面小河上的小木桥常出现在梦境中。南田笔直多姿的柳杉，岩石垒成的诚意伯庙，以及那种世外桃源似的质朴而安适的民风，实在令人难以忘怀。我幻想着有一天能重温这一切，让我的心在少年时代的氛围中重新生出幻想的双翅。

　　机会终于来了。1990年春，我有事路过杭州，就转道丽水。当地地委宣传部关照我，派员陪我重返碧湖。现在碧湖是个镇，领导都是年轻人。他们热情地接待了我，领我参观了联高的旧址。龙子庙已改成粮仓，只留下大门口的几根石柱。胡公庙成了一个厂的仓库，还不及龙子庙那样整齐。广福寺的外院盖了工厂，里院恢复成寺庙。最令人动心的是，龙子庙后面的路亭里，人

碧湖联高校景

们常在那里洗菜、洗衣服、洗农具，那个穿过亭子通往广福寺的小石桥，居然还是半世纪之前的模样。当年通往教室的黄泥小路、路旁的大樟树、教室和操场都不见了，成了一片新建的房屋。周边几所泥墙黛瓦的旧居和大片头角峥嵘的新楼，形成了鲜明的时代反差。改革开放政策给这里带来了巨大的变化。

在龙子庙门前照相时，我看到门柱上钉着一块牌子，上写"丽水自卫总队起义旧址"。于是感慨说："为什么不在这里给联高立个纪念碑呢？联高是一座有历史意义的学校，是抗日战争的见证和标志，也是碧湖的光荣，它为海内外很多人所梦魂萦绕。"

镇领导说："要立的，不过不立在这里，要立在中学校园里。"因此我也去参观了中学，不过这跟往日的联高在记忆里已毫无联系了。听说有位老师是我同班的同学，去拜访时却铁将军把门；我无暇久等，只好失之交臂。

我冒雨离开丽水赴温州。乘车固然迅速，可惜不能重温买棹沿瓯江东去时"两岸青山相对出，孤帆一片日边来"的情景，未免遗憾！

温州市委书记刘锡荣先生是我的旧交，他派车派员支持我重返南田。冒着大雨启程，别是一种滋味。陪我的刘先生是南田人，过瑞安时又约了一位他本家的摄影记者同行。两个南田老乡和我这半个南田人一路神聊，颇不寂寞。我们溯飞云江西驰，到文成县驻地大峃镇，稍北，过百丈漈瀑布不久就到。抗战期间，我从丽水来，先到青田，再溯瓯江支流小溪西去，到岭根弃舟登陆，再30里即得平畴一围，那就是南田了。其地正当小溪与飞云江支流泗溪的分水岭，所以境内无大川。

南田的变化不像碧湖那么大。唯一引人注意的是，那从镇中心修了一条大路直通联高故址刘基祠堂即诚意伯庙。风景依稀，只是经历了将近半个世纪的岁月冲洗，特别是"文化大革命"10年的摧损，庙貌变得苍老了许多。原来四壁裱装着刘耀东工楷所书歌颂刘伯温的大量诗文，现已荡然无存！所幸这里没有被改作他用，清扫殷勤，还保有一种庄重肃穆的气氛，让人们依然感受到我国敬祖尊贤的传统美德，这就很可贵了。

与我同来的刘记者在车上听我谈起过当年同学曾把南田街上一位美丽的姑娘命名为药店西施的事，就说，那是他的侄媳妇，回头就让她来见我。我以为这不过是说句笑话而已，没有想到他借我们拜望镇长的工夫，真的通知了她。当我们车到诚意伯庙时，她早已率女儿及外孙女三代人伫立享堂之前恭候了。虽然无人介绍，我还是从满头华发、满脸皱纹中认出她当年的风采，断定这老妪定是当年的药店西施。握手时，我的惊喜和四周人们对我们这样重逢的惊喜，造成欣喜的高潮。过去，我们当然彼此从没有说过话，更没有其他交往，这时却有一种一见如故之感，可见当年联高学生留在当地居民心目中的印象和这位西施留在学生记忆中的印象是多么的深刻。刘记者往旁打趣说，高先生此来是不是就为了看她啊，怎么把我们大家都冷在一边了？说得所有人都哄然大笑起来，如果我不重返南田，不经历这种人际交往，就永远不可能想象出南田居民对当年的联高还保留着如此亲切的情怀。仅就这一点来说，我已不虚此行了。

晚饭前，我去看了初来南田时的住处。那是一所很大的四合院，体育教师张梦吉先生一家就住在那里，我的同学都住在楼上。我还记得的同学有吴子羽、杨九声、钱玮、周祖夜等，王哲明还和房东女儿谈恋爱，听说有情人也终于成了眷属。房子还是旧时模样。

饭桌上镇长见我打听当年吃过的刨粉条，就让饭店特地炒上一盘，滋味大胜那时。我忍不住又要了一盘，主人因客人的直率而格外高兴，说："可惜现在不是做这个东西的时候。如果你们明天走，我还可以去搜罗一些来，让您带回北京慢慢享用。"我深谢了主人的美意，还是按计划连夜返回文成县招待所，在暮色苍茫中告别了至今仍在思念的南田。

为纪念这次难得的旅行，我在回京途中填了"少年游"两阕：

> 绿杨烟雨，碧湖重到，街巷半新楼。
> 当年庙宇，唯余石柱，燕子说归愁！
> 四十八年风景异，但江水东流。
> 抗战闻鸡人起舞，临流照，已白头！
>
> 柳杉卓卓，南田重到，景色似当年！
> 人情依旧，庙堂萧瑟，风雨暗华檐！
> 闻道十年经浩劫，欲说泪潸然。
> 一枕荒唐春梦破，美人老，吊朱颜。

到北京又以刘伯温为题填了一阕"一剪梅"：

春雨霏霏春草长，烟里之江，云里瓯江，闲关重到旧祠堂，人事沧桑，毕竟凄凉！

渎史从来梦一场！俎豆馨香，故里心香。《郁离子》是好文章，枉费心肠，却多思量。

[本文作者高汉（陈汉皋），原载于 1994 年 11 月《杭高校友通讯（台湾）》第 27 期，张东校订]

商风清气

# 解放前护校运动

在浙江大学护校斗争推动下，根据杭州市委"反破坏、反迁移，保卫学校，迎接解放"的指示精神，1949年3月至4月，全杭州市计有艺专、杭高、杭师、市中、杭女中、高工、高商等20多所学校建立了以地下党员和新民主主义青年社（简称Y.F）成员为核心的护校组织——应变会（后均改称安全会），展开了一场激烈的护校斗争。

在浙江省立高级商业职业学校（简称高商），学生社团激增，先后又成立了统计学生联谊会、大路社、野草社、蚁群社、火炬社、晨钟社、民主剧艺社、红棉漫画社等。这些社团演出《新群魔乱舞》活报剧，揭露国民党迫害民主教授的罪行；绘制淮海战局军事态势图，揭穿国民党所谓"徐蚌大捷"的漫天谎言。

1949年3月下旬，国民党浙江省党部某大员突然来到学校召开全校师生大会，要求有志青年"以抗战时期知识青年远征军为榜样，为国效劳，积极参军"，引起部分同学的思想混乱。对于这种欺骗行径，我校地下党支部立即组织力量进行揭露和驳斥，由地下党员姜仁潮起草了一份名为《台湾天堂乎？》的大字报，严正指出："我们要读书，不要战争。新中国需要青年去建设，我们不愿当炮灰！"大字报在学校民主墙贴出后，引起了极大的反响。此后，党支部派出党员和积极分子对四五个想去台湾的同学进行劝阻，彻底挫败了这场骗局，国民党浙江省党部大员只好灰溜溜地离开了高商。

（曹正法整理）

商风清气

# 峥嵘岁月今追忆

母校建校 90 周年之际，我辈昔日莘莘学子思绪万千。虽然离开母校已达半个世纪，但我们始终对它魂牵梦萦、深深眷恋，因为它是哺育我们成长的摇篮，是指导我们追求真理的起点，是当年全校师生团结一致与国民党反动政权搏斗的战场，是迎接解放参加革命的开始。这不是平常的峥嵘岁月，是永远难以忘怀的。

我们是 1947 年爱国民主学生运动大风暴前后进高商（浙江省立高级商业职业学校）的，当时它是杭城大中学校学生运动的重要一员，地下党支部发挥了应有的战斗堡垒作用，全校师生在学校迎接解放的斗争中做出了重大贡献，为我校增添了光荣的一页。

1947 年解放战争迅速发展，学生运动进入高潮。我校的进步力量积极投入了反饥饿、反内战、反迫害的斗争，国民党为了挽救其溃败的命运，于这年 10 月 29 日杀害了浙江大学学生会主席于子山，在全国引起了强烈反响。我校师生义愤填膺，部分学生不顾个人安危到浙大支持声援。为此，

1997 年省市有关部门纪念于子山烈士遇害 50 周年时，还邀请我们中的两位老同志作为代表参加活动。

1948 年解放战争节节胜利。为了增强广大师生政治上的识别能力，鼓舞革命斗志，学校社团像雨后春笋般发展起来。社团的形式适应学生各种各样的爱好要求，一类是文艺方面的，如梅桥社、大路社、野草社、晨钟社等，成立早，人数多，灵活性大，宗旨是揭露国民党的反动面目，宣传进步主张。一类是歌咏队，影响最大的是"老百姓歌唱队"，到解放前夕已发展成为全校的歌唱队。当时唱的都是民主进步歌曲，如《你是灯塔》《团结就是力量》《光明赞》《你这个坏东西》等，嘹亮的歌声响彻全校。一类是剧团，如组织有兴趣的同学跳新疆舞、农作舞等，还演出活报剧《新群魔乱舞》，揭露国民党杀害著名爱国教授李公朴的罪行。一类是经济评论性的，如在 1948 年 5 月我校专请马寅初先生来校演讲"现实经济问题"，使学生受到了很大教育。紧接着同学们成立了"现实经济研究会"，主要活动是交流传阅进步书刊，如《新民主主义论》等；探讨进步观点，传播革命思想；举行专题讨论会，影响较大的读者讨论会有"物价与币制改革"和"土地改革问题"，全校师生踊跃参加，金家麟、汪贤进老师也到会指导。1997 年编印的《浙江学生运动史》指出，高商根据学校的特点，组织"现实经济研究会"评析时政，论证国民党经济政策必然崩溃的原因，这种与学习结合起来的政治形式、宣传方式，给学生带来了深远的影响。

学生运动蓬勃发展的最主要因素，是共产党的领导和依靠群众。1949 年 3 月，中共高商支部成立，开始直接领导群众斗争，至解放前夕已有 8 名共产党员（谢梯云、黄英华、陆少庚、姜仁潮、董元达、陈以平、韩永文、林乐英），还发展了 10 多名党的外围组织"Y.F"（又名"时代青年"，中华人民共和国成立后转为新民主主义青年团员）。当时，高商党支部已成为杭州市学校党组织的骨干力量之一。为了保证共产党地下斗争的胜利，党支部充分发挥全体党员的先锋作用，在外围组织骨干们的积极配合下，团结各种学生社团，依靠广大师生形成了一支强有力的战斗力量。当时，共产党上级组织已向各校党支部发出指示，应立即成立群众性的护校组织保护学校，迎接解放。我校在党支部的领导下，于 1949 年 4 月初成立了安全委员会，主要任务是：在国民党军队溃退的混乱情况下，团结全校师生保卫人员和财产的安全，严防敌人破坏，迎接顺利解放。学校安全会下设具体办事机构，制定应急措施，如有筑护校围墙、日夜值岗和巡逻、筹粮存米、保护水电和通信、救火救护演习、走读生入校、收听新华社广播等，由于全校师生团结战斗，克服了种种困难，终于完整地保护了学校，使所有人员和财产得以安全。

1949 年 5 月 3 日，杭州解放。全校师生获新生了，满腔热情投入了新的战斗。有 2 名党员在 5 月 8 日被调去杭州市军管会工作，以后一部分同学参军，许多同学参加各种干校学习或工作，还有的同学留校协助军管。

在母校的 3 年学习、生活、团结战斗中，我们结下了深深的母校之恩、师生之谊、同窗之情。现在回忆起来，那些峥嵘岁月仍让我们有无限的感慨。

今天，杭州商学院有了很大发展，成为拥有近万人的著名高等学府，我们为母校的突飞猛进感到非常高兴，衷心祝愿母校在争创一流高校的过程中，辉煌灿烂，日新月异。

（本文选自 2001 年 5 月 8 日《杭商院报》，作者为杨光第、

陆少庚、董元达、陈以平、卢守怡）

商风清气

# 寻访老校址

我对我院历史的了解，仅限于校史材料中和老商校人回忆中的一二，记忆中未曾留下多少印象。但是，我院建校八九十年的历史，尤其是它的校名易名 15 次，校址易地 12 次，常使我感叹不已，浮想联翩，总想去寻访那些历史的遗迹，从中领悟其沧桑，激发爱校的情感。在收集 90 周年校庆资料过程中，寻访老校址的念头再次萌发，并得到了老同志的支持。在一个晴朗的冬日，我们在汪贤进老师的带领下，踏上了寻访在杭州的几处老校址之路。

在称誉"江南名校"的杭州高级中学里，我们找到了我院前身——省立高级中学（商科）在 20 世纪二三十年代的老校址，当我们走近三排砖木结构的两层楼房时，汪老师一看就兴奋地说："就在这里，就在这里。"观其外观，这些房屋明显已修缮过了，淡粉红色的墙石，枣红色的门窗，给人一种亮丽、温馨的感觉。保留着原有的韵味之处，就是楼房的结构和布局。其中最明显之处是连接两幢楼房之间的木结构走廊和楼房、走廊之间形成的小庭院。走廊把三幢楼房连成一体。走在长长的静悄悄的走廊里，听着汪老师的介绍，我们仿佛在穿越时光隧道，在寻找当年的景物。当年的省立高级中学设有商科，这里就是商科学生学习的地方……站在教室外的草坪上，但见一排高大的水杉树，树叶落尽，树干显得格外挺拔。它似乎在骄傲地告诉我，这里是商学教育的发端之处，这里是培养商务人才的发祥之地。我望着这排水杉树那奋力向上的架势，脑海里顿时掠过一丝遐想：这不就是商学教育从无到有、从小到大、从弱到强不断发展的象征吗？脑海在不断地起伏，遐想在不断地扩张……突然，一阵从教室里传来的琴声，划破校园的宁静，也打断了我的无限遐想。

我们又来到金沙港。这里曾是我院前身——商校20世纪40年代末50年代初的老校址。当汪老师指点着一堵围墙介绍说"这里原是校大门"时，我们驻足细细地打量了一番：它有些破残，现已被封堵，但校门口的水泥柱依稀可辨，仍保留着"八字校门朝南开"的风貌。走进围墙，唯见空空荡荡一片空地，环顾四周，仅在空地靠北的地方还留存着一幢陈旧的平房（原是学生宿舍）和一些零星的旧屋（原是生活用房）。据了解，为配合西湖周围环境的整治，这里的旧房屋将全部拆除，留作他用。站在这里，朝东望，苏堤、跨虹桥历历在目；往北眺望，岳王庙影绰可见；再看南边和西边是"曲院风荷"公园。这里似乎与外界隔绝，没有风声，没有喧闹声，只有西斜的太阳把冬日的树木照得金灿灿，只有我们踏着落叶发出沙沙的脚步声。

"杭高"中的商科、金沙港之处的商校，都是我院建校

90 年中的一段历史。寻访老校址就是为了以发展的眼光看看我院的过去,以历史的名义展望我院的将来。

别了,历史沧桑的老校址。

(本文选自 2001 年 1 月 10 日《杭商院报》,作者尤锡麟)

商风清气

# 商校时期的学习生活

　　我是 1953 年 7 月考入杭州商业学校（以下简称杭商）的。记得此前考取杭商并不难，但正值国家开始第一个五年计划的当年，经济形势转好，想考杭商的人特多，事后得知我们当时的录取率大约是 12∶1。因为当时实行中专先考，而后考普通高中，兼之考取中专既能保证分配工作又可以免费读书（包括吃、住），只交少量杂费，这对我们当时大多数经济条件还是比较穷困的家庭来说有很大的吸引力。因而，全省各地来考的学生都先往中专"列车"上挤。而考取中专的同学，多数是全省各地中学中的前几名，因此生源资质是比较好的。

　　第二年，我妻子胡月箫考杭商就更难了，录取率大约是 21∶1。当时，她所在的永康县应届、历届生共有 200 多人，都先报名杭商，结果只录取了包括她在内的 3 名女同学，可见当时录取的难度。

　　自 1953 年起，由于我国一切都向苏联学习，就连教学模式也学苏联的那一套，所以从我们这届开始实施苏联国家考试制度。考试评分和平时的作业评分实行的是五分制；每天上课，上午上6节课，先上2节课后吃早餐，再上4节课后吃中饭，下午实行自习和课外活动，期末考试要进行口试；坚持体育实行劳卫制（劳动卫国制），分优秀、良好、及格三级，如果规定的体育项目都达到优秀标准，就可以获得金"劳卫制"奖章。所以，当时的学生总是朝气蓬勃、生龙活虎，不觉得学业负担重，总感到有明确的奋斗目标。第二学年，我有幸获得文化课成绩门门五分，又加上体育成绩，获得了"劳卫制"奖章。所以，我被评为优等生，是17名优等生之一。学校在大礼堂为优等生获得者举行了隆重的颁奖仪式，还给优等生摄影。照片又特地被送到岳坟照相馆上色、放大，然后挂在教学楼走廊的墙壁上。据说苏联学校就是这样搞的。学校还要优等生为低年级学生介绍学习经验体会，我们由此受到学弟学妹们的热烈欢迎。报纸上也曾有过关于杭商评优等生的报道。根据我的切身经历，当时学校的一系列措施的确推动了学生生动活泼的校园生活。毕业前的实习期间，记得以我为组长的一个小组去省花纱布公司参加实习，我们每天早晨到单位，先在花纱布公司的仓库（即现在省商业厅办公大楼原址）早锻炼，然后跟随公司成员工作，干些诸如原始记录的登统、报表制作等工作，为今后参加工作进行预习。

1956年2月我们毕业时，欣逢国家大好形势，省商业系统新成立十大专业公司，我们这一届3个班共150多人（计统专业2个班，财会专业1个班）全部分配在省级单位，全留在杭州工作。我当时分配到省商业干部学校，做商业干部培训和共青团工作。

50多年过去了,我们一些同学聚会时常会想起在杭商度过的那段学生生活,都感到无比美好。现在回想起来,我们那时的学习、生活、就业都处在优越的天时、地利、人和条件之中。

天时条件:当时正处于我国第一个五年计划的建设时期,各条战线上都急需大批人才;我们这批人又考取了当时十分需要商业建设人才的商业学校。

地利条件:学校的优美环境,有利于我们这批学生的成长。学校当时在金沙港,坐落在苏堤西侧,原来杭州标志性的景点"玉带桥"是进入当时杭商大门的必经之路。试想当年杭商就坐落于如今曲院风荷这么优美的环境中,我们犹如在画中学习生活,似在画中旅游。记得我第一次从县城抵达位于金沙港的母校时,简直惊呆了。虽然50多年前,没有如今这样的雕梁画栋,但那自然优美的景色是任何事物都不可替代的,也成了我们当时每位在校杭商人心中的骄傲。在这样一个大自然的经典之作中学习生活,我们每个人岂会没有动力?我曾骄傲地告诉外地同学,我们杭商就在举世闻名的西湖内,这么好的环境在全国是第一家。

人和条件:20世纪50年代的杭商,在全国商业专业学校中属于历史悠久的学校,其有实力很强的师资力量,可谓名师满园。为此,学校由省商业厅辖管,不久就成为商业部直属学校,学生分布由全省逐渐走向全国。我们在校时就有誉满全省商业系统的创业时期老校长张之桢,虽满头白发但还坚持给我们学生上珠算课;有中华人民共和国成立前夕担任过校长的钟大雄给我们上政治经济学,有兼任副校长还给我们上物理课的著名教师俞光德（不久后就调浙师院即后来的杭大）；有统计学教师陈剑舟，语文老师是年轻时就已在之江大学成名的"西子女诗人"、朱生豪（我国翻译第一套莎士比亚文集的著名翻译家）的夫人宋清如；俄语教师是年轻时期就与我国老一辈革命家一起留苏的杜绰强。还有当时杭州教育界有名的数学老师沈儒全以及汪贤进、钱章禄等等。学校有无名气关键是有无高质量的教师，这一点当时的杭商是具备的。

50多年前，杭商学生的学习虽然紧张，但课外活动是丰富多彩的。我班由赵璋玉、张樟云两名同学所演的黄梅戏——《打猪草》，不仅参加市学生文艺会演得奖，还经常参加校内外的大小演出，一时成了学校的"明星"。学校每年都举行文艺会演，我也参加过独幕话剧演出。当时杭商有两艘游船，可供各班同学轮流在西湖中自划，作为一种体育活动。记得当时我们课外活动划船时登岸，在"刘庄"自由自在地游玩；吃过晚饭后在苏堤、岳坟漫步是"必需的一课"（当时均可自由进出）；复习迎考期间，同学们会在岳坟内的苍松古柏树下，或廊檐内静静地复习课文默记公式，或有诗性发作时，还在暑夜去西泠桥头苏小小光头坟墓上匍匐着，几个同学互相引发古代文人作诗饮酒弹琴的情景，以示年轻人的情思。

50多年前，杭商对学生德育教育也相当重视。记得学校曾邀请鲁迅的战友和学生——许钦文给我们演讲。在大礼堂里，我们怀着十分敬仰的心情聆听他讲述鲁迅战斗的一生和其文学成就，受到了极大的鼓舞。我班同学还曾拜访过当代著名武生泰斗——盖叫天，当时他的家就在金沙港附近。那次我们去他家面对面访谈，盖老在午休后与我们这帮年轻人讲他从艺的一生，讲他学艺的深刻体会，还十分深情地感谢共产党。谈起周总理亲临他的居舍拜访他，他十分感动，从心底里喊出："生我者父母，知我者共产党！"这使我们受到了十分生动的教育。那时，学校选举产生学生会，各班推荐的学生会候选人纷纷自荐上台发表竞选演说。我班童养媳出身的老大姐丁菊兰，经过推荐与竞选成为校学生会生活福利部部长。她工作十分负责，为此成为学校当时比较出名的活跃分子，大家都认识她。这也证明民主传统早已在杭商学生中生根。

　　1953年12月26日晚，那天是敬爱领袖毛主席60岁诞辰。学生会在操场上举行露天庆祝晚会，同学们上台表演演唱、舞蹈，朗诵诗歌，最后全体同学都十分纵情地趁着夜色进行狂欢，一些平时不怎么活跃的同学也尽情跳舞。此情此景虽已过去50多年了，但每每提起母校，当时的情景依然会浮现出来。

（本文作者系1956年毕业生徐家龙）

# 两个商学院的筹建

## 杭州商学院的筹建

宗树义同志自 1952 年受组织的委派到浙江省高级商业职业学校任副校长、党支部书记（校长由省商业厅厅长兼任），同时明确学校的常务工作由他全面负责，直至 1984 年 4 月从学院领导岗位退下来，他整整工作了 32 年。他在工作上紧紧依靠领导，多谋善断，大胆泼辣，艰苦奋斗，统筹全局，开拓创新，成绩十分显著。

早在 20 世纪 50 年代，由于当时的国际形势，党中央号召"一边倒"地向苏联学习。他积极组织师生向苏联学习，学习苏联的教育经验、教学制度和教学方法，并结合中国实际，调整专业设置，合理安排课程，使学生毕业后符合社会的需要。

另外，他到校工作后，着手解决学校的危房和校舍扩建的问题，增加教学设备，经过两年的努力，使学校的面貌焕然一新。同时，他还积极调配既有理论水平又有实践经验的教师来校工作，又邀请省商业厅有关领导来校兼课。

商风清气

1962 年国家选派了 5 名越南留学生来我校学习深造，开创了中专招收留学生的先例，使我校打开了在国际上进行培训交流的大门。

20 世纪 60 年代，由于学校各方面的工作取得了显著的成绩，学校被评为省、市文教系统先进单位，在党总支、共青团、体育、爱国学生等 12 个方面荣获"十二面红旗"，因而被商业部称为"红旗学校"。

1960 年，我校被评为全国文教系统先进单位，宗树义同志代表学校参加了群英会，受到了党中央和国务院领导的接见，并合影留念。消息传来，全校师生无不欢欣鼓舞。

1961 年，浙江省政府根据我校多方面的条件，特批我校招收大专班 50 人，成绩合格，发给大专文凭。这届毕业生走上工作岗位以后，由于工作出色，后都成为单位的领导骨干，如原杭州市副市长华丽珍、省财政厅副厅长陈桂祥等。

由于历届毕业生表现优秀，受到用人单位的一致好评，学校的社会信誉和知名度越来越大，兄弟学校来我校参观、学习的人数与日俱增，于是我校受到了有关部门领导特别是商业部领导的关注。

1963 年 7 月，商业部从全国几十所中专学校中，选择我校为部属重点学校。由此，商业部进一步重视并加强了对我校的领导，在学校经费、设备等方面给予了大力支持，处处发挥我校对全国商业中专学校的指导和推动作用，如商业部曾多次委托我校组织编写供全国中专学校使用的财经类教材，并指定由我校担任主编，如商业会计、商业统计等教材。

粉碎"四人帮"以后，国家端正了经济建设的指导思想，经济建设飞快发展。为解决干部"断层"问题，1978年11月时任商业部部长的姚依林同志（后为中共中央政治局常委、国务院副总理）来校视察、指导工作。不久，决定筹建杭州商学院，宗树义同志担任了主要筹备工作。

1978年5月，教育部破例批准我校招收2个商业企业管理大专班；1979年又批准我校招收商业企业管理、肉食品卫生、商业电子技术等3个专业4个本科班。当时，杭州商学院的建校申请还没有批下来，就同意招收本科生，这是不多见的。在边筹建边招生的情况下，学校各方面的工作遇到了很大困难和压力。

1980年7月，刚批准建院的第一年，学校各方面任务都十分繁重，基建不分昼夜且在节假日也加班，拼命赶进度，迎接新生入学。在新学年开学上课前，还要解决学生食宿、生活设施等问题，工作千头万绪，需要件件落实。为了便于工作，宗树义同志就将铺盖搬到学校办公室，安了一部电话机，晚上睡在办公室，经过日夜连续作战，终于确保新学期按时开学。

筹备小组在宗树义同志的领导下，为加快学院的筹建工作，着重抓了以下几方面工作。

一是学习兄弟院校办好大学的经验。

组织取经考察组赴复旦大学、中国人民大学、安徽财贸学院、东北财经学院（今东北财经大学）、黑龙江商学院（今哈尔滨商业大学）等院校学习取经，然后根据兄弟学校的经验，结合本校实际，制订可行的各种专业教育计划和有关规章制度，积极探索办大学的经验和规律。

二是调整学校内部组织机构和干部，以适应大学教学的需要。

三是积极慎重调入教师和干部。

学校在全国范围内通过各种渠道，从重点大学商调管理干部和教师，充实干部教师队伍。先后调进副教授 19 名，讲师 94 名，并从商业部门调进既有实践经验又有理论水平的干部教师 50 名。另外，积极培养青年教师，先后调入本科毕业生 198 名，研究生 75 名。

四是征用土地，抓紧校舍建设。

建院初期，商学院占地面积约 93 亩，建筑面积为 1.84 万平方米。由于国家急需人才，学校边招生边基建，校舍十分紧张。在商业部和浙江省政府的大力支持下，商学院获批 210 亩土地，获得拨款 4000 万元，当时在杭高校中首屈一指。

宗树义同志为筹备工作付出了大量心血，他运筹帷幄、高瞻远瞩，学会"弹钢琴"，使学校各项工作取得了显著成绩。由于筹建工作进展很快，为办好学院奠定了一定的基础，于是国务院在 1980 年 5 月正式批准成立杭州商学院。整个学校工作上了一个新台阶，开始了新的征途。

宗树义在商学院的筹建工作中，以身作则，任劳任怨，勇挑重担，依靠组织，依靠群众，艰苦奋斗，工作不计时间，不计报酬。他对上对下、对内对外，始终紧张地工作着，因而群众评价"宗树义同志是不是书记的书记，不是院长的院长"。

### 重庆商学院的筹建

宗树义同志在 1984 年底从杭州商学院的领导岗位上退

下来，按常理，他可以回家好好休息，同时照顾年迈的母亲和体弱多病的妻子，以弥补过去没有照顾好家庭的遗憾，因此，他向党委写了要求离休的报告。但时隔不久，1985年商业部为了加强西南地区高级商业人才的培养，决定筹建重庆商学院。

物色领军人物，是筹建商学院的关键。商业部有关领导选中了宗树义同志，商请他去挂帅，筹建重庆商学院。

对于宗树义来说，重庆人生地不熟，又是单枪匹马前往工作，抛下家人在杭州，思想是有斗争的。但经商业部领导的劝说动员，他三思以后，还是舍小家为"大家"，千方百计克服个人家庭的困难，服从组织调配，决定前往。

筹建一所大学谈何容易？！征用土地、建造校舍、选调管理干部和教师、购置教学设备等一系列艰巨任务摆在他面前，宗树义同志常说："要么不干，要干定要干好它。"他是这样说的，也是这样做的。

重庆商学院是在原重庆财贸干校的基础上筹建的，当时校舍面积只有10多亩，十几个干部教师。要在这个基础上筹建一所大学，困难是可以想象的。

商业部党组和中共重庆市委任命他为重庆商学院党委书记。筹备组由重庆市一位副市长担任组长，宗树义任副组长，大量具体工作则由宗树义来承担。筹建的困难很多，但他带领一班人马勇挑重担，知难而进，克服一个又一个困难，闯过一个又一个难关。

第一关是征用土地关。重庆是座山城，可征用的土地很少，为了不占用良田，宗树义同志与重庆市有关部门一起商量研究决定征用丘陵地。经过努力，终于在重庆南岸山坡上征用了千余亩丘陵土地，既可造校舍，又不占用良田，两全其美。

宗树义同志在重庆市委、市政府和商业部的领导下，日夜奋战。在工作中，他十分尊重原财贸干校的领导和群众，充分发挥他们的作用，既重用老干部、老教师，又大胆提拔年轻干部；平时还十分关心教师的工作生活，同群众打成一片，工作调度有方，既有原则又有灵活性，充分调动了教职工的积极性，深受他们的拥护和敬佩。

在校舍建设方面，宗树义同志组织专家制订重庆商学院发展规划蓝图，又制订了具体施工详图，既有长期发展目标，又有短期实施计划。他组织了一支强有力的基建队伍，加快了校舍建设。

第二关是师资关。在师资队伍建设方面，宗树义同志一方面亲自去四川其他市的重点大学商调管理干部教师，另一方面组织现有教师加以进修提高。这些措施为办大学做好了干部和教师方面的准备。

经过 4 年的艰苦创业，在上级的正确领导下，重庆商学院初步建成了，经教育部验收合格，国务院批准后正式成立重庆商学院，并于 1988 年春季开始正式招收新生。一大批大学新生兴高采烈地跨进了培养高级商业专门人才的大学——重庆商学院。

1988 年 11 月，宗树义同志面带微笑，向前来送行的师生一一道别，欣慰地离开了他亲手打造的重商，又回到了工作 30 多年的杭商。

回杭州后，新的任务——杭州商学院老龄委主任的重担又落到了他的肩上，他义无反顾地挑起了这副担子，一干又是20年。

## 廉洁奉公 不搞特殊

毛泽东同志在中共七届二中全会上就告诫我们，可能有这样一些共产党人，他们是不曾被拿枪的敌人征服过的，他们在这些敌人面前不愧英雄的称号；但是经不起人们用糖衣裹着的炮弹的攻击，他们在糖弹面前要打败仗。毛主席的教导像一盏明灯，照亮着干部，尤其是领导前进的方向。绝大部分干部牢记毛主席的教导，身体力行。宗树义同志也不例外。他在学校领导岗位上工作几十年，艰苦奋斗，不谋私利，廉洁奉公，不搞特殊化。如早在20世纪六七十年代，他家4个子女都要找工作，当时他的大儿子从黑龙江插队返城因为找不到工作，只好去一个建筑工地挖下水道。小女儿因为找不到工作，就到一家饭店做临时工，端盘子，洗碗筷。有好几位同志劝他说："子女外面找工作困难，校内可否安排工作，这也不算过分。"按照情理，至少安排一个子女是完全可以的，群众也不会有什么意见。但他总是说："自己是个学校领导，安排子女在校里工作不好，会造成我工作的困难，我不能搞！"由于他坚持己见，因而子女都在校外自谋出路。他在日常生活中处处以身作则，严格要求自己，从不多吃多占。如1961年下半年商业部领导分给他一辆吉普车，

商风清气

供他外出开会用，他怕影响不好，婉言谢绝。另外，他家人口较多，三代七人共住，住房拥挤，但他从不提额外要求。他经常同师生一起参加学工、学农劳动，与大家同吃、同住、同劳动，从不搞特殊化，因而深受师生爱戴。

社会上常有人议论："有的单位大楼造好了，干部却倒下了！"宗树义同志在筹建两个商学院的过程中，经手的资金在亿元以上，承包基建的工程队一批又一批，在投资、采购等环节，只要思想上这根"弦"稍有放松，就会陷入"泥潭"而不能自拔。社会上有些干部，特别是领导干部，被糖衣炮弹击中的事例不在少数。可宗树义同志牢记毛主席的教导，廉洁奉公，艰苦奋斗，不搞特殊化，不谋私利，因而大楼造好了，他和他手下的干部照样挺立潮头。

早在 2001 年，学校为了表彰宗树义同志在办学中的功绩，设立了"宗树义奖学金"表彰学习优秀的学生干部，以继承他的好作风。为了庆祝商大建校 100 周年，他从多年省吃俭用节省下来的积蓄中拿出 10 万元捐赠给学校。为此，学校为他举行了隆重的捐献仪式，以表彰他爱校如家的崇高精神。

（本文作者系浙江工商大学退休教师陈志贤）

商风清气

# 忆姚依林同志

　　1952年，浙江省人民政府决定，浙江省立高级商业职业学校（杭州商学院前身）改由浙江省商业厅和浙江省文教厅共同领导，我受商业厅指派来校接收并留校工作，直到1988年离休。在这期间，我同原商业部部长，后为中共中央政治局常委、国务院副总理的姚依林同志有过多次接触，他那平易近人、高瞻远瞩的领导作风在我脑海里留下深刻的印象，他那尊重知识、尊重人才、重视教育、关心我校的事迹，更使我终生难忘。

## 姚依林与杭州商学院的创建

　　早在20世纪50年代后期，商业部在创建北京商学院和黑龙江商学院之后，打算在杭州建一所商学院。事情的过程是这样的：1959年5月，浙江省委、省政府初步确定以省高级商业职业学校为基础，吸收省财贸干校参加，筹建浙江财经学院。筹备组组长由当时浙江省委财贸部任副部长担任，成员有财政厅、商业厅、财贸干校的代表和我。筹备组还召开过一次会议。这一情况，我立即向姚依林同志做了汇报。他说，部里研究过，准备在你校基础上筹建商学院，今年先办专科，此事已同教育部联系过。根据这一情况，我请他尽快与浙江省委联系，否则怕来不及了。过了几天，浙江省委财贸部通知我说，商业部要建商学院，浙江财经学院就停止筹建。就在这一年，经商业部联系教育部，我校招收两个专科班，并由省教育厅安排在丽水地区和嘉兴地区各招一个班。不久，由于国民经济遭到了极大的困难，中央提出"调整、巩固、充实、提高"的八字方针，不仅新建院校一律停止，而且原有院校也纷纷下马。在这种情况下，我校在中专的基础上筹建商学院的事就被搁置了。只是在1961年接受省政府委托，从本省调整下马的有关大专院校学生中接收50人，举办了一期商业财务会计大专班，学生毕业生后由省商业厅按专科毕业生待遇分配工作。

筹建杭州商学院这件事虽然被搁置了，但商业部并没有完全放弃这一计划。1963年7月，商业部把我校改为部属重点中专，应该说这是一着妙棋。因为这既有利于商业部对我校的重点扶持，又有利于条件成熟时筹建杭州商学院。只是因为1966年发生了"文化大革命"运动，筹建杭州商学院的设想又被延误了。

1976年，粉碎"四人帮"后，姚依林同志高瞻远瞩地预见到以经济建设为中心的时代即将到来，为了解决人才短缺断层问题，筹建杭州商学院的事情又被提上重要议事日程。1978

年下半年，姚依林同志亲自来到杭州，同浙江省党政领导协商筹建杭州商学院之事，并视察我校。由我陪同，他深入各科室听取大家的意见建议，然后就学院规模、专业设置、师资队伍、教学设备、经费等问题做了具体指示，并决定成立杭州商学院筹备组，当年先招商业企业管理大专班两个班的学生；1979年再招商业企业管理、肉食品卫生、商业电子技术等3个专业4个班的本科生。这样，1980年5月，国务院批准建立杭州商学院时，学校里已有本科、专科学生近300人。

由此可见，早在20世纪50年代末，商业部就打算把我校由中专发展为商学院，只是出于众所周知的原因，这件事才被整整推迟了20年。在这个过程中，姚依林同志始终用战略的眼光关注着我校的发展前途，对杭州商学院的创建起着关键性作用。

## 姚依林对我校的重视和关心

姚依林同志在主持商业部工作期间，把我校作为商业部中专教育战线上的一面旗帜。1960年，我校先后被评为杭州市、浙江省和全国文教系统先进集体，我代表学校出席了全国文教系统群英大会。会议期间，姚依林同志亲自接见了我，听取了我对学校工作情况的汇报，他高度赞扬了学校工作，并要我向北京商业干部学校师生做介绍。可能从那时起，他就把我校作为商业中专教育战线上的一面旗帜。以后，我每次到部里汇报工作，他总是尽可能地挤出时间接待我，以示对商业教育的重视。在他的影响下，商业部具体分管学校教育工作的同志对我校也更加重视，他们往往在地区性或全国性有关会议上安排我校代表发言或介绍经验，或介绍其他省市兄弟学校领导和教师来我校参观访谈。商业部还破格安排越南留学生到我校学习。1962年商业部教育司在杭州召开全国教材会议，明确提出以我校计统财会教材为基础，并指定我校为主编单位编写全国通用教材，这对我校工作起到极大的促进作用，为之后筹建杭州商学院创造了条件。

姚依林同志在主持商业部工作期间，在资金、物资、设备等方面把我校作为重点照顾对象。以经费来说，不管是预算内还是预算外的补助费，都尽可能给予照顾。正是由于这样，我校得以尽快扩建校舍和教工宿舍，购买图书资料和仪器设备，引进教师和扩大办学规模。在物资、设备方面基本上做到我们要什么就给什么，省内一些院校对此非常羡慕。而最使我终生难忘的是姚依林同志给予我校的一次特殊照顾：1961年下半年，我去部里汇报工作，姚依林同志把我请到家里，边吃饭边交谈，当他得知我校已搬迁到杭州郊区（今教工路在当时属于郊区），交通不便，师生生活单调时，拿出4张提货单给我，具体物品是吉普车1辆、解放牌货车1辆、电影放映机1套、电视机1台。他说，吉普车可供你们外出开会或学校有急事用，货车可供你们运输东西，放映机可为师生放电影用。他还说，这台电视机是苏联外贸部部长送的，现转送给你们，可放在工会俱乐部里给教工收看电视节目。这4件东西，今天看来已很平常，但在当时却都是稀缺物资，有的在国内市场上还见不到，对我校来说算得上"雪中送炭"。

我考虑再三，除吉普车没有要外，其他三样东西都接下来了。回校后，当师生知道这情况时无不感激万分。当学校工作中碰到困难和问题时，姚依林同志总是尽可能给予帮助解决。

例如 1980 年上半年，学校将升格为商学院时，我们当时找不到合适的人来书写校名，有人提议可请姚依林同志书写，于是我就给他写信表明此意。不久，他给我回信，大意是说他的字写得不好，而且从来没有写过这类字。但他说，已找了国家计委副主任段云同志，请他书写"杭州商学院"校名。之后，我们就用段云同志书写的"杭州商学院"制作了第一块校牌和校徽。又如，1981 年下半年，杭州商学院的总体规划上报后，省有关领导认为我院征地多了，要把建设运动场的 30 亩土地砍掉，但这样的话，学校的设施就不配套了，这显然是不行的。为此，我们找了当时的省委书记铁瑛和省长李丰平，但问题都没有解决。在这种情况下，我们想起了姚依林同志，就去北京找他。这时，姚依林同志已任中共中央政治局候补委员、国务院副总理，他认为此事由他出面不好，要我们还是回省里想办法为好，力求当地政府解决。后来我们按照他的意见，经过多方努力终于把问题解决了。不久，我接到姚依林办公室一位同志来电话，说是姚副总理想了解一下我校建设规划批准了没有。我如实做了汇报。由此可见，姚依林同志在日理万机的情况下，还时刻牵挂着杭州商学院的筹建工作，真让人深为感动。姚依林同志关怀我校建设的事例还有很多，恕不赘述。

饮水思源，抚今追昔。党和国家的优秀领导者、杰出的无产阶级革命家、我国经济工作的卓越领导人姚依林同志离开我们已经14年了。现在，我们可以告慰他的是，在他呕心沥血、亲切关怀、大力支持下创建起来的杭州商学院已发展为浙江工商大学，学校规模扩大了，办学层次提高了，学校面貌发生了很大变化。我们不会忘记姚依林同志生前对我校各个发展时期的关怀和做出的突出贡献。

（作者宗树义，先后担任浙江工商大学前身的浙江商校、杭州商学院校务委员会第二副主委、副校长、副院长等职务）

商风清气

# 第一位外籍教师

改革开放，春风骀荡。

一位美国姑娘，像一只呢喃鸣春的燕子，翩然飞渡太平洋，于 1983 年的春天，来到柳绿如烟、桃红似火的西子湖畔。她是谁？她就是美国印第安纳大学和我国杭州大学的交流学生桑德拉·卢卡斯小姐。

说来凑巧，也是在 1983 年的春天，为适应改革开放的需要，商业部委托我校举办的出国预备人员英语培训班开学了。在没有外籍教师执教的情况下，经过培训，第一期 24 名学生参加全国英语水平测试，成绩是：1 人达到出国分数线，7 人达到培训分数线，其余 16 人未能通过测试。看来，要想走出去先得请进来。他山之石，可以攻玉。聘请外籍教师来校执教，已成为我们提高教学质量的当务之急。

说来又巧，正当我们为第二期英语培训班开学紧锣密鼓地进行准备工作的时候，卢卡斯小姐在杭州大学为期半年的学习结束了。按照规定，她还可以在我国延留半年时间。卢卡斯小姐想在三尺讲台上一展才华，圆自己少女时代萌生的教师梦。于是，她的一封求职信通过杭州大学外事办公室转到了我校。

三秋桂子，十里飘香。第二期英语培训班开学了。

金发碧眼、仪态端庄的桑德拉·卢卡斯小姐，步履翩翩地走进了教室，登上了讲台。她的微笑是那么甜美，她的言语是那么亲切。她的开场白是一个妙趣横生的小故事——

夜深了，人睡了，老鼠母女俩高高兴兴地出洞了。妈妈唱歌，女儿伴舞。歌声袅袅，舞袖飘飘。多么自由的天地！多么美好的时光！就在这娘俩歌正酣、舞正欢的当儿，"喵——"，远处隐约传来一声猫叫。

"我怕！"女儿立马扑进妈妈的怀里，浑身一个劲儿地打着哆嗦。

"别怕，孩子！听妈妈的。"这时，只听得妈妈模仿着狗叫发出了一连串的"汪汪"声。你们猜怎么着？——听到狗来了，那只猫说时迟、那时快，早溜之大吉了。

"妈妈，您真行！"

"宝贝，你现在该晓得学好第二语言多么重要了吧！"故事讲完了，卢卡斯小姐问道："喜欢这个故事吗？""喜欢。"学生们异口同声地回答。

"好，那么请打开《主流英语》第一课，让我们一起学习你们的第二语言吧。"

一个寓庄于谐、寓教于乐的开场白，使这位初涉教坛的美国姑娘一下子便找到了课堂的感觉，进入了教师的角色。

下课后，学员们七嘴八舌地夸着他们的美国老师。有人说："卢卡斯小姐的语言既浅显，又生动。"有人说："老师的微笑、眼神、手势也会说话。"有人说："听这样的课，时间过得可快着呢。"

一个好的开始是成功的一半。有了成功的这一半，卢卡斯小姐以其责任意识，以其执着的精神和饱满的热情，一步一个脚印地向着成功的另一半走去。

爱因斯坦说过："热爱是最好的老师。"卢卡斯小姐热爱教学，热爱学生。她对教学兢兢业业，与学生打成一片。灯光下映现出她夜深备课的身影；作业本上，勾画出她细心批改的笔迹；宿舍中，传出她个别辅导的声音；跑道上，迈动着她和学生的脚步；晚会上，翩跹着她和学生的舞姿；山水间，叠印着她和学生的游踪……就这样，教学质量一天天地提高着；就这样，师生友谊一天天地加深着。

如果说卢卡斯小姐和学生之间的友谊乃是同庚之谊，那么她同中国教师之间的友谊则是忘年之交。她对中国教师尊重备至，总以学生自称，中国教师对她呵护有加，待之如同亲人；她听中国教师讲课，从严谨教风和井然章法中获得的是启迪，中国教师听她讲课，从灵活教法和纯正语言中品鉴的是精彩；她一星期三次为中国教师讲授《新概念英语》第四册，中国教师在凌晨教她太极拳，在晚间教她普通话；她旅游香港时帮中国教师买回翻译资料，中国教师千方百计地为她找回失落的钱包和护照；她一次又一次地向中国教师赠送珍贵的词典、书籍、画册，中国教师在感恩节请她吃水饺，在她生日时请她吃长寿面……就这样，教学水平，一天天地提高着；就这样，同事情谊，一天天地加深着。

在真挚的友情中，在温馨的关爱中，师生配合默契，同

商风清气

切交流。卢卡斯小姐在传道、授业、解惑的道路上越走越从容，越走越顺当，越走越自如。

两个月教下来，她发现现用教材失之于浅，不再适合学生的现有程度，不能满足他们的求知欲了。于是，卢卡斯小姐建议更换教材，采用全美英语教师理事会编写的系列教材《今日英语》第五册《我国文化之变迁》。在陈述采用这本教材的理由时，她说："语言为文化的载体，文化为语言的本体。语言文化，表里相依。要掌握语言，离开文化背景难以奏效；欲习得文化，凭借语言工具，方能有成。"她主动搞好教学工作的主人翁态度得到了普遍赞许，她提出的合乎语言学习规律的合理化建议得到了一致肯定。

作为印第安纳大学新闻系的高才生，卢卡斯小姐有着开阔的文化视野和广泛的艺术情趣。因此，她使用新的教材驾轻就熟，讲授文化艺术得心应手。她的教学方法既严谨又灵活，她讲课时紧紧扣住教材，但又不局限于教材。有时删减某些烦琐内容，有时补充一些相关材料。如果要补充较多的东西，则在课余时间以第二课堂的形式进行。卢卡斯小姐的第一课堂教学固然非常精彩，她的第二课堂教学同样独具特色。瑞士教育家裴斯泰洛齐说过："千言万语不如提出一个好例子。"兹举出三个例子，以见其特色所在。

教材第二课讲述的是民间工艺品制作，这引发了学生对绘画艺术的兴趣。适逢其时，浙江美术学院正在举办法籍华裔画家赵无极的画展，于是卢卡斯小姐将第二课堂搬到美院展厅。在展厅里，她津津乐道，娓娓而谈，一幅幅地给学生介绍这位现代派绘画大师的作品。记得，卢卡斯小姐在《向马蒂斯致敬》这幅杰作前停留得最久，她对学生说："赵无极留法深造期间，仰慕野兽派，师承马蒂斯。但是，他学而能化，不失自我。你们看，画家这幅献给他恩师的画作，固然飘逸着法国现代派的画风，不也蕴含着中国水墨画的韵趣吗？从我们今天参观的展品中不难发现：赵无极最喜欢的颜色是黑色。黑色或者说墨色的创造性运用，使得赵大师能以西方油画形式体现出中国艺术精神。难怪巴黎艺术界流行着'赵无极在巴黎发现了中国'的说法。"卢卡斯小姐讲的这番意味深长的话，在归途上，在回校后，还久久地萦绕在学生们的脑际和心间。

有一回，卢卡斯小姐的一个同乡，带着两男两女四个孩子，在旅游非洲后的归国途中，特地绕道来中国看望她。这可是个好机会！于是她立刻着手组织第二课堂教学。经过星期六一天时间的准备，星期日大清早她就对学生说："记得吗？前不久我们学习了第四课《美国音乐剧》，报告大家个好消息：今晚7点半，在学生食堂，我将和我的老乡一家五口演出一小型美国音乐剧。敬请光临指导。"

夜幕初降，星光灿烂。在静静的食堂里，早就到来的观众期盼着，期盼着一睹卢卡斯小姐的舞台风采。7点半，演出准时开始。卢卡斯小姐扮演一位小学音乐教师，她一手牵着一个学生，边唱边跳着首先出场亮相。她的一颦一笑，举手投足，歌声舞态无不启人以思，感人以情，娱人以美。两个小演员也各具特色，表演到位。随着剧情的发展，其他角色陆续登台。主角配角，红花绿叶，相映相衬，满台生辉。在整个演出过程中，笑声不断，掌声不断。一名学生在演出后举行的座谈会上说："这既是一场绝妙的戏剧演出，又是一堂生动的情景教学。"

在课后，在周末，卢卡斯小姐房间的窗子里悠然飘出缕缕不绝的二胡声，是她在练习演奏，在自娱自乐。听杭州大学外事办公室的同志说，这位美国姑娘自打来到中国之日起便迷上了我们的音乐，而且到了痴迷的程度。她说过"我爱你们的国家，我爱你们的人民，我爱你们的音乐"。是的，正是这样。

在讲授《摇滚乐超级明星》这节课后，卢卡斯小姐在第二课堂上举办了一个以"音乐漫步"为题的讲座。她先是介绍欧洲古典音乐，接着介绍西方现代音乐，最后，她和学生们一起欣赏了我国作曲家何占豪和陈钢创作的小提琴协奏曲《梁祝》。她一边播放录音磁带，一边讲解分析，着重赏析了《十八相送》的旋律，并把它称为"音乐交谈（musical conversation）"。她说，这段对话表现的是一对知己的交流、两颗心灵的碰撞、缠绵情思的暗示、缠绵恋念的表白。至今记忆犹新的是，她将《梁祝》译为《蝴蝶的爱情》（*Butterflies' Love*）。不似原文，胜似原文，以貌取神，尽得风流。这称得上一朵译苑奇葩！她的结束语仿佛依然响在耳畔："朋友们，热爱音乐吧！它是人类共同的语言，和谐的心声。"

第一课堂、第二课堂珠联璧合，相映生辉。这是卢卡斯小姐教学艺术的一个特点，一个优点，一个亮点。

夫有耕耘，必有收获。中国教师和外国教师各扬所长，优势互补。通过他们的密切合作和共同努力，英语培训班第

商风清气

二期 24 名学生，在全国英语水平测试中的成绩是：7 人达到出国分数线，16 人达到培训分数线，1 人仅以 5 分之差未能通过测试。如果我们将出国预备人员英语培训班第二期学生和第一期学生，在全国英语水平测试中的成绩加以对比，便不难发现，采石他山乃是培育英语人才的必由之途、成功之路。

逝者如斯，暑往寒来。说话间已经是 1983 年岁暮了。卢卡斯小姐合同期满，回国在即。启程前夕，她请求学校允许她佩戴着杭州商学院校徽返回美国。尽管我校有项制度规定，教师调离时必须交回校徽，但是对这个饱含着热爱、彰显着自豪、寄寓着缅怀的请求，怎能依旧照章办事而不根据实际情况具体对待呢？

次日，东方曙色初开。卢卡斯小姐胸前佩戴着杭州商学院闪闪发光的鲜红校徽，亭亭玉立在即将开往机场的汽车前面，她泪眼婆娑，离情满怀，哽咽着对送行的人群说："不论走到哪里，我都是杭州商学院教师队伍的一员！"说罢，她依依不舍地上了汽车，又从车窗中伸出手来向大家频频挥动。车子开走了，飞机起飞了，像一只呢喃鸣春的燕子，卢卡斯小姐带着执教黉舍的成功喜悦，怀着珍存于心的中国情结，翩然飞渡太平洋，飞回遥远的大洋彼岸去了。

柳叶黄了，有再绿的时候；

燕子去了，有再来的时候。

悠悠岁月，廿八春秋。我们和卢卡斯小姐，这只呢喃鸣春的燕子，已经分别得太久，太久了。今天，在我校隆重庆祝百年华诞的欢乐日子里，我们多么希望这位美国姑娘能重游旧地，一睹校园新颜啊！如果这个希望得以成真，那么在惊叹中华巨变，赞赏两浙芳华，陶醉杭州山水，领略商大风采之后，卢卡斯小姐一定会满怀激情地朗诵她最喜爱的毛泽东的诗句来抒发她的感受的——

"神女应无恙，当惊世界殊。"

（本文作者系浙江工商大学英语教授冯颖钦）

浙江工商大学
校史校情教育系列丛书

1911—2021

# 文思相望

◎ 主 编／沈笑莉

浙江工商大学出版社
ZHEJIANG GONGSHANG UNIVERSITY PRESS

·杭州·

**图书在版编目（CIP）数据**

文思相望 / 沈笑莉主编 . — 杭州：浙江工商大学
出版社，2021.9
（浙江工商大学校史校情教育系列丛书：2021版）
ISBN 978-7-5178-4403-7

Ⅰ. ①文 … Ⅱ. ①沈 … Ⅲ. ①浙江工商大学－校史
Ⅳ. ① G649.285.51

中国版本图书馆 CIP 数据核字（2021）第 054271 号

## 文思相望
WEN SI XIANG WANG

沈笑莉　主编

| | | |
|---|---|---|
| 出 品 人 | 鲍观明 | |
| 策划编辑 | 尹　洁 | |
| 责任编辑 | 尹　洁 | |
| 责任校对 | 夏湘娣 | |
| 封面设计 | 东印广告 | |
| 责任印制 | 包建辉 | |
| 出版发行 | 浙江工商大学出版社 | |
| | （杭州市教工路 198 号　邮政编码 310012） | |
| | （E-mail：zjgsupress@163.com） | |
| | （网址：http://www.zjgsupress.com） | |
| | 电话：0571-88904980，88831806（传真） | |
| 排　　版 | 杭州红羽文化创意有限公司 | |
| 印　　刷 | 浙江海虹彩色印务有限公司 | |
| 开　　本 | 880mm×1230mm　1/32 | |
| 印　　张 | 15.125 | |
| 字　　数 | 345 千 | |
| 版 印 次 | 2021 年 9 月第 1 版　2021 年 9 月第 1 次印刷 | |
| 书　　号 | ISBN 978-7-5178-4403-7 | |
| 定　　价 | 288.00 元（全四册） | |

浙江工商大学校史校情教育系列丛书
（2021 版）

编　委：张　东　陈建平　沈笑莉

《文思相望》

主　编：沈笑莉

编　者：沈笑莉　姚丽颖

# 总 序

　　浙江工商大学的前身是创办于 1911 年的杭州中等商业学堂，系中国最早的商科学校之一，迄今已走过 110 年的历程。从辛亥革命到抗日战争，在半殖民地半封建的环境下，学校在动荡不安中艰苦跋涉，与中华民族同呼吸共命运，16 次易名，12 次迁址，走过了一条艰难曲折的发展道路。

　　在清末民初的旧中国，很少有人有意识地通过公开撰述来记录文化历史的重大变化，以至于留存至今的文字材料并不多。随着时间的流逝，亲历者也相继离去，很多历史已无从知晓。对于百余年浙商大来说，情况也是如此，学校厚重文化资源的发掘、研究、利用相对滞后，更缺乏一部体系完整、内容厚实的浙商大校史。2011 年，浙江工商大学在百年校庆之际，曾委托专业教师对学校历史沿革进行了详细考证，苦于能够利用的史料并不多，仅整理出学校在中华人民共和国成立前的 38 年校史，共计 9200 余字。

　　浙商大的历史，是历届师生校友共同创造、记录、发展的文化记忆。这些不可复制的珍贵文化财富，如果不及时保护、抢救，将给我们及后人留下巨大的遗憾。2019 年 4 月，学校宣传部接手校史馆改建工作后，会同校档案馆从不同角度查阅了大量历史文献，对校史文化资源初步进行了收集、整理

和编研。这一过程得益于"晚清民国期刊数据库"陆续上线，可以对《浙江公报》《浙江省立甲种商业学校校友会杂志》《浙江省立杭州高级中学校刊》《商学研究（杭州）》等民国刊物进行详细的发掘和整理，新发现的史料不仅是研究浙商大历史脉络的重要素材，也是研究浙商大学术人物和学科发展的宝贵线索。

"浙江工商大学校史校情教育系列丛书（2021版）"分为《商风清气》《故人情怀》《文思相望》《百年商脉》4册，分别从商大人物、历史故事、校园文化、馆藏珍品等方面展现了一个多世纪的办学岁月中的人、事、物，重现当年师长谆谆教诲、同窗切磋砥砺、生活艰苦奋进的场景。但是，百余年浙商大岁月绵长，校史内容浩大，我们的丛书自不免瑕瑜互见，不尽如人意。我们希望，本丛书能够起到回顾、前瞻、承先启后的作用，吸引更多后来者投入校史研究，据实订正，使其日臻完善。更希望本丛书所承载的文化历史积淀，能够对我们今天的学习、工作和生活，有一定的借鉴意义。

"浙江工商大学校史校情教育系列丛书（2021版）"是对师生进行校史校情、爱国爱校教育的生动教材，有利于培养全校师生员工对学校精神与理念的认同感、归属感和自豪感，形成强大的凝聚力，促进学校优良的校风、学风的继承和发展，更好地朝着习近平总书记对浙商大提出的"把学校办好，使浙江工商大学成为一所在全国有位置，在全省很重要的学校"这一目标而努力奋斗！

编委会

2021 年 3 月 15 日

# 目录

第一篇

明德惟馨

# 商情由智兴

## 1. 始于商

20世纪初，中国正处于内忧外患、变革图存之时，一批志士仁人以"教育救国"为己任，纷纷开办新式学校，培养社会急需的各种实用型人才，以实现振兴中华之抱负。

宣统初年（1909）五月初二，杭州商学公会成立，以讲求商业交换知识为宗旨，以协和讲堂为会场，决定章程，筹办商业学校，筹议开办费。

《发起杭州商学工会第一次禀稿》

記事　　杭州商學公會成立大會記事

一百六十四　　五月

兌盡儲蓄一項現已籌欵即逐未到期之存欵存一天
有一天之利到期則如數清還云云

又按近年官商銀行紛紛設立亦紛紛行用鈔票其最
後之結果殆難預言茲將最近查得各銀行發行鈔票
之數目列表於下藉資參考。

| 行名 | 鈔票數目 |
| --- | --- |
| 大清 | 一百五十萬 |
| 通商 | 四十萬 |
| 裕甯 | 四十萬 |
| 裕蘇 | 五十萬 |
| 廣東官銀號 | 十萬 |
| 興業 | 三十萬 |
| 信成 | 五十萬 |

附記各國銀行發行鈔票數目

| 行名 | 鈔票數目 |
| --- | --- |
| 匯豐 | 一百八十萬 |
| 麥加利 | 六十萬 |
| 德華 | 五十萬 |
| 道勝 | 三十萬 |
| 華比 | 四十萬 |
| 花旗（或說是萬國銀行） | 三十萬 |
| 正金 | 一百萬 |

## 杭州商學公會成立大會記事

五月初二日爲杭州商學公會成立大會之期以協和講
堂爲會場官長如巡警道楊觀察勸業道革觀察提學使
因病派熊大令運昌警局總辦杭府卓太守派周大令承
鈞代表蒞會下午二句鐘開會先由副會長周君湘舲宜
布開會辭旋推舉潘君亦文爲臨時議長潘君請本會審
記員景君本白演說辦法之最要者數端（一）設商報以
開通智識（二）辦商學以培育人材（三）考商品以擴充
貿易次由書記員魏君在田報告入會人數次由會計員
毛君浩甄報告收入欵目次由巡警道楊昧春觀察委託

003

明德惟馨

《杭州商学公会成立大会记事》

○○○咨覆浙撫核准杭州商學公會章程將商務雜誌呈部並速設商業學堂文　宣統二年正月二十七日

爲咨覆事准咨開案查冊據商金百順等禀稱集合同志設立商學公會禀集經費定章論請開通商智擴張貿易上海地方商務總會分會而外別有簡學公會業經商部批准有案杭州事同一律商等不揣冒昧援例以謂溝通將會中組織方法備載章程緒其清冊公呈立案等情道等會核覆杭州商學公會係爲學司會同勸業道核明詳細旋經該司道等會核覆杭州商學公會係爲注重教育而設與商會劃清界限不相侵越又核章程第三條已庚兩則曰協助利害曰聯絡

核覈等因並非商學開係重要自非合力研究不足以冀振興協照錄清冊詳請分咨杳商部批准在案杭州事同一律立案等情道等會核既於印成後想呈部以備核查詢周會第三條丙項所開錫商務雜誌應於印成後想呈部以備核查詢周會第三條丙項所開設立商業學堂應即從該商等所擬章程大致尚屬周備除將此相應將章程咨送查照益據提學司勸業道會同詳稱杭州商學公會章程第三條已庚兩則已經該公會全體會員公同研究第三條已則刪去庚則重加改訂倫實助非專在商學範圍之內應即伤令宏議更正等語亦經批不在案

速辦理以便養成專門人才除據立案外相應咨覆查照行知可也須至咨者

雜誌應於印成後想呈部以備核查詢周會第三條丙項所開設立商業學堂應即從

至咨者

《咨复浙抚核准杭州商学公会章程应将商务杂志呈部并速设商业学堂文》

宣统二年（1910）正月二十七日，学部回复公会办学申请，发布《咨复浙抚核准杭州商学公会章程应将商务杂志呈部并速设商业学堂文》一文，核准"所开设立'商业学堂'应即从速办理，以便养成专门人才"。

八月初一，学部回复《提学司袁照请郑绅在常充任杭州中等商业学堂监督并将该堂组织成立文》，称"敝会筹款已有成数，而校内各务仍公推该堂堂长郑绅在常组织，且郑绅办学有年，规画井然，士论翕服，畀以中校监督之职，必能胜任愉快……希即充任中等商业学堂监督，并祈将该堂事务组织成立，议章通送核办可也"。

《提学司袁照请郑绅在常充任杭州中等商业学堂监督并将该堂组织成立文》

1911 年 3 月 15 日，在杭州市马市街黄醋园巷杭州高等小学堂旧址，杭州中等商业学堂正式成立，郑在常被延聘为首任校长。杭州中等商业学堂是浙江省新式商业教育之先驱，也是全国最早创办的商业专门学校之一。

首任校长郑在常（1872—1916），民国初期杭州颇有影响的教育家

## 2. 忠于商

百余年的风雨兼程和历经沧桑，12 次迁址、16 次更名，学校从一所旧式的中等商业学堂，发展成为今天有鲜明商科特色、现代化的全国知名财经类大学，学校的校名始终没有离开一个"商"字。

杭州中等商业学堂（1911 年 3 月 15 日—1912 年 8 月）

浙江公立中等商业学校（1912 年 8 月—1913 年冬）

浙江省立甲种商业学校（1913 年冬—1923 年 8 月）

浙江省立商业学校（1923 年 8 月—1926 年春）

浙江省立商科职业学校（1926 年春—1928 年 8 月）

浙江省立高级商科中学（1928 年 8 月—1929 年 5 月）

浙江省立高级中学（商科）（1929 年 5 月—1933 年 6 月）

浙江省立杭州高级中学（商科）（1933 年 6 月—1938 年 6 月）

浙江省立临时联合中学（商科）（1938 年 6 月—1939 年 8 月）

浙江省立临时联合高级中学（商科）（1939 年 8 月--1942 年 9 月）

非独立办学，但仍保留商科专业

浙江省立高级商业职业学校（1942 年 9 月—1953 年 1 月）

浙江省杭州商业学校 （1953 年 1 月—1963 年 7 月）

商业部杭州商业学校 （1963 年 7 月—1970 年 8 月）

杭州师范学校（1970 年 8 月—1973 年 8 月）

"文革"时期，非正常办学

浙江商业学校（1973 年 8 月—1980 年 5 月）

杭州商学院（1980 年 5 月—2004 年 5 月）

浙江工商大学（2004 年 5 月至今）

学校历史沿革

明德惟馨

### 3. 践行商

　　1911 年，杭州中等商业学堂初创时的办学宗旨是："以授商业所必须之知识艺能，使将来实能从事商业为宗旨；以各地方人民至外县外省贸易者日多为成效。"学校作为实业学校，以教授商业所必须之技能为目的，除正常的课程授课外，积极为实践教学创造条件，例如设立打字练习室、银行实习室、交易所实习室和学校商店等，组织学生去商业较发达的地方参观考察，调查和体会当地商情，撰写调查报告书。

1915 年，浙江省立甲种商业学校设立打字练习室，图为学生练习场景

1916 年，浙江省立甲种商业学校设立银行实习室，1919 年扩建，图为学生实习场景

1920 年，浙江省立甲种商业学校设立交易所实习室，图为学生实习场景

大陳市江左多山江同前
右多平地大
陳市據江右
岸水勢滄急則
衝融右岸
危及村莊

舊河床已淤堰多崩壞
塞河流汜濫而於江右爲
無定有侵入尤甚
市中之勢

大陳市前而堰壞平
之堤已在修田變爲
築入千元已集沙邱村
欺滿之計惟莊化爲
無所聞
琉潴之可澤地爲
慨也

二

調查貨棧報告書

上海

一西式貨棧

外人貨棧之開設在輪船公司設立之後而上海則較各處爲先各輪船公司在中
國以上海爲根據地爭設貨棧以便所屬輪船搬運貨物且爲吸收貨物之機關不
獨保管所運之貨卽與單純棧業相類之營業亦兼爲之上海貿易雖至繁盛然究
之獨立棧業仍不見發達是卽因工業不進步無須長期之貯藏有以致之也
上海小買賣向照英國慣例採單一證券主義棧中收貨時發碼頭艙單（Wharf

1953 年开始，学校隶属商业部。1959 年开始，学校准备在此基础上筹建商学院，经过 20 年的努力（中间因国家遭受严重困难和"文化大革命"而 2 次被搁置），终于在 1980 年 5 月由国务院批准建立杭州商学院。学校为社会尤其是商业部各领域源源不断地输送优秀的商业人才。曾任商业部教育局局长的程雨村同志，曾亲自同时任书记的宗树义同志说："我们调查了分配到部机关工作的大中专毕业生的情况，发现你校毕业生政治素质好，动手能力强，工作态度好，受到各司局的一致好评。"改革开放后，随着经济的发展，社会对于人才的需求呈现多元化，学校逐渐建立起基于"一体多元"的人才培养体系，除了第一课堂学习，同时实施创新创业实践第二课堂、校内校外实习实训第三课堂、第二校园求学第四课堂和学生社区成长第五课堂，以培养素质全面的大商科人才。

1989 年，学校餐旅管理专业学生在酒店实习

1991年，科研项目"高纤维营养保健品"成果投入商品生产之样品——"麦宝"的外观

1992年，科研项目"黄浆水开发利用研究"成果投入新型啤酒生产

1995年，学校举办首届模拟法庭

食品学院学生全身心投入科学实验

学校承办第六届浙江省国际"互联网+"大学生创新创业大赛

学校在第六届"挑战杯"全国大学生创业计划竞赛中创历史最佳成绩

# 校训读初心

### 1. 校训设立

浙江工商大学的前身为创办于 1911 年的杭州中等商业学堂，这是一所领中国之先、最早开始培养商科人才的学校。学校于 1913 年定"诚毅勤朴"为校训。

"诚毅勤朴"校训言简意赅，精练凝重，意味深长。2011 年百年校庆时，结合学校发展和时代要求，学校对校

校训石

训做了新的解读。所谓"诚"即诚信、真诚，意在培养诚实守信、襟怀坦荡之品格；"毅"即坚毅、刚毅，意在磨砺开拓进取、坚定执着之意志；"勤"即勤奋、勤勉，意在养成刻苦学习、不懈探索之习惯；"朴"即朴实、纯朴，意在追求朴实自然、从容淡定之境界。这一校训既是学校的办学理念，也是对师生的谆谆教诲和殷切期望。

校训文化产品
（供图张永升）

19世纪30年代的校训释义
（图来自杭高校史馆）

## 2. 校训传承

"诚毅勤朴"这一校训在 100 余年的办学历程中代代相传，勉励和影响了一届又一届的毕业生，塑造出一批又一批像骆耕漠、章乃器那样的英才俊杰。

民国三十七年（1948）学校教师张之桢（曾任学校校长）在学校刊物《高商通讯》37 周年校庆纪念特刊上发表名为《校训刍言》的文章。张之桢认为"礼"即为"理"，理的根据是建筑在诚之上；"义"字的拆解意思是为大我着想、牺牲

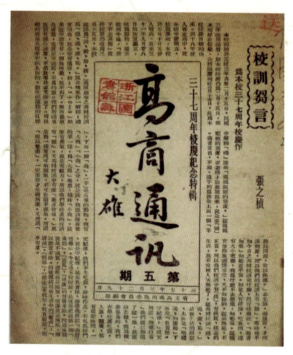

张之桢老校长撰写的《校训刍言》

小我，这样的境界需要有勇气，也就是要有校训中的"毅"；"廉"为"廉者俭也"，俭以养廉，所谓勤以开源、俭以节流，必先勤，而后俭，才能廉，所以我们校训上有"勤"；"耻者治也"，知耻近乎勇，官僚作风尽情享受，又不知节约，就是无耻，所以校训中有"朴"，朴实、朴素的生活，就不致被人笑无耻。同时认为"诚毅勤朴"校训具有传承性和延续性。

学校几经变迁，"诚毅勤朴"校训在新时代被重新确认的过程中，也经历了反复讨论、修改和提炼。

1987 年，杭州商学院曾立校风为"立志·勤奋·求实·创新"。当时，学校认为创造一个优良的环境，对提高教育质量和学院的声誉、培养"四有"合格人才，会起促进作用。于是，学校通过在校报开设专栏开展新校风问题大讨论，开展校风校纪集中教育，校领导在各种重要场合的讲话中反复强调这"八字"校风，号召全院师生员工为建设和发扬优良校风而努力。随着校风建设的深入开展，"立志·勤奋·求实·创新"八字校风逐渐被当作校训使用，2004 年，明确作为校训上报教育部。

1987年10月20日，校报第12期刊登了学校校风

2001 年，有老师对"八字"校训提出修改建议，认为：这个校训太普通，缺乏特色，而沿袭多年的"诚毅勤朴"老校训具有一定的历史意义和文化内涵，符合《公民道德建设实施纲要》倡导的"爱国守法、明礼诚信、团结友善、勤俭自强、敬业奉献"的基本道德规范，也合乎其要求全社会大力宣传和弘扬"解放思想、实事求是，与时俱进、勇于创新，知难而进、一往无前，艰苦奋斗、务求实效，淡泊名利、无私奉献"的时代精神。因此，要求恢复"四字"校训。2006 年，学校开展了新校训评选活动，在 2 个多月时间里收到 100 多条新校训建议方案，其中既体现优良传统又反映时代特点的"四字"校训获得了广大师生的肯定，学校党委重新确定"诚毅勤朴"为浙江工商大学校训，从此，尘封多年的老校训又恢复了昔日的光彩与生机。2009 年，为迎接学校百年华诞，全面展现学校形象，学校再次向校内外师生征集学校校训，在诸多建议方案中，"诚毅勤朴"四字校训仍旧得到了大家的高度认可，进一步证明了百年校训"诚毅勤朴"的生命力和跨时代性，证明了"诚毅勤朴"校训与社会主义核心价值观一脉相承，更与"自强不息、坚忍不拔、勇于创新、讲求实效"的浙江精神相契合。

2006年，新校训评选，"诚毅勤朴"校训脱颖而出

2011年，《百年校庆特刊》刊登了对"诚毅勤朴"校训的新解读

# 校歌谱使命

## 1. 校歌设立

1919 年，受五四新文化运动的影响，一些学校建立了音乐系（科），校歌就是在这样的背景下逐渐兴起的。浙江工商大学校歌最早可以追溯到 20 世纪 40 年代的浙江省立高级商业职业学校时期，其作曲者是学校的音乐教师吴作求，作词者是民主主义革命家胡颖之。

其歌词为："国家当富强，始基端在商。计然范蠡浙之光，古今人才遥相望。我校历史已久长，息游湖山仍郁苍。四科设教如网纲，学成致用实效彰。同表东海风泱泱，同表东海风泱泱。"歌词大意是："国家要富强，首先兴商业。浙江自古商业繁荣，春秋时期的范蠡就是浙商的典范，现在浙江商业欣欣向荣，古代浙商与今日浙商先后相继。在浙江商业氛围中成长的我们这所学校，办学历史悠久，人才济济。几千年前孔圣人就以四科设教（德行、言语、政事、文学），我校学子理应学以致用、报效国家。东海之滨、钱潮之畔的我校学子应力争为典范。"校歌告诉人们，无论在烽火连天的艰难岁月，还是在国泰民安的建设年代，浙江工商大学都为国家的富强兴旺培养着一批又一批品学兼优的大商科人才。

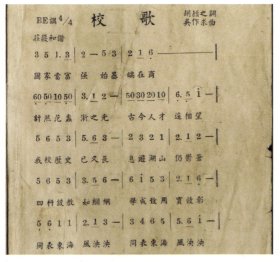

1949年5月，《浙江省立高商一览》中刊登的校歌歌谱

用楷书写的校歌歌词，更具韵味（供图张永升）

## 2. 校歌传承

因各方面原因，学校几经变迁，校歌一度失传。2009 年，为迎接学校百年华诞，促进学校文化建设，学校组织开展校歌征集活动。此次校歌征集共收到 12 件作品，经评选讨论，没有令人十分满意的作品。校档案馆在整理历史资料时，发现了这首 20 世纪 40 年代浙江省立高级商业职业学校时期的校歌，歌词既有厚重的历史感，又富有现代感，还体现了学校办学的商科特色。于是这首庄严而和谐的歌曲，就重新成

矗立在学生活动中心边上的校歌石

2015年，学校举办“情系商大　校歌飞扬”师生合唱比赛

为浙江工商大学校歌。

　　校歌和声动听，起伏有致，在热情的歌声中，学生的情感及精神受到充分感染，从而引起共鸣。校歌鞭策并激励着商大学子奋勇当先。

　　校歌确定后，学校非常重视校歌的传唱。通过举办师生合唱比赛（校歌为必选曲目之一），在校庆纪念日、学校重大节日、开学典礼等重大场合合唱校歌，制作校歌MV，在学校网站、广播台播放校歌，营造人人会唱校歌、人人熟唱校歌的氛围，使传唱校歌成为弘扬商大精神的风景线。

在开学典礼上合唱校歌

# 校标显芳华

## 1. 杭州商学院时期校标

在 1991 年建校 80 周年之际，学校曾经设计过一个校标，设计者为学校教师张永升。其图案为由钱币、铆钉构成的"品"字结构，体现了杭州商学院正面建筑的布局，象征商业是联系工业与农业、生产与消费的桥梁。其寓意为：年轻的杭州商学院正以勃发的英姿屹立于全国高校之林，全校师生正团结一致、艰苦奋斗，为把杭州商学院建设成为一流的高等学府而努力奋斗。

1991年启用的杭州商学院校标

## 2. 浙江工商大学时期校标

2004 年，教育部要求全国各高校上报校训、校徽和校歌。借此机会，学校向师生征集新校标。经过反复评选，最后决定在保留原校标"品"字核心结构的基础上做细节的调整和名字的更改。中间圆形折线部分由"浙""商"二字拼音首字母"Z""S"提炼合成；中间的圆形图案上下分别为半个钱币和铆钉，代表"商"与"工"，意为工商；环形叶子，意为大学重在教书育人，教师甘当绿叶，扶植、培养优秀人才。整个图形稳重大方，寓意为：全校师生团结一致，争创一流，努力把学校建设成教学研究型大学。

2004年启用的浙江工商大学校标

2011 年，为迎接建校 100 周年，学校再次向师生征集新校标，先后收到设计稿 24 件。经过筛选，艺术设计学院团队创作的校标入选。后经多次修改和完善，于 2011 年 3 月 24 日启用。校标的标识核心图形如同大树，具有"百年树人"的意蕴，与百年商大遥相呼应；又像打开的书本和仁立的宝塔（象牙塔），寓意为教书育人和崇尚学术。标识核心图形顶端向上飞翔的曲线，既像滚滚向前的钱江潮，又像展翅飞翔的海鸥，寓意师生奋发向上，在知识的海洋中遨游。标识的设计元素由学校校名的简称"浙（Z）商（S）大"构成，具有较强的识别性。标识底部两侧的橄榄枝，象征和谐和平与生机活力。标识的标准色为宝石蓝和橄榄色，使标志具有深邃广袤的想象空间。

2011年启用的浙江工商大学校标

2017 年，因教代会提案建议，学校对 2011 年校标又做了一些修改，保留了 2011 年校标的核心元素，增加了中英文校名。中英文校名围绕主图形，组成环形组合，强调学术性和庄严感，可满足特殊场合的使用需求（如：供师生员工佩戴的圆形徽章、奖状等证书所需钢印）。新校标于当年 9月启用。

2017年启用至今的浙江工商大学校标

# 第二篇

# 旖旎风光

# 千帆过尽

浙江工商大学迄今已有 110 年的办学历史,中间经历了 12 次迁址。

杭州市马市街黄醋园巷校址( 1911 年 3 月—1914 年春 ): 1911 年 3 月 15 日,在杭州市马市街黄醋园巷杭州高等小学堂旧址正式成立杭州中等商业学堂。1912 年 8 月学校改为省立,易名为浙江公立中等商业学校。1913 年冬,易名为浙江省立甲种商业学校。次年春搬离。

杭州市马市街黄醋园巷校址今貌

杭州市贡院前平安桥堍校址（1914年春—1927年7月，1929年5月—1937年7月，1946年10月—1951年夏）：学校共3次迁入迁出贡院前平安桥堍。第一次是1914年春，学校搬至贡院前平安桥堍，即以原浙江两级师范学堂（现杭州高级中学）部分校舍为校址。1923年8月，学校易名为浙江省立商业学校。1926年春又易名为浙江省立商科职业学校。1927年7月搬离。

1914年春—1927年7月，杭州市贡院前平安桥堍校舍

第二次是1929年5月17日，根据浙江省政府决议，将省立一中、二中的高中部和省立高级商科中学合并组成浙江省立高级中学，设文、理、师范、商四科，以贡院前原省立一中校舍为校址。1933年6月，学校易名为浙江省立杭州高级中学。1937年7月搬离。

第三次是抗战胜利后，1946年10月，浙江省立高级商业职业学校迁回贡院前平安桥堍原浙江省立甲种商业学校校址。1951年夏搬离。

浙江省立高级中学大门

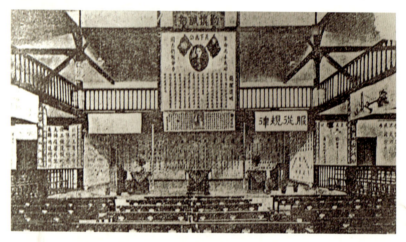

浙江省立高级中学大礼堂

浙江省立高级中学校内场馆设施

杭州市直大方伯校址（1927 年 7 月—1928 年 8 月）：
1927 年 7 月学校迁入直大方伯原省立一中校舍（现为解放路浙医二院）。次年 8 月搬离。

直大方伯校址校门（原省立一中校舍）

杭州市蒲场巷（今大学路）钱塘道尹公署旧址（1928 年 8 月—1929 年 5 月）：1928 年 8 月，学校更名为浙江省立高级商科中学，迁入蒲场巷（今大学路）钱塘道尹公署旧址。1929 年 5 月搬离。

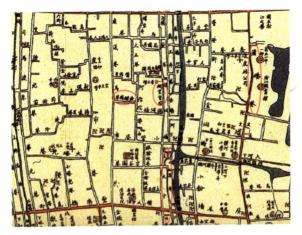

蒲场巷（今大学路）所在位置（靠近原省立一中）

金华琐园校址（1937 年 7 月—1937 年 12 月）：1937 年"七七"事变发生后，省立杭州高级中学分批前往金华琐园办学。同年 12 月 24 日杭州沦陷，又迁往丽水。

金华琐园严氏宗祠校址

丽水碧湖镇校址（1937 年 12 月—1942 年 7 月，1942 年 9 月—1946 年 1 月）：学校共 2 次迁入迁出丽水碧湖镇。第一次是 1937 年 12 月省立杭州高级中学由金华琐园迁至丽水，1938 年 6 月省政府决定将南迁的省立杭州高级中学、杭州师范学校、省立杭州初级中学、省立杭州女子中学、省立嘉兴中学、省立湖州中学、杭州民众教育实验学校7所学校合并成浙江省立临时联合中学，校址设在丽水县碧湖镇。1939年8月将初中分出单独建校，改为浙江省立临时联合高级中学（以下简称"联高"）。1942年7月，金华、丽水相继沦陷，学校紧急撤离。

20世纪30年代，浙江省立临时联合中学教室外景（碧湖龙子庙外）

1940年，联高第一届毕业生合影

联高理化实验室（碧湖广福寺）

第二次是1942年9月5日，省教育厅将商科从联高划出单独成校，定名为浙江省立高级商业职业学校，以丽水县碧湖镇原联高校舍为校址。1946年1月搬回杭州。

20世纪40年代，浙江省立高级商业职业学校丽水碧湖校址校园

青田县南田镇校址（1942年7月—1942年9月）：1942年7月10日，联高连夜撤离丽水碧湖，师生由外舍顺小溪而下岭根，弃船越岭30里至南田镇。联高到达南田后，在省督学许明远等人的沟通下，以建于明天顺三年（1459）的刘基庙为校舍，刘伯温家族的廷晓公祠、松岩公祠、谷阳公祠、地主庙等成为实验室、图书室及学生宿舍。同年9月搬离。

刘基庙：战时联高文成南田办学地（联高礼堂）

文成南田鸟瞰图

刘基庙今貌

浙江省立高級商業職業學校三十五年夏普通科會計科及附設初級商科畢業班師生攝影

杭州市银洞桥绸业会馆校址，图为毕业班师生合影

　　杭州市银洞桥绸业会馆校址（1946年1月—1946年10月）：抗战胜利后，浙江省立高级商业职业学校于1946年1月迁回杭州，暂租银洞桥绸业会馆作为校舍过渡。同年10月搬离。

杭州市西湖金沙港校址（1951年夏—1960年夏）：1951年夏，学校迁至西湖金沙港原杭州市立中学校址。1953年1月，根据教育部关于统一中等技术学校名称的规定，学校改名为浙江省杭州商业学校。1960年夏，学校搬离。

20世纪50年代，浙江省杭州商业学校西湖金沙港校址

金沙港校址校舍

1954年，浙江省杭州商业学校大门，图为毕业班合影

文思相望

杭州市教工路、文二路校址（1955年至今）：学校从1955年起在文二路新校址建起了礼堂（兼膳厅）、部分学生宿舍和教工宿舍。1960年暑假，经省委财贸部批准，学校全部迁至教工路浙江省财贸干校商业班原址，文二路校址作为分部。1963年7月，学校由商业部直属，改名为商业部杭州商业学校。1965年夏，文二路校址建成5000平方米的教学楼，校本部又迁至文二路，教工路校址改为分部。1973年，浙江省革命委员会决定恢复商校，将学校改名为浙江商业学校。1980年5月，国务院批准学校升格为杭州商学院，本部设在教工路。1999年3月，杭州化学工业学校和杭州应用工程学校并入杭州商学院。2001年5月，浙江省政法管理干部学院并入杭州商学院。

文二路校址（图为浙江商业学校时期校门）

杭州商学院教工路校区

杭州化学工业学校

杭州应用工程学校

浙江省政法管理干部学院

杭州市下沙校址（2003年9月至今）：学校下沙校区位于学正街18号，从2002年开始兴建，2003年开始搬入，占地1680亩。2004年5月17日，教育部批准杭州商学院更名为浙江工商大学，本部设在下沙。

下沙用地原始地貌

浙江工商大学下沙校区

浙江工商大学下沙校区教学区

# 良辰美景

### 出蓝园

青出于蓝，商脉承传。

"出蓝园"寓意"青出于蓝而胜于蓝"，是学校教工路校区建于 19 世纪 80 年代的负有盛名的人文景观和休闲场所，承载了诸多校友的美好记忆。2015 年，学校对下沙校区教学区东南角的 320 亩预留建设用地进行改造，建设下沙"出蓝园"。园内仿建旧园古亭，保留了"陶朱亭"亭名，两侧增设楹联"吴越青山思浣女，钱塘义贾守初心"（作者：汤拥华）。园内新增校友手印墙，分享学校杰出校友和优秀毕业生的寄语。

这里承载着从教工路校区走出来的老校友对母校的美好回忆，是学校与老校友记忆的联结，也代表着学校对学子"青出于蓝而胜于蓝"的寄望。

教工路校区出蓝园

下沙校区出蓝园

下沙校区出蓝园内校友手印墙

### 蒹葭渚碑

蒹葭苍苍，百世风华。

蒹葭渚碑位于下沙校区文科实验楼东面的芦苇荡旁，将景致与文化无缝结合，风貌代表新校区"史前"湿地，碑文由人文学院李玲玲老师撰写。学校也力求通过设立石碑介绍学校原有地貌及校园建设过程，勾勒原始生态与文化生态相融合的校园文化景致，记录校园历史变迁的自然风貌与时代变革的人文意蕴。

过去的荣光与流传的精神，一代代地传承与发扬，直至今日。

文思相望

蒹葭渚碑

向阳花笑

油菜花开

## 浙商大花海（葵园／油菜花地）

春之声，秋之韵，芬芳园地育新生。

在这片独属于浙商大的花田里，春天会收获朝气蓬勃的油菜花，秋天会收获生意盎然的向日葵，它们寓意浙商大学子"有才华"，是朝气蓬勃的"向阳花"。花田里绚烂的景色、四溢的花香吸引着浙商大学子纷纷前往留影。一朵朵盛开的鲜花、一张张青春的脸庞在浙商大的沃土上，绽放出最耀眼的光华。

## 百年校庆纪念门

兴学育人，风雨兼程；百年商大，岁月峥嵘。

百年校庆纪念门建成于2011年5月百年校庆时，是仿照建校初期的老校门设计建造的，使跨越两个世纪的学校相互联结。驻足纪念门前，看着门正上方的"1911"和阳光下熠熠生辉的红砖，我们仿佛回到了100多年前艰难的创校初期。那是一个战火纷飞的年代，同时也是有为人士兴办教育、开启民智的年代。纪念门是百年商大历史与传统的象征，100多年来，一代代浙商大学子走进校门追求科学知识，完善精神品格，成长成才，走出校门服务社会，为校争光。

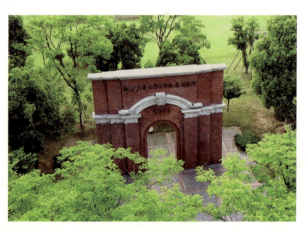

百年校庆纪念门

## 浙商大百年纪念鼎

百年华诞，鼎铸商魂。

纪念鼎以国家博物馆中的后母戊方鼎为原形，大小是其3倍，鼎立高6米，身高3.99米，宽3.30米，边宽2.34米，重达7吨。该纪念鼎由贝因美集团创始人谢宏在学校百年校庆之际捐赠，他曾就读于浙江工商大学前身杭州商学院的食品卫生专业。

鼎具有诚信之意，这也契合着浙商大"诚毅勤朴"的校训，是浙商大精神的体现，它既象征着前辈先贤们的创业创新精神，也展现着浙商大人勇立潮头、问鼎一流的雄心壮志。

浙商大百年纪念鼎

**百十周年纪念墙**

悠悠商大，百十芳华。

为迎接学校 110 周年校庆，学校确定在教学区树立一堵百十周年纪念墙，由宣传部牵头负责。纪念墙高 4.1 米（杭州商学院成立到现在共41 年），长 11 米（浙江工商大学迄今已有 110年历史），正面力求以徽式砖雕形式展现学校历史变迁，背面以文字形式介绍校史变革，选址考虑既和百年校庆门相呼应，又靠近鸽子广场，将校史与景观相融合，在潜移默化中加强校史校情宣传教育。

百十周年纪念墙

## 青春广场

守护希望，放飞梦想。

下沙校区的青春广场这个名字取自教工路校区的青春广场，是一个圆形广场，从空中往下俯瞰，广场、石凳、绿化一起构成了一张笑脸。广场边上有2座鸽房，常年有鸽子在自由自在地飞翔，在校内又称"鸽子广场"。每周一早晨，庄重的升旗仪式在这里举行；同时这里也是同学们开展社团活动和晨读早练的绝佳场所。一只只鸽子在广场上扑腾着希望的翅膀，纯白的毛色仿佛一支支画笔，点缀着周边五彩斑斓的景象，别有一番风味。伴随着"咕咕"的鸣叫和"扑通扑通"挥动翅膀的声音，梦想和希望在这里启航。

青春广场

## 校友林

根深叶能茂，学子母校情。

校友林是靠近湖边的一片红梅林，平时树枝纵横，冬日白雪点点，非常漂亮。红梅周围是银杏树，这里的每一棵树、每一块石头，校友都可以认领，并刻上他们的名字。游子母校情，共建校友林。

校友林

## 诗书长廊

书香馥郁浓似墨，光影斑驳映长廊。

诗书长廊分东、西二区，以楹联的形式展现中国传统优秀文化和杭州的历史文化。东区文化长廊展现的是历代文人对杭州美景的吟咏，分春、夏、秋、冬4个部分，一幅幅美丽的杭州风情图在长廊间悄然展开。西区文化长廊展现的是《诗经》《红楼梦》等古代文学著作中的名句，历史文化的风韵穿越时空，回荡在长廊两侧。

诗书长廊（东）

诗书长廊（西）

## 墨湖

静潭碧玉，墨湖情深。

　　四年书山径，血汗凝墨湖，这是位于图书馆前的墨湖的真实写照。王羲之十年练字，濯笔于碧泉，使碧泉化为墨池的故事，正是墨湖名字的由来，这代表了学校先辈对浙商大学子要勤奋学习的期望，也是每个学子奋斗拼搏的见证。欣赏墨湖风光的最佳时间是暮春微雨时，从图书馆楼中俯视墨湖，其形状呈半月形，潭水幽深，仿若碧玉。

墨湖

**扬帆起航**

扬帆乘风，起航破浪。

海礁石和滩景，构架起江对海的情意。石块似帆，似船，象征着学子扬起知识之帆。

扬帆起航

**求知泉**

时光荏苒，似水流年。

鳞次栉比的石头将求知泉围成了一个圈，清澈见底的泉水中倒映着随风飘拂的柳枝，四季变幻，柳枝常在。环形的石级上，留下了一届又一届学生的足迹

求知泉

## 月亮湾

月似银钩，天朗气清。

半环状的白石犹如一轮弯弯的月牙，镶嵌在碧绿的湖水和草地中间，别有一番宁静之美。小小的月亮湾在周围教学

月亮湾

楼的映衬下，显得十分静谧悠然。这正代表了学校先辈们对浙商大学子的期许，唯有保持宁静致远、平稳沉着的心境，才能厚积薄发、有所作为。

# 窗明几净

让每一面墙"说话",让每一个空间"活"起来。

2015年,学校被确定为全省高校文化校园建设12所试点高校之一,之后,学校将文化校园建设列入学校重点工作之一。为进一步深入开展文化校园建设工作,由宣传部牵头,学校每年给予一定经费支持,开展校内文化校园建设示范点建设项目。目前已基本建立了涉及八大领域的示范点,分别是经典文化展演示范点、学生创新创业示范点、国际文化体验示范点、红色党建示范点、公寓"家"文化示范点、师生交流空间示范点、学习空间示范点、楼宇文化示范点。通过示范点建设项目,学校逐渐打造了一批能反映部门和学院文化特色、影响力强、可对外展示的示范点,进一步增强校园文化环境的思想性、教育性、文化性、艺术性。

## 1. 经典文化展演示范点

外国语学院"走进经典 引领成长"文化拓展：

莎剧文化走廊　　　　《英文莎剧优秀剧目展演汇编》手册

莎剧优秀剧目展演剧照

## 2. 学生创新创业示范点

信息与电子工程学院"E车间"＋学生众创空间：

E车间

文思相望

创新创业学生成果展示

学生众创空间

校团委"智汇商大"学生科技创新服务中心：

"智汇商大"学生科技创新服务中心

## 3. 国际文化体验示范点

东方语言与哲学学院日本文化体验中心：

日本文化体验中心场馆

日本文化体验周活动

## 东方语言与哲学学院阿拉伯文化体验中心：

阿拉伯文化体验中心活动室

阿拉伯文化体验中心场馆

国际交流与合作处浙江工商大学法语联盟：

法语联盟活动室

法语联盟交流活动

## 4. 红色党建示范点

艺术设计学院开启"红色之窗",开创智慧党建"示范点":

党员之家

## 5. 公寓"家"文化示范点

杭州商学院儒雅"塘塆书院":

塘塆书院门厅

杭商小私塾

食品与生物工程学院"修于陋室 育以德馨"示范点：

食品与生物工程学院公寓楼文化

## 6.师生交流空间示范点

宣传部"商宣"交流吧：

"商宣"交流吧

计算机与信息工程学院"青春 E 站"示范点：

青春E站

数学学院统数咖啡吧：

统数咖啡吧操作台

统数咖啡吧彩绘墙

公共管理学院公共交流空间：

公共交流空间

## 7. 学习空间示范点

享受悦读·珍惜时光——"悦读·时光"校图书馆阅读空间改造项目：

图书馆阅读空间

## 8. 楼宇文化示范点

统计与数学学院：

统计与数学学院主题墙

法学院：

浙籍法学家长廊

泰隆金融学院：

泰隆金融学院特色展示区

国际教育学院：

"展千年历史，览锦绣中华"文化长廊

第三篇

# 追星赶月

# 诲人不倦
## ——思想政治工作导师制

1989 年，学校在总结集中政治教育经验基础上，做出实行学生思想政治工作导师制的决定。每个学习小组配备一名导师，由具有讲师以上职称的教师和处长、政工部门干部担任。实行学生思想政治工作导师制的目的在于切实加强学生的思想政治工作，坚持社会主义高等学校正确的政治方向，培养德、智、体全面发展的合格人才，把高等学校建设成坚持四项基本原则、反对资产阶级自由化、培养社会主义事业可靠接班人的坚强阵地。

在 1989—1995 年的 6 年时间里，先后有 193 名导师深入学生中，指导时事政治学习，做深入细致的思想政治工作。这不仅受到了学生的欢迎，密切了师生关系，而且加强了教师的荣誉感和责任感，使其有效地将教书育人工作落到了实处，思想政治工作由此打开了新局面。学校实行学生思想政治工作导师制，受到省委的肯定，并在浙江省高等学校党建工作会议上介绍经验，《浙江日报》《中国教育报》《中国商报》以及浙江电视台、江苏电视台等媒体都做了相关内容的报道。

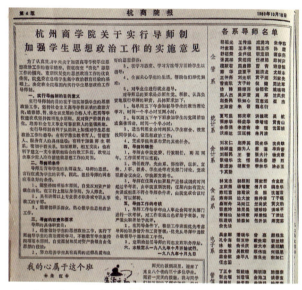

1989年10月18日，校报刊登了实行学生思想政治工作导师制的实施意见和导师名单

学校定期召开导师工作经验交流会

# 春风化雨
## ——子女战略

　　为让学生在严格要求与热情关爱中健康成长，1997年，学校开始推行"子女战略"。这一战略的基本内涵是：在教育、培养学生的指导思想上，要视学生为子女，尊重学生、信任学生，牢固确立学生在教育教学活动中的主体性地位；要急学生所急，想学生所想，办学生所需，在全校树立和形成以学生的成长成才为根本的教学观、工作观；要从严治学，充分挖掘学生潜能，全面调动学生的积极性、主动性和创造性，促进学生自由而全面地发展。

　　为使"子女战略"付诸实践，学校推出了六大举措：一是通过给新生寄教材、抓早读和晚自习、设立"英语寝室"、鼓励学生考研和考公务员等举措，营造良好的学习风气，让学生在不懈拼搏中成长；二是通过大力开展师德师风建设、引进和培养高级人才、为教师创造良好的教学环境等举措，让学生在教师的精心培育中成长；三是通过开展"读写议"教学模式、推行"学评教"制度、提升学生对学校管理的参与度等举措来确立学生的主体地位，让学生在自主意识与主人翁意识的培养中成长；四是通过建立"五当代"形势与政策教育教学体系、开展"班级学风建设竞赛和评估活动"等举措来创新思政教育模式，让学生在理想信念的树立和集体主义精神的培养中成长；五是通过设立书记和校长信箱、邀请家长参加毕业典礼、开展"百名家长进校园"活动、赠送校报等举措，和学生、家长架起有效沟通的桥梁，让学生在民主与和谐的氛围中成长；六是强化服务意识，通过设立考研寝室和考研教室、慰问考研学生、专门设立学生财务报销窗口等举措，让学生在温暖的大家庭中成长。

"子女战略"的实施，得到了广大师生的普遍响应和支持，得到了学生家长的广泛赞同，也得到了社会的关注和上级领导的好评。由此，"子女战略"逐渐成了学校培养学生的一大特色。

学校召开实施"子女战略"优秀辅导员经验交流会

"英语寝室"首创人胡祖光（时任浙江工商大学校长）与"英语寝室"学生进行英语交流

文思相望

外教到"英语寝室"011012（10-234）学生寝室辅导英语口语

# 桃李成蹊
## ——"寻找身边的感动"

2005 年,"寻找身边的感动"活动首先在杭州商学院试点开展,旨在通过寻找身边触动广大师生心灵的事迹和人物,挖掘其平凡中蕴含深刻道德价值的教育元素,凝聚成为

"寻找身边的感动"LOGO

浸润师生心灵、触击师生心弦的独特力量,引领广大师生在处处洋溢着感动力量的和谐校园文化生态中共同成长。2008年,该活动被评为学校"十佳校园文化品牌",并开始在全校推广。同年 9 月,校团委下发《关于开展"心存感恩,共创和谐"主题活动的通知》,以团支部主题团日活动的方式,将"寻找身边的感动"向学生班级延伸。2011 年,校党委下发《关于深入开展"寻找身边的感动"活动的通知》,在全校师生中掀起寻找和挖掘身边感动、体悟和传递心灵触动、分享和升华精神振动的校园文化热潮。

"寻找身边的感动"以柔性引导为原则,以"感动"为主线,有针对性地寻找贴近校园、贴近师生、贴近生活的感动人物和事迹,深度挖掘平凡却可贵的触及师生心灵的精神力量,借以寻找感动典型、挖掘感动力量、分享感动体悟、弘扬感动精神,进而激荡心灵、振奋精神,不断提升学生和教师的思想政治素质和道德修养境界。为此,学校建立了学校、学院、班级连通互动的三位一体"感动线索"征集评选平台,形成了"感动活动"进学生班级、进党团支部、进学生组织的全方位开展机制和"DV记录感动""舞台重现感动""媒体传播感动"的"感动典型"宣传推广体系。

在"寻找身边的感动"活动中,学校发掘出许多触及师生心弦的感动典型:有不辞辛劳,细致入微,坚持每年为每一个学生寄写新春祝福的辅导员;有与癌症抗争,不畏病痛,坚持指导学生开展创新创业的指导教师;有十五年如一日,背着母亲上学的"中国大学生自强之星";有组织赈灾义卖,支援四川地震灾区和服务震灾伤员转移的青年志愿者;等等。学校一方面通过各种媒体向全校师生宣传这些典型的感人形象和感动事迹;另一方面将这些感动典型人物和事迹作为案例,融入思想政治理论课、党校团校培训及新生入学教育。

"寻找身边的感动"活动受到媒体和社会各界的广泛关注,习近平总书记(时任浙江省委书记)看望我校参与义务献血的青年志愿者,时任省委书记赵洪祝给予活动很高的评价并做了批示,中央电视台、《光明日报》、《浙江日报》、《浙江教育报》等多家媒体先后报道活动开展情况。学校还组织拍摄和播放《光着脚丫的父亲》《徐波父子救人记》《冲在战

"疫"一线的后勤兵》等感人视频，举办以学校真实感人案例为题材的《不屈的生命》等话剧演出。校报每年设立"寻找身边的感动"专栏，十年如一日报道感动人物和事迹。同时，学校还编印了宣传画册，并将评选出来的感动人物和事迹结集成书，公开出版发行。2012 年，《汇聚点滴感动 浸润师生心灵——浙江工商大学开展"寻找身边的感动"活动》荣获全国高校校园文化建设优秀成果奖。2014 年，《浙江工商大学在"寻找身边的感动"中培育社会主义核心价值观》入选省委组织部编写的《"工作十法"100 例》。从 2017 年开始，学校每年将年度感动人物和事迹汇编成《浙商大故事》。在 2020 年省高校"寻找身边的感动"活动中，学校获得十佳视频作品奖（杭州商学院）、十佳摄影作品奖、十佳书画作品奖各 1 项，同时获得优秀组织奖。

习近平总书记（时任浙江省委书记）看望我校参与义务献血的青年志愿者

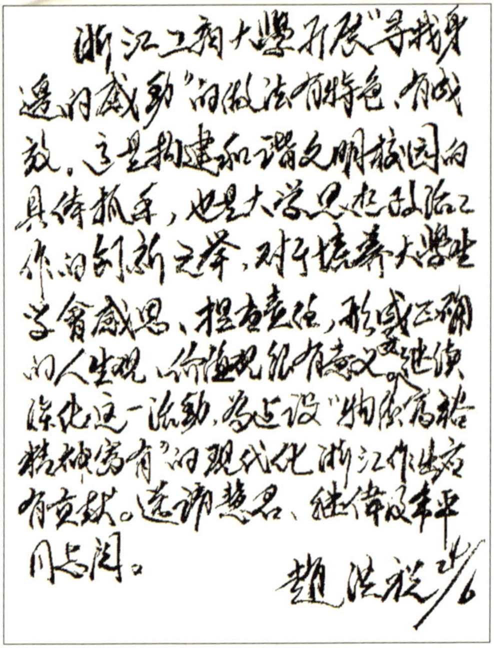

浙江工商大学开展"寻找身边的感动"的做法有特色、有成效。这是构建和谐文明校园的具体抓手，也是大学思想政治工作的创新之举，对于培养大学生学会感恩、担当责任，形成正确的人生观、价值观很有意义。要继续深化这一活动，为建设"物质富裕精神富有"的现代化浙江作出应有贡献。送谛慧君、继伟及本平同志阅。

赵洪祝

时任浙江省委书记赵洪祝批示肯定我校开展“寻找身边的感动”活动

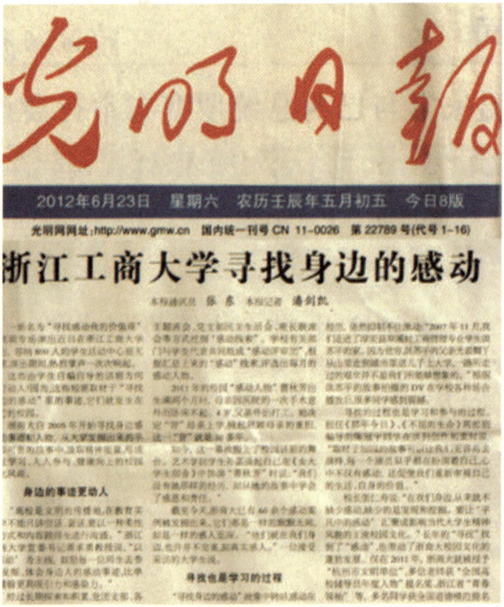

光明日報

2012年6月23日 星期六 农历壬辰年五月初五 今日8版

光明网网址：http://www.gmw.cn 国内统一刊号 CN 11-0026 第22789号(代号1-16)

# 浙江工商大学寻找身边的感动

身边的事迹更动人

寻找也是学习的过程

《光明日报》于2012年6月23日头版报道“浙江工商大学寻找身边的感动”活动

话剧
《不屈的生命》

话剧
《女大学生宿舍》

追星赶月

"寻找身边的感
动"话剧专场，
观众们被一个个
鲜活的感动场景
所感动

文思相望

同学们向"最美司机"默哀

到西部去，到欠发达地区去，到祖国最需要的地方去！

担架志愿者在工作

运动会颁奖结束后，所有人都走光了，只有他还留在那里奋力挥着院旗，嘴里高喊：杭商杭商，天下无双……

文思相望

大手握小手，传递知识，传播爱心，我们身体力行，实践着作为一名大学生的社会责任

正是他们在烈日下的辛苦工作，才让我们有了美丽、整洁、干净的校园

项目获高校校园文化建设优秀成果评选优秀奖

《我宣誓》获省高校"寻找身边的感动"活动"十佳摄影作品奖"

《尽绵薄之力》获省高校"寻找身边的感动"活动"十佳书画作品奖"

尽绵薄之力

亲爱的一线抗疫英雄们辛苦了!

感谢所有坚守在一线的"抗疫"英雄们!你们辛苦了!数以亿计的医用防护品、口罩、防护衣、希望、祝福和口罩等医护用品,可以对你们有所帮助!全国人民都在等待你们的平安回家!

中国加油

武汉加油

# 蒙以养正
## ——"五当代"报告

　　形势与政策教育是高校学生思想政治教育中的一项重要内容，学校一直十分重视大学生形势与政策教育。为提高形势与政策教育的有效性，1998年，学校将原来纯政治性的形势与政策报告拓展成学科面覆盖较广的"五当代"报告会体系。

　　"五当代"是当代政治、当代经济、当代法律、当代科技和当代文化的简称。所谓"五当代"报告会体系，一方面是指以更新、更宽广的视野，审视和丰富形势与政策教育的内容，将形势与政策教育与道德教育、人文教育、科学教育融为一体，即在形势与政策的教育过程中拓展和完善学生的知识结构；另一方面是指根据形势与政策教育内容涉及的学科领域，坚持以学科知识传授作为教育教学的逻辑起点，以思想政治教育作为教育教学的目的和归宿，即在形势与政策教学过程中营造理论探讨的学术氛围。"五当代"报告会体系寓思想政治教育于知识传授之中，以知识的力量和智慧的魅力吸引学生、感染学生和说服学生，从而增强了形势与政策教育的有效性。

在"五当代"报告会体系的实施过程中，学校一则积极构建"五当代"特色教育教学平台，按照"三贴近"（贴近社会、贴近学生、贴近生活）的原则，有意识地从当代政治、经济、法律、科技、文化等领域精选主题，精心组织"五当代"报告，努力构建一个吸引大学生踊跃参加、自觉拓展知识面的新平台，在潜移默化中使形势与政策教育通过知识传授达到思想教育的目的。二则建立有关职能部门与学院分工负责、齐抓共管的工作机制，将"五当代"教育教学活动列入工作计划和教学计划。在确定"五当代"教学选题、构建教学内容模块、组织教学师资队伍、安排教学时间等方面，坚持指令性教学计划与指导性教学计划相结合，以保障规定内容能够得到有效落实。三则加强师资队伍建设，组建一支相对稳定、质量高的学校"五当代"讲师团，并建立动态专家库，实现教学方法与教学手段的创新，以确保教学质量和效果。

"五当代"报告会现场

经过 20 年的不断探索、不断完善和不断实践，"五当代"报告已经成为校园文化的精品之一。2002 年获浙江省教育厅思想政治工作创新奖，2004 年获浙江省教学成果一等奖，2005 年获国家级优秀教学成果二等奖，2007 年被评为首批浙江省高校校园文化品牌，先后受到《光明日报》《中国教育报》《浙江日报》《浙江教育报》等媒体的报道。

**学校开设的"五当代"报告会主题（2016—2020 年）**

| 报告会主题 | 报告会主题 |
| --- | --- |
| 马克思主义宗教观 | 以法治思维和法治方式推进社会治理现代化 |
| 开放的中国 | 以人民为中心的社会治理现代化 |
| 当下数字化转型时代的网络安全与隐私保护 | 互联网思维与商业模式创新 |
| 经济形势、税收形势和中国的税制改革 | 阿拉伯语与阿拉伯文化 |
| 人工智能之机器人的前世、今生与未来 | 传统饮食智慧里的纳米科学 |
| 学习宣传贯彻党的十九大精神辅导报告 | 人工智能的教育前沿 |
| GDP 那些事儿——基于经济统计视角的考察 | 中国土地管理制度相关问题 |
| 英语学习与人文精神的培养 | 现代大学生的社会责任与职业修炼 |
| "跨界融合、精道敏行"——如何成为新时代的管理精英 | 大数据与商业创新变革 |
| 人脉圈子会创造价值吗？——社会网络管理前瞻 | 剪刀锤子布博弈中的社会循环和条件响应 |
| 国际法与当前中国国家利益的维护——以南海问题为例 | "互联网＋"时代的电商创新与创业 |
| 金融发展与经济转型——理解中国金融深化的进程 | 法律在你身边——大学生法律思维与法律素养的形成 |
| 抗战中的西南联大与人文精神的重构 | 十八届五中全会与两个一百年奋斗目标 |
| 商贸变革时代的创业新模式 | 当前经济金融形势与金融改革 |
| 与竞争为友——人类选择的绿色思考 | 平等与诚信——民商法视野中的精神关怀 |
| 什么是文学的正能量——从卡勒德·胡赛尼三部曲说开去 | 财商密码：浙商文化与创业智慧 |

2007年，"五当代"报告被评为首批浙江省高校校园文化品牌

《浙江教育报》对"五当代"报告会进行报道

# 同舟共济
## ——"TREES"学工文化

随着学校招生规模的不断扩大，辅导员及学生工作队伍也在不断扩大。为了打造一支政治坚定、作风过硬、有领导能力的优秀学工队伍，2010年学校开始推行"TREES"学工文化。

品牌LOGO：团队、责任、鼓励、平等、专业化

所谓"TREES"学工文化，是以团队（Team）、责任（Responsibility）、鼓励（Encouragement）、平等（Equality）、专业化（Specialization）5个关键词为其骨干，"职业发展伴随事业成功"为目标，"为学生成长成才服务"为使命，"率先成为区域性、有特色的学工团队"为愿景的关于加强学工队伍建设的思想体系。"TREES"学工文化的理念是：要求每一个学工干部的心中都种下一棵"树"，以"教育的树"践行"树的教育"，以"教育的果"引导"果的教育"。为此，学校通过坚持文化育人理念、提炼学工文化灵魂，搭建文化导引平台、构建学工文化格局，

建立文化培育机制、创新学工文化载体，完善文化制度体系、推动学工专业发展，不断提高辅导员的思想素养、工作水平和科学研究能力，积极推动学生工作队伍由实践型向实践研究型，再向研究型的加速转化，最终实现学工队伍技能化、职业化、专业化和专家化之目标。

学校将"TREES"学工文化建设列为校园文化品牌重点培育项目，纳入校园文化建设"十二五"发展规划，不断建立和完善"TREES"学工文化培育机制；通过开展全校辅导员职业技能大赛、十佳辅导员评比、辅导员名师工作室等活动打造"辅导员名师文化"，并在每一幢学生宿舍建立"TREES"工作室，把优秀辅导员的职业价值、工作信念、治学方法和人格魅力潜移默化地传承、传递和传播；通过开

学校举办辅导员职业能力提升专题培训活动

文思相望

学校举行第一届"十佳辅导员"评选活动

展学工文化 LOGO 征集、宣传活动，将其推广体现在辅导员的名片、T 恤、工作牌、文件袋、笔记本等工作载体上；通过创建"TREES"学工文化 QQ 群、微信公众号、"思政观察室"等网络平台，举办"学工杯"文体比赛、新老辅导员"TREES"文化沙龙等，不断深化和传播"TREES"学工文化理念。

学校运用先进的信息技术建立科学的学生工作管理系统、辅导员谈心谈话系统，建立省内第一支网络辅导员工作队伍，制定《辅导员工作手册》、《网络辅导员工作条例》、学生工作考评制度、辅导员公开述职制度、十佳辅导员评选办法和辅导员职级晋升办法，形成了完善的辅导员工作成长制度体系；通过实施辅导员分类发展计划、辅导员科研能力提升计划、辅导员对外交流培训计划、辅导员挂职借调选派计划和辅导员转岗晋级晋升政策倾斜等措施，在为辅导员职业发展竭力提供机会和平台的同时，从制度和政策上为辅导员事业发展提供认同支持和路径保障。

自推行以来，"TREES"学工文化有效地促进了优秀学工队伍的建设和发展。一方面，学工队伍持续向好发展；另一方面，辅导员工作水平明显提高、科研素养显著提升、职业能力不断增强、育人成效日益彰显。具体表现在，多年来，辅导员获准省部级及以上课题5项、厅级课题27项，在核心以上期刊上发表论文近20篇，出版辅导员论文集3册。7人考取博士，4人获全省辅导员素质能力大赛一等奖（获奖数位在全省高校中并列第一），11人获全省辅导员工作案例一、二、三等奖，1人获全国高校辅导员年度人物提名奖，1人获全国高校辅导员年度人物入围奖，5人获省级优秀教师暨省高校优秀辅导员称号，2人获2018年浙江省学生资助"最美爱心故事"奖，2人入选省高校名师辅导员成长引领计划。学校学工工作先后得到《光明日报》《中国教育报》《浙江日报》等媒体的报道。"TREES"学工文化得到了上级有关部门和兄弟院校的重视和关注。学校"基于TREES学工文化的区域性有特色的学生工作队伍建设"项目在获中央财政支持的基础上，2017年被评为第三届浙江省高校教职工文化品牌。学校被确定为全省首批高校征兵工作站建设试点，被评为2018年度浙江省征兵工作成绩突出贡献单位。学校被推荐参评教育部国防教育特色学校。学生资助工作，提炼形成"青葵向阳"资助育人模式，并被评为浙江省学生资助文化"十佳品牌项目"。

# 扫榻以待
## ——后勤绿叶文化

改革开放以来，随着学校招生人数的不断增加，后勤服务人员队伍也随之不断扩大。这对后勤服务工作也提出了新的更高的要求。

后勤品牌LOGO：满怀深情做绿叶，驾着春风去服务

浙江工商大学后勤服务中心一直注重自身的文化建设，用优秀的文化凝聚力量，提高服务质量。2000年提出"您的满意，我的追求"承诺。2004年提出"甘居幕后，业精于勤；享受在后，天道酬勤"的角色定位。2006年提出"不求惊天动地，但求脚踏实地""在平凡之中见心立意，在平实之中花费心思"的价值观和事业观。2010年底，提炼形成了"绿叶"主旨文化理念，同时提出"满怀深情做绿叶，驾着春风去服务"的思想行为导向。

后勤"绿叶文化"的基本理念为"学校是根系，后勤是绿叶；科教是枝干，服务是绿叶；教师是红花，员工是绿叶；

学生是果实，咱们是绿叶。"这一理念不仅诠释了后勤的岗位特点和服务行为，而且与学校的教书育人战略和广大教师的人生观、价值观相承接、相贯通。绿叶，蕴含着无私与奉献。作为后勤人，更应认清角色，甘为绿叶。

10 年来，后勤服务中心为推介和培植"绿叶文化"做了大量工作。2011 年 3 月开始先后推出"绿叶网""绿叶报""绿叶窗"和"绿叶博"（指微博微信）等 4 个具有后勤自身特色的宣传平台，大力宣传和推广"绿叶文化"。2012 年 3 月开始先后开展征文、讲座、展览、研讨会和视频教学等多种活动，赋予"绿叶文化"以更加浓厚的内涵。2012 年下半年始，先后组建合唱、舞蹈、球类等多支文体团队，承载"绿叶文化"。2013 年元旦开始，先后举办了"绿叶颂"后勤职工文艺会演和"绿叶情"后勤职工文化节，开展了"百日春风服务""百日微笑服务"和"炎炎夏日送清凉"等活动，铺展"绿叶文化"。另外，还通过设立后勤服务专线、推行"公寓驿站"、开展"优质服务月"活动等实践"绿叶文化"。

通过"绿叶文化"建设活动，有效强化了广大后勤员工的服务意识和团队意识，激发了广大后勤员工的工作热情和积极性，增强了广大后勤员工的归属感和向心力，从而有力地促进了和谐后勤、人文后勤、活力后勤、优质后勤建设。2012 年后勤服务中心被评为全国高校后勤改革先进集体和全国高校学生公寓管理服务工作先进单位，"绿叶文化"被评为学校重点文化品牌培育项目；2014 年，"绿叶文化"被评为浙江省高校教职工文化品牌。

绿叶报

江韵阁餐厅（全国高校"百佳食堂"、浙江省高校标准化示范食堂、省级"青年文明号"等）

流水苑食堂（浙江省卫生厅餐饮服务食品卫生量化A级达标单位、浙江省高校标准化示范食堂、文明餐桌示范单位等）

教工路校区物业管理部公寓班组（浙江省高校学生公寓管理与服务先进班组）

楼宇物业管理部（浙江省高校后勤协会物专会先进班组，所负责的学校行政大楼通过"浙江省高校物业管理示范型大厦"评选）

王瑞雄（后勤"绿叶之星"，全国高校烹饪大赛红案组个人金奖）

陈青华（2013年度下沙高教园区"我最喜爱的宿管阿姨"称号获得者）

祝永祥（后勤"绿叶之星"，坚守水电岗位近30年）

彪叔（15年自制"神器"为师生捞手机近百部，被评为浙商大后勤中心首届"最美员工"）

# 海纳百川
## ——"学生中心、教师发展、课堂开放"的教学文化

浙江工商大学传承百年商科办学特色，积极适应时代巨变，树立"经管为主、工商融合、多科交叉、协调发展"的"大商科"人才培养理念；根植商业文化，汲取新时代浙商精神，倡导"学生中心、教师发展、课堂开放"的教学文化，旨在培养具有国际视野、人文情怀、专业素养的应用型、创新型、复合型"大商科"人才，其中"学生中心"是引领，"教师发展"是关键，"课堂开放"是基础。自教学文化提出以来，学校与时俱进，锐意创新，多措并举，不断增强文化的影响力、传播力和感染力。

学校着力构建"以学生为中心"的本科教学体系，全力推进以学生为中心的教学改革与创新。以"提升教师的教学水平、提升教师的发展空间、提升教师的幸福指数"为宗旨，充分发挥教师教学发展中心载体功能，定期开展教学沙龙、教学午餐会、教学学术讲座、青年教师教学创新大赛等活动；

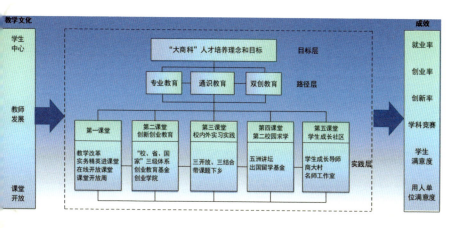

教学文化　　　　　　　　　　　　　　　　　　　　　成效

学生中心

教师发展

课堂开放

"大商科"人才培养理念和目标　　　目标层

专业教育　　通识教育　　双创教育　　路径层

第一课堂

教学改革
实务精英进课堂
在线开放课堂
课堂开放周

第二课堂
创新创业教育

"校、省、国家"三级体系
创业教育基金
创业学院

第三课堂
校内外实习实践

三开放、三结合
带课题下乡

第四课堂
第二校园求学

五洲讲坛
出国留学基金

第五课堂
学生成长社区

学生成长导师
商大村
名师工作室

实践层

就业率

创业率

创新率

学科竞赛

学生满意度

用人单位满意度

"大商科"人才培养体系

出台《教学科研高层次奖励办法》、评选教学卓越奖和教学型教授，实现教学科研等效评价，引导教师投入教学。通过实务精英进课堂、引进校外优质网络课程、聘请校外专家授课和开展课堂教学开放周等途径营造课堂开放的氛围。

教学文化自2010年推广以来，取得了很大的成效和反响。

优化了学生的就业质量。根据 ATA 测评研究院发布的《中国高校通用就业力白皮书》，近 5 年学校毕业生通用能力列全国 20 位左右，学校培养了大批优秀学子。

提高了学生的综合素养。学校在省普通本科高校教学工作及业绩考核中始终保持在省属高校前 5 名，先后荣获"国家级大学生创新创业训练计划实施工作先进单位""全国毕业生就业典型经验 50 强高校""全国深化创新创业教育改革示范高校"等称号。学生各方面的素质和能力逐年得到提高，4次在"挑战杯"竞赛中获优秀组织工作奖并连续七届获全国"挑战杯"发起单位资格；曾获"挑战杯"团体总分全省第 1 名，

追星赶月

摘取"优胜杯"，是浙江省第一个获此项荣誉的省属高校。

提升了教师的"互联网＋"教学能力和发展空间。截至2019年上半年，学校荣获45部浙江省新形态教材立项、3门国家级精品课程、3门国家级视频公开课、3门国家级资源共享课、2门国家级在线开放课程和23门省级精品在线开放课程；已有10门课程在爱课程网、42门课程在浙江省精品在线开放课程共享平台上线，270多名教师、17740多名学生通过省共享平台开展在线学习，教师人数和学生人数均位居省属本科高校前列。除此之外，学校还修订了教学型教授评定办法，迄今共有12名教学型教授。

增强了教师的幸福指数。近几年来，学校在两大评选（教学卓越奖、教学实干教师）、一大赛事（青年教师教学竞赛）中，充分展示了教师的师德风貌、学术修养、教学水平。在第四届全国高校青年教师教学竞赛中获工科组二等奖1名；在浙江省第十届高等学校青年教师教学竞赛中荣获特等奖2名、一等奖2名和优秀组织奖。学校拥有1名国家级"万人计划"教学名师、1名省级"万人计划"教学名师、10名教育部教学指导委员会成员。学校荣获2018年国家级教学成果奖1项，在近两届省级教学成果评选中获奖15项。

营造了浓厚的教学文化氛围。教师教学发展中心举办的教学沙龙、午餐会、学术讲座、实务精英论坛等活动，每年有90余场，参与面广，受益面大。学校共有基层教学组织82个，评选出五星级基层教学组织20个；编辑出版《人才培养与教学改革》论文集10本，近500篇文章入选。教师关注教学、投身教学，教学促进科研，科研又反哺教学，提升教学水平，共同构筑良好的育人环境和浓厚的教学氛围。

形成了良好的示范效应。校领导积极参与教学，投身教学，在全校起到了良好的示范作用。陈寿灿校长参加第一期"互联网＋教学"研习营开营仪式并做专题讲座。陈寿灿校长的《专题摄影与文化呈现》被评为国家级视频公开课，蒋承勇书记的《外国文学史》被评为国家级精品在线开放课程，入选学习强国平台。学校承办的浙江省在线开放课程建设与应用研讨会议吸引了来自省内高校 250 余名教师参加。《中国教育报》、《浙江教育报》、中国教育在线、新华网、人民网、光明网等媒体多次报道学校课堂教学开放周、"一体多元"课堂协同培养"大商科"人才、教学卓越奖评选等工作。

"学生中心、教师发展、课堂开放"的教学文化为学校营造了浓厚的教学氛围，有效地激发了教师的主人翁意识、创造力、进取心，整体提升了教师教学水平和人才培养质量。学校将紧紧围绕"立德树人"这个根本任务，不断探索与实践，全力打造具有时代特征和"大商科"特色的教学文化，2019 年，被评为第四届浙江省高校教职工文化品牌。

教师教学发展中心人文环境

学校智慧教室建设

开展各类培训活动（实务精英教学论坛、教学午餐会、教学沙龙等）

开展各类评奖评优（教学卓越奖评选、教学实干教师评选、青年教师教学竞赛等）

## 2018—2019 学年第二学期
## "课堂教学开放周"师范观摩课名单

| 编号 | 学院 | 课程名称 | 主讲教师 | 上课时间 | 上课地点 |
|---|---|---|---|---|---|
| 1 | 工商管理学院 | 企业管理诊断 | 江 辛 | 5月20日(周一)6—7节 | 管理楼110 |
| 2 | 工商管理学院 | 企业危机管理 | 芩 杰 | 5月24日(周五)3—4节 | 管理楼121 |
| 3 | 工商管理学院 | 广告学 | 王雅娟 | 5月20日(周一)3—4节 | 管理楼110 |
| 4 | 旅游与城乡规划学院 | 酒店与商业地产投资 | 杨 欣 | 5月20日(周一)3—5节 | C327 |
| 5 | 统计与数学学院 | 概率论与数理统计 | 陈宜治 | 5月20日(周一)6—7节 | B331 |
| 6 | 管理工程与电子商务学院 | 大数据与知识工程 | 封 毅 | 5月22日(周三)6—8节 | B325 |
| 7 | 外国语学院 | 学术英语 | 汪露秋 | 5月21日(周二)3—4节 | 管理楼310 |
| 8 | 外国语学院 | 国际营销英语 | 刘 瑜 | 5月21日(周二)1—2节 | 外语楼129 |
| 9 | 艺术设计学院 | 剧作研究 | 郝 昕 | 5月24日(周五)3—4节 | 艺术楼221 |
| 10 | 体育工作部 | 篮球 | 夏秋冬 | 5月22日(周三)3—4节 | 体育中心4楼篮球馆 |

追星赶月

第四篇

# 余音袅袅

# 体育振兴，逐梦扬威

  20世纪初，"鼓民力""开民智""新民德"的口号盛行，诞生在热血和烽烟中的杭州中等商业学堂在注重商业教育的同时，也在大力发展体育教育。唯赖此天行刚健、自强不息之精神，方能兴实业以富民，而救国家于危亡。诚如校歌所吟唱的"学成致用实效彰。同表东海风泱泱"那样，我们的学校自诞生之日起，就坚定地前行在体育与精神、文明与教化交融的复兴之路上。

1916年，大二学生俞乃庚参加浙江中等学校第一次联合运动会

1917年，浙江省立甲种商业学校校友会足球部选手

1918年，浙江省立甲种商业学校建校七周年纪念运动会440米赛跑

1942年，在碧湖举行浙江省立临时联合中学春季运动会

1945年，浙江省立高级商业职业学校参加和平杯篮球比赛获男女生组冠军留影

1947年，浙江省立高级商业职业学校参加篮球锦标赛获女子组冠军留影

1947年，浙江省立高商流星队荣获锦标留影

1950年，浙江省立高商参加杭州市人民体育大会获奖留影

1958年，浙江省杭州商业学校时期，学校射击项目在全市小有名气

"文革"期间，学校发展几经周折，基本处于停滞状态。1978 年，党的十一届三中全会顺利召开，改革的春风让学校也走上大步发展之路。1980 年 5 月 8 日，国务院批准成立杭州商学院，学校各项工作步入正轨并开始蓬勃发展。体育教育是国家培养"德智体美劳"全面发展的社会主义接班人要求中的重要一环，学校除了开展正常的体育课之外，每年举办运动会，开展各类体育类竞技比赛。

1982年，杭州商学院第二届田径运动会

1983年，杭州商学院第三届田径运动会颁奖仪式

文思相望

1984年，杭州商学院第四届田径运动会

1985年，杭州商学院第五届田径运动会

1986年，杭州商学院举办游泳比赛

1987年，杭州商学院举办排球比赛

1987年，杭州商学院第六届田径运动会

1988年，杭州商学院第七届田径运动会

20世纪80年代末，杭州商学院女排在杭州高校比赛中获第三名

1989年，杭州商学院举办拔河比赛

1996年，杭州商学院第十五届田径运动会

2000年，杭州商学院学生篮球比赛

2001年，杭州商学院庆祝建校90周年教工乒乓球比赛

2005年，浙江工商大学举行"学院杯"篮球赛

2007年，浙江工商大学第二十六届田径运动会

2018年，浙江工商大学举办第三十七届田径运动会

运动场是学生的第二课堂，学生在运动场上挥洒汗水，不仅可以强健体魄，还可以塑造人格。2008年，学校出台了《浙江工商大学体育振兴计划》，进一步强化体育教育。

体育振兴计划以建设有浙江工商大学特色的体育与健康课程体系为龙头，以建立2—3支高水平的品牌运动队和具有丰富内涵的校园体育文化为两翼，实现学校体育工作的腾飞。经10年的努力，截至2018年9月，学校已组建男女篮球队、游泳队、田径队、武术队、乒乓球队等10余支运动队，特别是组建了女子篮球高水平运动队和游泳高水平运动队，并取得了许多不错的成绩。

以体育赛事为载体，学校打造了"新生杯""学院杯""商大杯"等校园体育活动品牌，形成了"每周有活动、每月有比赛"的校园体育文化氛围。同时组建了浙江工商大学体育社团联合会，将疯狂螃蟹轮滑社、龙武跆拳道社、国球社、FIBA篮球协会等10余个优秀体育社团纳入统一管理，以满足学生课余健身的要求，实现课外体育锻炼的全覆盖。从2011年开始，学校每年举办"1911"毅行活动，已连续举办7届，参与师生合计超过3万人次，已然成为浙江工商大学校园文化品牌的一张名片。

2017年，"1911"毅行活动

2017年，承办中华人民共和国第十三届学生运动会羽毛球比赛

2020年，浙商大女篮勇夺CUBA二级联赛全国总冠军

# 文艺振兴，舞韵争辉

　　百年商大，弦歌不辍。1917 年，蔡元培先生倡导"以美育代宗教"，在这一文化风潮的推动下，前辈校长蒋梦麟先生提出，教育的目的就是让每一个人"享受人生所赐予之完满幸福"，而对美的体验，是完满幸福的一端，对美的创造力也是健全人格的一部分。学校虽诞生在烽烟之中，但在振兴实业、发展经济的商科教育之外，也不忘培养学生对美的感知和创造力。

浙江省立临时联合高级中学学籍表——音乐/图画课

浙江省立高级商业职业学校学生学籍表——音乐/图画课

1953年，中越文化交流活动中手风琴表演

浙江省杭州商业学校时期，文工团舞蹈演出

浙江省杭州商业学校时期，学生自编自导自演的话剧

浙江省杭州商业学校时期，电101班的藤圈舞

    1980年，国务院批准学校成立杭州商学院后，学校对美育更加重视，除了开设美育相关课程外，还通过自主举办或者与商业部联合开展各类美育相关活动，培养学生认识美、爱好美和创造美的能力，使学生具备美的理想、美的情操和美的素养。

1987年，上海电影制片厂出品的电影《天堂盛宴》在学校拍摄

1987年，杭州商学院首届艺术节

1988年，杭州商学院第二届艺术节

1990年，元旦文艺晚会

1991年，商业部首届文艺会演

1991年，杭州商学院举办纪念"一二·九"运动歌咏比赛

1997年，新生特长比赛

1997年，赴京参加文艺会演，舞台剧《人民公仆孔繁森》获二等奖和创作三等奖

2000年，杭州商学院科技文化艺术节闭幕式

2000年，赴杭州笕桥机场慰问演出

2000年，杭州商学院学生参加浙江省大学生校园戏剧网络大赛初赛

2001年，杭州商学院举办校园十佳歌手大赛

2001年，杭州商学院90周年校庆文艺晚会

2005年，浙江工商大学举行纪念五四运动大合唱比赛

为使文艺工作能与学校同步发展，2008年，学校发布了《浙江工商大学文艺工作振兴计划》，拟定了学校在文艺水平、文艺设施、文艺服务与文化建设等方面争取尽快走向全省高校前列的具体措施，计划付诸实施后，学校的文艺和体育工作迅速有了很大的起色。

文艺振兴计划以大学生艺术团建设为重点，以课外群艺活动为普及面，点面结合、整体推进，营造"人人关注、人人参与、人人受益"的校园艺术氛围。经10余年的努力，学校艺术团已拥有合唱、舞蹈、话剧、民乐、管乐、室内乐6个门类，是浙江省唯一一个未设音乐舞蹈类艺术专业院校的省级大学生艺术团。每年以科技文化节、社团文化节、社区文化节、英语文化节和新生节为主要节点的校园文化活动异彩纷呈。自2009年以来，先后在世界合唱比赛、全国大学生艺术展演活动、浙江省大学生艺术节等国际级、国家级、省级艺术类赛事中获奖70余项，曾受邀出访德国、比利时、荷兰、泰国等地进行艺术交流，央视、新华社和《中国青年报》等媒体均做了报道。特别是在2012年全国第三届大学生艺术展演中，参加现场比赛的3个节目全部荣获全国一等奖，1个进入全国光碟选送的节目荣获全国二等奖。学校获一等奖节目数在全国参赛高校中名列第二，是浙江省内获一等奖数最多、获奖门类最齐全的高校。学校因组织有力、成绩突出，获全国优秀组织奖。

艺术教育中心

舞蹈排练厅

民乐排练厅

电钢琴教室

教育部、文化部、财政部2012"高雅艺术进校园"活动浙江工商大学专场，图为国家话剧院演出

余音袅袅

舞蹈《进城》获2013年浙江省大学生艺术节表演一等奖

声乐《她像那燕子》《大江东去》获全国第三届大学生艺术展演活动声乐甲组一等奖

舞蹈《书伴我同行》获全国第三届大学生艺术展演活动舞蹈甲组一等奖、优秀创作奖

小品《车站》获全国第三届大学生艺术展演活动戏剧甲组一等奖、优秀创作奖

群舞《剑寻龙渊》获全国第五届大学生艺术展演活动舞蹈甲组一等奖、优秀创作奖

校长陈寿灿的摄影作品《钱江源头活水来》（左）、《悠悠乡愁》（右）获全国第五届大学生艺术展演活动校长风采奖

副校长戴文战的摄影作品《姐弟》（左）、《天上人间》（右）获全国第五届大学生艺术展演活动校长风采奖

浙江工商大学
校史校情教育系列丛书
1911—2021

# 故人情怀

◎ 主 编／张 东

浙江工商大学出版社
ZHEJIANG GONGSHANG UNIVERSITY PRESS

·杭州·

# 图书在版编目（CIP）数据

故人情怀 / 张东主编 . — 杭州：浙江工商大学出
版社，2021.9

（浙江工商大学校史校情教育系列丛书：2021版）

ISBN 978-7-5178-4403-7

Ⅰ. ①故 … Ⅱ. ①张 … Ⅲ. ①浙江工商大学—校史
Ⅳ. ① G649.285.51

中国版本图书馆 CIP 数据核字（2021）第 054721 号

## 故人情怀

GUREN QINGHUAI

张 东 主编

| | |
|---|---|
| 出 品 人 | 鲍观明 |
| 策划编辑 | 尹 洁 |
| 责任编辑 | 姚 媛 |
| 责任校对 | 张春琴 |
| 封面设计 | 东印广告 |
| 责任印制 | 包建辉 |
| 出版发行 | 浙江工商大学出版社 |
| | （杭州市教工路 198 号　邮政编码 310012） |
| | （E-mai1：zjgsupress@163.com） |
| | （网址：http://www.zjgsupress.com） |
| | 电话：0571-88904980，88831806（传真） |
| 排 版 | 杭州红羽文化创意有限公司 |
| 印 刷 | 浙江海虹彩色印务有限公司 |
| 开 本 | 880mm×1230mm　1/32 |
| 印 张 | 15.125 |
| 字 数 | 345 千 |
| 版 印 次 | 2021 年 9 月第 1 版　2021 年 9 月第 1 次印刷 |
| 书 号 | ISBN 978-7-5178-4403-7 |
| 定 价 | 288.00 元（全四册） |

浙江工商大学校史校情教育系列丛书
（2021版）

编　委：张　东　陈建平　沈笑莉

《故人情怀》

主　编：张　东

编　者：张　东　俞吉东

# 总　序

　　浙江工商大学的前身是创办于 1911 年的杭州中等商业学堂，系中国最早的商科学校之一，迄今已走过 110 年的历程。从辛亥革命到抗日战争，在半殖民地半封建的环境下，学校在动荡不安中艰苦跋涉，与中华民族同呼吸共命运，16 次易名，12 次迁址，走过了一条艰难曲折的发展道路。

　　在清末民初的旧中国，很少有人有意识地通过公开撰述来记录文化历史的重大变化，以至于留存至今的文字材料并不多。随着时间的流逝，亲历者也相继离去，很多历史已无从知晓。对于百余年浙商大来说，情况也是如此，学校厚重文化资源的发掘、研究、利用相对滞后，更缺乏一部体系完整、内容厚实的浙商大校史。2011 年，浙江工商大学在百年校庆之际，曾委托专业教师对学校历史沿革进行了详细考证，苦于能够利用的史料并不多，仅整理出学校在中华人民共和国成立前的 38 年校史，共计 9200 余字。

　　浙商大的历史，是历届师生校友共同创造、记录、发展的文化记忆。这些不可复制的珍贵文化财富，如果不及时保护、抢救，将给我们及后人留下巨大的遗憾。2019 年 4 月，学校宣传部接手校史馆改建工作后，会同校档案馆从不同角度查阅了大量历史文献，对校史文化资源初步进行了收集、整理

和编研。这一过程得益于"晚清民国期刊数据库"陆续上线，可以对《浙江公报》《浙江省立甲种商业学校校友会杂志》《浙江省立杭州高级中学校刊》《商学研究（杭州）》等民国刊物进行详细的发掘和整理，新发现的史料不仅是研究浙商大历史脉络的重要素材，也是研究浙商大学术人物和学科发展的宝贵线索。

"浙江工商大学校史校情教育系列丛书（2021版）"分为《商风清气》《故人情怀》《文思相望》《百年商脉》4册，分别从商大人物、历史故事、校园文化、馆藏珍品等方面展现了一个多世纪的办学岁月中的人、事、物，重现当年师长谆谆教诲、同窗切磋砥砺、生活艰苦奋进的场景。但是，百余年浙商大岁月绵长，校史内容浩大，我们的丛书自不免瑕瑜互见，不尽如人意。我们希望，本丛书能够起到回顾、前瞻、承先启后的作用，吸引更多后来者投入校史研究，据实订正，使其日臻完善。更希望本丛书所承载的文化历史积淀，能够对我们今天的学习、工作和生活，有一定的借鉴意义。

"浙江工商大学校史校情教育系列丛书（2021版）"是对师生进行校史校情、爱国爱校教育的生动教材，有利于培养全校师生员工对学校精神与理念的认同感、归属感和自豪感，形成强大的凝聚力，促进学校优良的校风、学风的继承和发展，更好地朝着习近平总书记对浙商大提出的"把学校办好，使浙江工商大学成为一所在全国有位置，在全省很重要的学校"这一目标而努力奋斗！

编委会

2021年3月15日

# 目录

# 金润泉：浙江金融界的常青树

◆ 人物名片

**金润泉**（1878—1954）

　　字百顺，出生于浙江省萧山县（今杭州市萧山区）金西桥村（今金西村），祖辈经商。1909年12月出任大清银行浙江分行经理（即行长），其间兼任杭州商学公会副会长，牵头并出资发起创立杭州中等商业学堂。他具有强烈的爱国主义情怀，在抗日战争时期，曾设法保存中国银行的资产。中华人民共和国成立前夕，金润泉特意向当局请求，勿使军队破坏电厂、水厂和钱塘江大桥。从清末到中华人民共和国成立，金润泉可以说一直手握浙江的金融大权，并在商贸、电力、教育、交通等各个行业投入了大量资金，对浙江的繁荣发展做出了重要贡献。1954年病逝，享年76岁。

金润泉的一生，大部分时间居住在杭州。其实很多人都不知道，金润泉的祖籍在萧山，在14岁以前，他生活在现在的蜀山街道金西村，也就是村规模调整之前的金西桥村。听人说，金西桥村以村中有金氏所建的金西桥而得名，村落形成及建制已有千年历史，村民大多姓金。

金润泉祖辈经商，至父辈家道中落，父亲和伯父在杭州兴忠巷开设洽顺染坊，家族境况一般，只是略优于同村村民。金润泉天资聪慧，成绩出众，自小就讲公道、重义气，深受大家喜爱。空闲时，他经常与伙伴们游览石岩山、先照寺、百步寺、魏骥墓等名胜古迹。金润泉读了3年私塾，14岁便入染坊帮忙了，这依然遵循了家族创始人15岁出道的普遍定律。金润泉早一岁辍学，且未赴上海，只在本地学商，亦在本地成名，祖上经商的天赋基因在金润泉身上得到了体现。他在染坊就已经显示出过人的经营才能。知子莫若父，有见识的父亲发现了这一点，就送他去杭州盐桥乾泰钱庄（即银行）当学徒。乾泰钱庄规模很小，属于小同行钱庄，金润泉在小钱庄身兼数职，倒是获益良多。几年后，不甘于做小钱庄业务的金润泉又到同兴钱庄（大同行）实习，升到跑场头，可以上钱业会馆做交易了。同兴钱庄倒闭后，他又转到裕源钱庄（大同行并设有炉房）跑场头。裕源为杭州馆驿后孙家开设，资力雄厚，老板兼经理孙老二为当时钱业头号人物，金润泉凭借裕源的势力在钱业会馆中初显身手，业务水平为同行瞩目。

## 草根出身　少年得志

1899 年，上虞王家和绍兴高家（均系当时钱庄大老板）在杭州新开宝泰钱庄，亦为自设炉房的大同行，因见金润泉在钱业会馆颇为精明能干，便设法将其挖了过去，聘他担任副经理，仍跑会馆。当时，金润泉 21 岁，为钱业副经理中最年轻的，名噪一时。金润泉仅用 6 年时间就成为杭州钱业的头面人物，可谓少年得志。草根出身，在钱业出人头地，并不是一个罕见现象，在晚清到民国这段时间，各行各业人才奇缺，只要足够勤奋聪慧，诚信务实，则其人必如锥在囊中，不得不出，金润泉就是此辈中的佼佼者。

1905 年，清政府在北京西交民巷成立"户部银行"，这是我国最早的官办国家银行。1908 年 2 月，经度支部奏准改称"大清银行"，行使中央银行职能。其时大清银行准备在杭州设立大清银行浙江分行，急需一批管理人才，杭州钱业就推荐金润泉赴京应试，这是金润泉人生的一大机遇。杭州钱业知道北京的考官陈静斋是杭州人，与杭州钱业人士多有私交，于是便委托金润泉的萧山同乡，也是晚清著名实业家、政治活动家、立宪派的领袖人物、著名士绅汤寿潜写了一封推荐信，交由金润泉带赴京城面呈陈静斋，以方便被录用。金润泉怀揣推荐信入京，但是并没有去拜见陈静斋，而是与其他应聘者一样参加严格的考试，并以优异成绩通过，受到陈静斋的单独接见。这时，金润泉方才取出推荐信，这赢得了陈静斋的极大好感。

1912 年 3 月 10 日，袁世凯宣誓就任中华民国临时大总统，中国进入北洋军阀统治时期。其时铁路借款、军费支出、政府日常运行开支等使得北洋政府财政入不敷出，国库空虚，交通银行和中国银行成为北洋政府的两大提款机。

1916年5月12日，中国银行上海分行接到北京总行停兑钞票、止付存款的命令，宋汉章、张嘉璈两名经理经过缜密思考后，觉得上海分行完全有能力应付挤兑，于是决定抗拒停兑令以维护国家银行的信誉，他们进行了精密的筹划，把极端情况也考虑在内，最终成功渡过难关，声誉因此大大提高，两名经理也由此在金融界拼下了一席之地。

其时，身为中国银行浙江分行经理的金润泉同样接到停兑令，他考虑再三，决定与上海分行共同进退，其信心所在除了对同业支撑力度的正确判断，还有一点就是对自己在市民中的口碑的自信。在得到浙江都督吕公望批准后，金润泉就公开拒绝北洋政府的停兑令，以维护银行信用。当时中国银行浙江分行的行长是蔡谷清，而金润泉是实际主事人。在挤兑最严重、最危险的时候，金润泉站到第一线，直接和储户接触，并放下话来："只要我金润泉人在，中国银行就不会倒闭，也不会少大家一分存款、一分利息，我金润泉是讲信用的。"事实证明，大家对于这名金经理是有信心的，金润泉的信用是"值钱"的。和宋汉章、张嘉璈相同，经过此役，金润泉也确立了他在浙江金融界的地位。

**爱国情深　心系教育**

随着影响力的与日俱增，金润泉身上承担的任务也越发重要：1922 年，任杭州造币厂会办，江浙战争期间停办，1927 年恢复生产时任厂长；1930 年，任杭州市银行业同业公会主席；1934 年，由杭州商会初创的《浙江商报》改组后，金润泉被推为董事会的董事长；1936 年，任杭州商会会长；等等。

金润泉在本职工作之外，也于钱业大显身手。由他发起创办的合资或独资钱庄有诚昌钱庄、源昌钱庄、润昌钱庄、义昌元记钱庄、义源钱庄、益昌钱庄。这些钱庄在抗日战争期间全部停业，保证了"清白"，抗战胜利后全部复业。金润泉出身钱业，发达于银行。所谓达则兼济天下，创办钱庄，积极投身钱业，可以看作金润泉发达之后对钱业的反哺。

从清末到中华人民共和国成立，金润泉可以说一直手握浙江的金融大权，并在商贸、电力、教育、交通等各个行业投入大量资金。在抗日战争时期，他还设法保存了中国银行的资产。

同时，金润泉具有强烈的爱国主义情怀，为抗日救国做了大量工作。杭州沦陷后，日伪军曾威逼他出任浙江伪省长，金润泉以事关民族大义，严词拒绝。1945 年 8 月日本投降，杭州分行自龙泉返杭复业，各地机构相继恢复。当年 12 月起，中国银行即开始发放第一批"复工贷款"，同年年底，全省放款总额达 5 亿元。这些款项，包括以后的工商业贷款，被誉为"久旱甘霖，雪中送炭"。杭州解放前夕，金润泉还特意向当局请求，勿使军队破坏电厂、水厂和钱塘江大桥。钱塘江建大桥前，两岸往来全靠摆渡。晚清，"红顶商人"胡雪岩斥巨资办钱江义渡，不取分文，成为美谈。但钱江浩荡，小船经常倾覆。1927 年，杭州一些知名人士成立了"义渡管理委员会"，建立"义渡资金"，购买汽轮，改为"钱江轮渡"，时任中国银行杭州分行经理的金润泉带头筹募捐款。

中國銀行第一届第五次董事會議攝影 一九五二年十一月一日

1952 年的金润泉（前排左四）

　　金润泉虽然自小离开了萧山，但他对家乡怀有无比深厚的感情，从未忘记自己是从萧山走出去的，他始终把家乡放在心里。他的情怀里装着家乡的亲人们。1910 年，杭州商学公会与杭州商务总会联合发起成立"杭州商业学堂"。学部《咨复浙抚核准杭州商学公会章程应将商务杂志呈部并速设商业学堂文》中"查前据各业经董职商金百顺等禀称，集合同志设立商学公会，所拟商学公会章程大致尚属周妥，核丁项所开设立商业学堂应即从速办理，以便养成专门人才"，后学部回复，确定办学经费"有商业认捐之辅助"，由"副会长金润泉、周湘龄两君拟垫款项开办商业学堂，拟各筹经费一千二百元"。可见，金润泉为杭州商业学堂的顺利开办做出了巨大贡献。1933 年，金润泉捐建萧山金西小学，总面积 2000 余平方米，其中建筑面积 900 平方米，总人数达 150 余人。萧山金西小学对前来就读的学生一律实行免费义务教育，由此培养了一大批人才。1946 年 8 月 26 日，金润泉捐助萧山中学国币 200 万元，学校将城隍庙后进修建为新教室。为了纪念这位湘湖边的金融巨子，2014 年，金润泉逝世 60 周年之际，位于萧山蜀山街道金西村的金润泉陈列馆正式启用。两幢三合院式的房子，一前一后紧连着，斑驳的粉墙、黝黑的屋瓦、高低错落的马头墙、装饰精致的老墙门……今后，金润泉陈列馆将作为文物保护点，向公众展出金润泉生平事迹及研究文献等，让更多的萧山人怀念金润泉，为家乡出了这样一位名人而感到骄傲。

（本文系网络资源综合整理而成）

# 周庆云：精于书画的爱国商人

◆ **人物名片**

**周庆云**（1864—1933）

字景星，号湘龄，别号梦坡，浙江吴兴南浔人。清光绪七年（1881）秀才，年轻时经营丝、盐、矿等业，曾任苏、浙、沪属盐公堂总经理。投资兴建苏杭铁路，竭力反对向英商借款、出卖路权。1913 年，周庆云在杭州开办天章丝织厂，抗衡外货。曾为浔溪书院延师，改革科举旧学，为盐业子弟办浙西醾务学校。任杭州商学公会副会长期间，周庆云出资发起创立杭州商业学堂。周庆云精于金石书画，能诗，曾主持抄补文澜阁《四库全书》4000 多卷，又创立晨风庐，对浙江名胜古迹进行考察、研究、修整。著有《梦坡诗文》《南浔镇志》《莫干山志》《盐法通志》等。1933 年病逝于上海。

## 弃官从贾 爱国商人

周庆云，清光绪七年（1881）中秀才，后以附贡授永康县（今永康市）学教谕，例授直隶知州，均未就任，从此弃学从贾，随父辈业丝，以湘龄为常名。光绪十年（1884），父亲周申泰囤丝失败，几至破产，遂停业。之后，周庆云决意放弃蚕丝，佐理张家盐务，成为张颂贤的得力助手，且与其结为至亲。光绪三十三年（1907），周庆云被推举为权势最大的嘉兴所甲商。专营盐商也称引商，清道光时把引商中权力最大、声势最盛的称为甲商，将杭州、绍兴、松江、嘉兴划为4所，各设甲商1人，人选由盐商公推，报官府备案，各地有关运销、完课及整顿事宜，均由甲商具名禀办。民国初期，各甲商为维护共同利益，便于联系官府，在上海成立苏五属（苏州、松江、太仓、常州、镇江）盐商公会，彼时周庆云当选为会长。1921年，各甲商又在杭州成立两浙盐业协会，会长也是周庆云。由此，其成为两浙盐商中的权威人物。周庆云对岱山等产地的盐场及盐廒有一套卓有成效的管理办法，又通晓盐政历史，著有《盐法通志》100卷，以及《岱盐记略》1卷，为中国盐政留下了宝贵的历史资料。

周庆云是近代有名的民族资本家，光绪三十一年（1905），他积极支持和投资由汤寿潜与刘锦藻发起创办的浙江铁路公司，参加浙江拒款保路运动，反对清政府以向英国借款为由，出卖路权，支持汤寿潜和刘锦藻主张自集资金、建造苏杭甬铁路的行动，并取得成功。1907年，他赞助并投资由浙江铁路公司在杭州创设的浙江兴业银行；1918年，他又投资由张静江和虞洽卿等发起创办的上海物品证券交易所。为振兴丝绸业，1913年，周庆云在杭州开办天章丝织厂，后又投资创办虎林丝绸公司，并在嘉兴办秀纶和厚生丝织厂；1920年，在湖州办模范丝厂。此外，他还发起和投资开采长兴煤矿和铁矿（清末民初在湖州西门外弁山有铁官井，即今李家巷矿区）。为提倡家电照明，周庆云还投资了由南浔与震泽合办的浔震电灯公司。1925年，为抵制日本精盐倾销中国市场，他又在上海浦东开设了五和精盐公司。

周庆云书法扇面

## 改革旧学　兴办新学

周庆云亦兴学，如为浔溪书院延师，改革科举旧学，为盐业子弟创办浙西醯务学校。任杭州商学公会副会长期间，周庆云出资发起创立杭州商业学堂。1912年后，他在杭州珠宝巷改设盐务小学（后来在梅登高桥发展为盐务中学），在家乡资助南浔中学并任校董。

周庆云平时爱好诗词、书画、文物、藏书，以及著述。书画金石家吴昌硕，国学家沈涛园、朱古徵、王文濡等均为他的座上宾。他因市井尘垢，放意山水，于超山、莫干山均置有别业。作诸游记，有《天目游记》1卷、《京江避寿记》1卷、《汤山修禊日记》1卷。从游记而修方志，有《西湖灵峰寺志》4卷、《莫干山志》13卷、《西溪秋雪庵志》4卷，而规模较大的是民国初里人议修镇志，周庆云主其事，于1922年刻印《南浔志》60卷，附《南林缬秀录》1卷，继《汪志》后范围和内容更为充实，唯断年为宣统之末。此外，他还办了一些值得称颂的好事，如宣统元年（1909）为西湖灵峰补植梅树300棵，以复咸丰时杨蕉隐所绘《灵峰探梅图》景观，后又在超山建宋梅亭，突出文物，增加旅游景观。1927年，在莫干山创办肺病疗养院，由其侄、德国留学生周君常任院长；扩修剑池名胜古迹，亲题"剑池"二字刻于悬崖。他还修建西溪两浙词人祠、临安济川桥、宁波天童玲珑岩石经等。因杭县文澜阁藏《四库全书》遭兵燹残缺不全，周庆云等筹资编写《文津本》4400余卷，阙者始完整，故有《补抄文澜阁阙卷纪录》1卷之作。

周庆云著述尚有《节本泰西新史揽要》8卷、《浔雅》18卷、《浔溪诗征》40卷、《浔溪诗征补遗》1卷、《浔溪词征》2卷、《浔溪文征》16卷、《两浙词人小传》16卷、《梦坡室获古丛编》12卷、《金玉印痕拓本》7卷、《梦坡室藏砚拓本》及《董夫人经塔石刻拓本》等。周庆云50岁开始学鼓琴，复有《琴史》《补琴史》《琴书存目》《乐书存目》《琴操存目》等之作。周庆云所著集成《梦坡室丛书》，凡45种计469卷。

（本文系综合文献整理而成）

# 郑在常：中国实业教育先驱者

◆ **人物名片**

*郑在常*（1872—1916）

字岱生，号复庐，浙江余杭人。曾参与创办杭州高等小学堂、杭州女学堂（后改名为杭州女子师范学校）等。宣统三年（1911），担任杭州中等商业学堂首位监督，即首任校长。1912年起，专任浙江省立女子师范学校校长。因办学成绩卓著，北洋政府曾颁五等嘉禾章以资褒奖。1916年7月，因病溘逝，其道德学问尤为后人钦仰。

## 科举不第　立志育人

据《清代科举人物家传资料汇编》第 56 册《郑在德》履历及吴士鉴《含嘉室文存·度支部主事郑君墓志铭》记载："郑兰（郑在常的祖父）的祖先出自安徽歙县，南宋时有名郑文显（字友山）者，迁居歙县长龄桥，为迁歙始祖。后人有一支迁居杭州府仁和县，时间、人物皆不详，传至郑锜（字畊生），为仁和县庠生，娶妻曹氏，迁居石门县，是为迁石始祖。迁石二世祖郑国鸿（字寂山），庠生，乡饮宾，诰赠奉直大夫；妻许氏，例赠宜人。"

郑在常为郑志虔独子，1872 年生于其祖父济南官廨。幼年聪慧异常，从名师受业，经义大通，年十八（光绪十五年，1889）补为余杭县（今余杭区）学生员，不久在生员考试中列为优等，补县学增广生。多次参加科考，不得志，乃发愤讲求经世之学，改走教育兴国之路。

## 实业办学　成绩昭著

郑家原住余杭县城，郑兰仕宦四方，家人相随，后侨寓杭州城内，子孙遂落户于杭城。光绪三十年（1904），郑在常担任杭州高等小学堂监督，同年与邵章（1872—1953，字伯纲，号倬庵，杭州人）、陈敬第（1876—1966，字叔通，杭州人）、孙智敏（1881—1961，字廑才，杭州人）、胡焕、钟濂、袁毓麟（1873—1934，幼名荣润，号文薮，杭州人）等人禀请浙江巡抚聂缉椝开办女校，农历三月初七（5月2日），杭州女学堂在积善坊巷正式成立。这是杭州历史上第一所由中国人创办的女子学校，也是杭州女性真正获得上学读书权利的开始。

光绪三十一年（1905），郑在常担任杭州女学堂外总理，综理校务。郑在常认为，女子教育是家庭教育与社会教育的根基，如果教育失败，将导致"风纪颓丧，礼教荡然"，会阻碍社会文明进步。因此在任职10年间，他始终兢兢业业，以融会新知、保存旧德、养成贤母良妻为职志。女学始终学风整肃，受到外界称赞。光绪三十三年（1907），杭州女学堂改名为杭州女子师范学堂；宣统三年（1911），改称浙江官立女子师范学堂，郑在常仍任外总理。学校经费不足时，郑在常多方筹措，甚至将自己的积蓄投入办学活动中。

宣统三年农历二月十五日（1911年3月15日），郑在常在杭州马市街黄醋园巷杭州中等商业学堂任学堂监督。该学堂修业年限为预科2年、本科3年。杭州中等商业学堂，即今浙江工商大学的前身。1912年8月，杭州中等商业学堂易名为浙江公立中等商业学校，郑在常辞去校长职务，由周锡经任校长。

1912年，浙江官立女子师范学堂改名为浙江省立女子师范学校，郑在常被任命为校长。郑在常将"勤、敬、洁、朴"定为校训，代表新时代女性应有的高雅气质；将菊花作为校花，象征经过学校教育走上社会的学生能够改变旧社会女性藏身深闺、弱不禁风的病态形象，如品行高尚、挺拔的菊花般迎风绽放。浙江省立女子师范学校设立附属高等小学科、国民小学科、保姆科、蒙养科，先后毕业者超过 600 人。郑在常因办学成绩昭著，获得北洋政府颁授五等嘉禾章。

1916 年夏天，郑在常染上重病，农历六月二十九日（7月 28 日）卒于杭州家中，年仅 45 岁。临终前一天，其尚在学校处理事务，可谓鞠躬尽瘁，死而后已。1918 年农历十二月六日（1919 年 1 月 18 日）葬于钱塘县钦贤乡大成山。郑在常长姊嫁吴士鉴（时 1884 年 10 月），故墓志铭由吴士鉴撰写。妻叶氏，封恭人，广西候补道、太平府知府叶葆元（仁和县人）之女。生二子：郑箴诗（中国公学毕业生）、郑传诗，七女：郑端（毕业女学）、郑怀（适汾阳王荫霖）、郑娴（适阳湖庄临）、郑雅诗（适仁和朱维翰）、郑六诗、郑璧、郑馀诗。

### 思想开明　备受钦仰

1917 年 8 月印发的《浙江省立甲种商业学校校友会杂志》刊有《追悼前校长郑岱生先生记事》一文，文中指出："前校长郑岱生先生，于前清宣统三年创办本校。其时本校尚未归省立，经费支绌，郑公悉心筹垫，具费苦心。民国元年二月辞退本校职务，专任省立女子师范学校校长。民国五年七月，因病溘逝。本校同人以郑公为创设本校之人，且其道德学问，尤素所钦仰。"

郑在常先生热衷于兴办教育，重视教育，原因如下：一是他自己早年"累试有司，俛得俛失，连不得志"的经历使他断了仕途的念想；二是混乱的时世，使他"澄观世变，雅无宦情"，从而走上了锐意兴学、拳拳于培沃人才之路，且始终不渝。从郑在常的兴学实践看，他的确在努力实现自己的理想。除杭州女学堂之外，他还和朋友创办了杭州高等小学堂。在杭州高等小学堂任监督期间，他"以躬行实践，训励学子，纵论宋明儒学案，绵历数时，初无倦容"。

郑在常早年热衷科举，但屡试不售，后借助祖、父余荫，官度支部制用司主事。20世纪初，清王朝处于风雨飘摇之中，郑在常对做官不感兴趣，遂将满腔热情投入国民教育事业，并矢志不渝，终其一生而为之。郑家因郑兰曾官肥缺，家境优裕；然郑在常自奉甚俭，俨然寒士，捐助戚友、兴办教育却毫不吝啬，有古君子之风，又乐于助人，友朋间有求必应。

杭州女学堂、杭州高等小学堂的创建，倾注了郑在常先生极大心血，两校历经多次变迁，最终成为今日之杭州第十四中学、浙江工商大学。兴办教育是郑在常回馈社会的善举，其家中主要产业则是钱庄。清光绪三十三年农历四月十六日（1907年5月27日），浙江兴业银行于杭州创立，同年农历九月初九（10月15日）正式营业，初期资本100万元，分为1万股，每股100元。郑在常以杭州开泰、元泰钱庄股东的身份，出资1万元认购100股，占总股本的1%，成为浙江兴业银行创办时的大股东之一。1908年，郑在常当选为浙江兴业银行董事；1909年落选；1910—1915年连续担任董事；1915—1916年担任监察人。

郑在常虽出身旧式乡绅，但行为上并不守旧，属于思想开通的维新人士。20世纪初，浙江兴起拒款保路运动。光绪三十三年（1907），浙江商学绅民数百人，借仁（和）钱

（塘）教育会举行"特别抵制会"，郑在常被推为大会"招待"。褚寿康女士在《惠兴女中》（《杭州文史丛编·教育医卫社会卷》，杭州出版社，2002年）一文中记载，"1903年杭州一班维新者如汪叔明、汪曼峰、高子白、钟寅冰、孙藕耕、魏仲吾、郑岱生、褚辅成、储德顺诸先生或加入孙中山先生之同盟会，或为同盟会之赞助人"。郑在常对孙中山先生所领导的革命事业亦曾有所助益。

（本文系综合文献整理而成）

# 周锡经：浙江省杰出的教育家、银行家

◆ **人物名片**

**周锡经**（1883—1967）

字季纶，号未壶，浙江平阳人。清末至民国时期杰出的银行家、教育家。清光绪三十年（1904）留学东瀛，就读于日本东京高等商业学校，专攻经济学与银行理论。宣统元年（1909）12月，与商人史久衡等在杭州创办《商业杂志》。宣统二年（1910），中商科举人。1912年当选为浙江省议员，曾任北京大清银行核算课长，杭县（州）农工银行经理，浙江省教育会副会长，浙江地方实业银行董事，中国盐业银行行长、分行经理。1912—1918年任杭州中等商业学堂第二任校长。

## 家世背景　文誉乡里

周锡经，水头"全升内"周氏第五代孙，幼承庭训。水头周全升为当地名门，所谓"一部水头史，七分写中街；一本中街志，'全升内'得半"。周氏的书香之气，仁义之举，爱国之为，让一方百姓称颂了近百年。到20世纪初，水头人称居住在四合院内的周氏第九世孙启沣、启良、启东三兄弟为"全升内举人居三房"。

祖宅由家族中最有能力者置办，它是家族血缘的纽带，是家族亲情的载体。中街"全升内"周氏故居，由水头周氏"必"字辈的周必玉（1742—1816）从平阳凤卧南陀岭迁徙到水头街后所建。周必玉是国子监太学生，在汝南郡水头周全升世系图中位为第六世第三房。周必玉秉承"诗书自昔家声远，耕凿于今世泽流"的祖训，以勤耕苦读敦促子孙，为周氏门庭荣耀含辛茹苦。在水头，周氏家族渐渐"文誉满乡里，家声传四方"。周必玉有三个儿子：先杰、先鸿、先鹤。其中先鸿为国子生，而先鸿的儿子周天睿也为国子生。周天睿的三个儿子中，启沣、启良为国子生，启东为贡生。

善日积而名彰。在平阳文史专家潘孝平先生的文章中，如是叙述周必玉的善行：水头蒲峰北麓有云岭，岭头古道乃通往平阳山门的必经之路，因岭高路陡，民不堪其苦。为便于往来行旅歇息驻足，清乾隆二十三年（1758）始建云岭亭，后年久失修，几近圮废。乾隆五十七年（1792），周必玉倡议修缮云岭亭，带头捐资，鸠工庀材，躬身监管，直至新亭落成，路人莫不交口称赞。乾隆五十九年（1794），平阳县令赵黻为表彰周必玉等倡修云岭亭，特题赠"普济高怀"的匾额。广布慈善的周氏以仗义疏财名闻乡里，被水头人誉为"一乡善士"。

## 东渡留学 归来报国

清光绪三十年（1904），周锡经留学东瀛，就读于日本东京高等商业学校，专攻经济学与银行理论。当时浙江温州地区留日学生较多，在卢礼阳先生编辑的《黄群集》中皆有所记载：留日同乡瑞安许乐（达夫，弘文学院）、平阳周锡经（季纶，东京高等商业学校）合影留念。项骧《许达夫持示与黄溯初、周季纶东京摄影旧图索题》称："无端聚散四十年，断金气谊却依然。"周锡经与后任浙江省财长的钱永铭（新之）也是同学。

清宣统元年（1909），周锡经学成毕业后回国；同年12月，周锡经与史久衡等在杭州创办《商业杂志》，这是浙江省近代第一本杂志。宣统二年（1910），周锡经参加清政府举行的留学生考试，中商科举人，《重修浙江通志稿》第14册。考选谱人物表传载："宣统二年，周锡经，平阳人，商科举人，民国元年，省议会会员。"周锡经先授邮传部主事，后任北京大清银行核算课长。

## 商校校长　成绩优良

1911年辛亥革命爆发,清政府被推翻。周锡经回到杭州,在浙江私立法政学校任教。浙江私立法政学校是由曾留学日本的陈敬第（1876—1966）于1910年私人集资创办的,为中国私立法政学校之先驱。陈敬第,字叔通,杭州人,光绪二十九年（1903）进士。学校设法律、经济、政治正科和别科各1班,正科4年,别科3年,课程按官立法政学堂章程规定设置,任课教师也多由留日归国学生担任。仅有据可考者,清末浙江留日归国生在该校任教的就有沈钧儒（宪法）、殷汝熊（比较宪法、殖民政策）、陈敬第（民法、物权）、周锡经（经济学、银行论）、张暗（民法、债权）、陈大齐（德文）等40余人。

武昌起义后,浙江是较早响应宣布独立的省份之一。浙江军政府和临时省议会牢牢掌握在革命党人的手中。1912年9月,《省议会选举法》颁布施行,浙江省于11月26日和次年1月2日分别进行了第一届省议员的初选和复选,选出152名议员。周锡经当选为浙江省议会议员,1913年2月,浙江省议会正式成立。

1912—1918年,周锡经担任杭州中等商业学堂校长。1912年之后,浙江在积极发展工商业的同时,还宣布废除厘金、减免过境税。又以爱国主义为号召,力劝人们抵制洋货,规劝工厂使用本国原材料,等等。在这些措施的感召下,浙江人民积极投入兴办实业的潮流中。因此,对当时的浙江教育界来说,当务之急就是根据社会需求,尽快培养出新的经济建设和振兴实业的人才。而要培养新型人才，其主要途径无疑是创办大批实业学校。杭州中等商业学堂创建于1911年3月15日，校址在杭州马市街黄醋园巷，修业年限预科2年、本科3年。杭州中等商业学堂是浙江省新式商业教育之先驱，也是当时全国最早创办的商业专门学校之一。

1912年8月，学校改为省立，易名为浙江公立中等商业学校，经费由省款支出，校长周锡经，修业年限改为预科1年、本科3年。第二年，政府颁布了关于实业学校办学的新规定。规定实业学校均可分为甲、乙两种：甲种实业学校与中等学校同等，4年毕业；乙种实业学校与高等小学同等，3年毕业。甲种以省立为原则，乙种以县立为原则。因此，这一年学校又更名为浙江省立甲种商业学校，定"诚、毅、勤、朴"为校训。周锡经年轻有为，工作勤勉，事业心很强，在师生中威信极高。他几经周旋，把整个学校的校舍从黄醋园巷迁到了贡院前平安桥东，在两级师范圈起来的一些闲置空地上新盖了教学楼，增辟了露天大操场，使办学条件得以改善。1918年8月，周锡经因任杭县（州）农工银行经理而辞去校长职位，由学校教务部部长李涵真继任校长。周锡经校长任上为学校的创立和发展奠定了基础，以办学成绩优良，获六等嘉禾奖章，同时又兼任浙江省教育学会副会长。

周锡经任职浙江省立甲种商业学校校长期间，视野开阔，思路清晰，措施得力，成绩斐然，为社会培育了一大批有用人才，其中比较著名的有章乃器（1897—1977）、王文川（1901—1944）等。章乃器，浙江青田人，政治活动家、经济学家和收藏家，救国会"七君子"之一，中国近代史上一位特立独行的爱国民主先驱。王文川，平阳人，王理孚先生次子，著名的王广源商行经理，鳌江开埠先驱，现代市镇的奠基人。章乃器、王文川均于1918年毕业于浙江省立甲种商业学校，周锡经先生就是他们的引路人。

## 任职银行　辞归故里

周锡经离任校长后，供职金融部门多年，先担任了杭县（州）农工银行经理。杭县（州）农工银行成立于1918年1月，位于浙江杭州，同年3月试营业，行址设在珠宝巷47号。为官商合办银行，初期资本20万元，其中官股10万元由国税拨给。经理袁道中，后周锡经接任。1921年4月浙江省财政厅批准该行改归商办，由浙军第一师师长潘国纲、中国银行杭州分行经理蔡元康等联合出资8万元，接收办理，经理周锡经，理事屠谔。周锡经任经理共计11年，1929年浙江省财政厅厅长钱新之将该行全部资产12万元归并于浙江地方银行，周锡经出任浙江地方银行理事。

浙江地方银行于1923年3月19日由官商分股前的浙江地方实业银行改组分设而成，首任行长徐青甫，行址在杭州中山中路193号（今90号）。1929年7月，浙江省政府令浙江地方银行进行改组，由王藩泉任理事长，并将杭县（州）农工银行全部资本12万元并归该行。后又补拨公债款28万元，凑足资本金100万元。

中国盐业银行成立于1915年3月，发起人为张馨庵等。

初办时，集股本 500 万元，由财政部立案。该行总管理处原设在北平（今北京），1935 年 12 月 1 日移设上海。该行于 1921 年在杭州设立办事处，1927 年并归总行，1929 年重返杭州，改办事处为分行，周锡经任经理。1935 年，周锡经参加由中国盐业银行总经理吴鼎昌率领的国民政府赴日经济考察团，随 20 人的团队乘日轮离沪赴日考察。抗战时该支行撤回上海，战后未见复业。

1937 年，抗日战争全面爆发。不久，杭州沦陷，周锡经转至中国盐业银行总行管理处，任文牍科长，他后于 20 世纪 40 年代初期辞职退休还乡，回归故里平阳水头。1967 年去世，享年 84 岁。

（本文部分转载于"平阳新闻网"）

故人情怀

# 张之桢：桃李天下一生为"商"

◆ 人物名片

张之桢（1885—1967）

　　字云樵，浙江绍兴人。早年毕业于浙江高等学堂（求是书院）。从1913年起一直在浙江省立甲种商业学校、浙江省立高级商科中学、浙江省立高级中学（商科）担任教员、学级主任、教务主任等。1942—1946年，出任浙江省立高级商业职业学校（简称"高商"）校长。1946年学校回杭后，因同情学生运动，被解除校长职务。1948年退休。中华人民共和国成立后，重返高商继续从事教学工作，直到1955年退休。曾担任中国国民党革命委员会（简称"民革"）浙江省委员会常务委员、杭州市委会副主委，并历任杭州市第三届、第四届人民代表大会代表，政协浙江省第二届委员会委员，等等。

张之桢自浙江高等学堂毕业后，从 1913 年起一直在浙江省立甲种商业学校、浙江省立高级商科中学、浙江省立高级中学（商科）担任教员、学级主任、教务主任等职。抗日战争期间，在极其危难的情况下，于 1942—1946 年出任高商校长，为将学校从浙江省立临时联合高级中学（简称"联高"）划出重新单独成立高商做出了卓越贡献。1946 年学校回杭后，因同情学生运动，被解除校长职务，改任厅聘教员兼教务主任，1948 年退休。中华人民共和国成立后，出于对国家的热爱，张之桢重返高商从事教学工作，直到 1955 年光荣退休。1957 年加入民革，曾担任民革浙江省委员会常务委员、杭州市委会副主委，并历任杭州市第三届、第四届人民代表大会代表，政协浙江省第二届委员会委员，等等。他积极参加社会活动，为扩大爱国统一战线事业做出贡献。1967 年 7 月逝世，享年 83 岁。

张之桢把毕生精力奉献给商业教育事业，在一个学校里整整工作了 42 年，桃李满天下，是一位在省内享有很高声誉的教育家。他富有爱国心和正义感，廉洁奉公，严于律己，关爱师生，勤奋工作，治学严谨，堪称师表。在从事教育事业的 40 多年中，他曾先后担任过数学、簿记和珠算等课程的教学工作。

**临危受命　抛家离子**

1937 年抗日战争爆发，杭州沦陷，浙江省立杭州高级中学（商科）（简称"杭高"）迁到金华锁园上课。1938年6月，从杭嘉湖撤退的浙江省立高级中学、浙江省立杭州初级中学、浙江省立第一师范学校、浙江省立杭州女子中学、浙江省立民众实验学校、浙江省立嘉兴中学、浙江省立湖州中学等7所学校，合并成立浙江省临时联合中学（后拆分为浙江省立临时联合师范学校、联高和浙江省立联合初级中学），在丽水县碧湖镇开始复课，张之桢继续在校任教。1942年5月，日军侵犯金华、丽水，联高由丽水碧湖迁至云和、景宁，再迁至青田之南田。张之桢因有家眷被疏散到碧湖缸窑村暂住，没有随学生转移。就在这种情况下，省教育厅根据社会需要，决定将商科从联高划出，单独成立高商，并任命张之桢为校长。商科学生恐张之桢在这危难之际不肯挑此重担，便派出3名代表偷渡敌人的天然封锁线——瓯江，跑到碧湖缸窑村，向先生哭诉，恳求他迅即出任校长，以挽救濒临困境的学生。开始，张之桢的夫人不太同意他冒生命危险去"收拾烂摊子"，先生自己也知道敌人用机枪封锁瓯江，要冲过这条封锁线有很大危险，而且即使冲过去出任校长，任务也非常艰巨；但他想到国难当头、匹夫有责，想到办了几十年的学校和300多名无家可归的流亡学生，动情地对他夫人说："为了学校，为了学生，我一定要去，你们母女俩要尽力克服困难，努力谋生！"他的夫人为他的精神所感动，也只能表示同意。就这样，他毅然抛开妻小，于当晚与3名学生代表冒险偷渡瓯江，长途跋涉到云和县，接受省教育厅的委派，出任高商校长。紧接着奔赴联高所在地，洽商分校事宜，并将商科师生迁回日军已撤退的丽水县碧湖镇龙子庙，为重新单独成立高商做出了不可磨灭的贡献。

## 慎选教员 严把生源

当时，高商所在地丽水县碧湖镇地处抗日前线，离敌占区不到150千米，日军每年春、秋两季常来袭扰。从1942年秋到1945年8月日军无条件投降期间，丽水县碧湖镇曾两次沦陷。每逢紧急关头，张之桢总是带领全校师生辗转于小顺、西坑、南田等地，既要保证师生的安全，又要安排师生的生活，待日军退出碧湖后再回校恢复上课，可谓历尽千辛万苦，幸赖师生通力合作，得以克服一个又一个艰难险阻。更难能可贵的是，先生考虑到高商是浙江培养财经人才的最高学府，不能满足于弦歌不辍，而应千方百计提高教育质量。因而在他出任校长后，就提出"团结一致，克服困难，修建校舍，聘好教师，选好学生，添置图书，加强管理，把高商建设好"的方针，除勘察校址、修复校舍外，他还四处奔走，聘请有真才实学、教学效果好的人担任教师，其中也有因仰慕他的为人而辞去条件优越的工作来高商任教的教师。一时间，高商名师云集，会聚了汪贤进、楼质明、徐光蘧、裴浩馨、徐立朝、郑开甸、钱挺丞、方持衡等具备较高学术水平的教学英才，为高质量教学创造了良好条件。

张之桢不仅慎重选聘教员，而且严格按标准录取新生，绝不徇私情。如1943年永康县新群高级商业职业学校停办，部分学生跑到云和经省教育厅登记要求入学。为把好质量关，他对这部分学生进行考试，按成绩分别将他们插入各年级，对于极少数基础太差的，则动员其返回原籍。与此同时，他还要求学生德、智、体、劳全面发展，并以"勤、慎、诚、恕"为校训，努力培养"从严""求实"的校风，制定了一系列规章制度，依法治校。如1944年张之桢的幼子违反校规，在校务会议上讨论时，张老不徇私情，坚持从严处理，将其开除出校，其他校务委员认为最多只能给予停学一学期的处分。会议僵持了一天，最后才按少数服从多数的原则，决定给予其停学一学期的处分。这件事对学生的震动很大。正因为如此，尽管当时环境极其恶劣，生活非常艰苦，但师生情绪高昂，校纪严明，学习风气相当浓厚，一批又一批青年学生在烽火中健康成长，增长才干，毕业生受到用人单位的普遍欢迎和赞赏，且不少人在中华人民共和国成立后成为所在单位的骨干，有的还被评为高级会计师、高级经济师、高级编辑等，为社会主义建设事业做出了应有的贡献。

## 患难相依　生死与共

在枪声不绝、环境恶劣的最前线办学，为什么高商师生有那样强大的凝聚力呢？这与张之桢尊重教师、热爱学生，与师生同甘苦、共患难是分不开的。张之桢为人和善，虚怀若谷，对教师非常尊重、诚挚，对学生总是谆谆诱导、亲切和蔼。他平日以校为家，连春节都亲自值班，让其他人员能够回家团聚。每天清晨，他总是第一个到操场参加学生早操，每晚熄灯后都要提着灯笼查看教室宿舍后，才回到不足 10 平方米的办公室兼卧室工作和休息。更为可敬的是，在最危险的时候，他总是不顾个人安危，先把师生安排好。比如，在白天遭到敌机侵袭时，他总是先到各教室查看一遍，然后再转移到安全地带。在敌人流窜时，他总是先组织广大师生带上衣物转移，自己与少数同学留守学校，直到确认安全，才去追赶师生大部队。老校长虽年近花甲，仍然身负 10 余斤粮食翻山越岭，有的工作人员考虑到他年纪大、工作累，给他雇来代步轿子，他坚决拒绝，坚持与师生一起步行。有的教师看到这种情况动情地说："与张校长一起，再危险、再艰苦也心甘情愿，决不离开商校。"有的女同学因白天要走崎岖山路，黑夜仅靠几只灯笼赶路，感到难以支持，张之桢就不断地鼓励她们："我们是一个集体，只要我在，决不让一个学生失散，大家要患难相依，生死与共。"在他的言行影响下，同学间开展了男帮女、强帮弱的团结互助活动，终于克服重重困难。杭州商学院退休干部、当年在高商担任会计的阙良俊同志每每回忆起这段经历，总会感慨地说："像张老这样的校长，在当时真是少见。"

### 廉洁奉公　品德高尚

当时，能当上高商校长的，肯定是有一定社会地位的，按一般估计，其家庭生活应该比较富裕。可是，熟悉张之桢的人都知道，在他担任校长期间，不仅没有发过什么"国难财"，而且连自己微薄的工资也经常用来救济无家可归的学生，供他们添购鞋袜和文具用品，家中一度主要靠他夫人做针线活和编织加工的收入度日。但这种家贫如洗的情况未能动摇他那爱护学生的慈父般的心，只要学生有所求，他无不解囊相助。他的夫人戏谑地说："别人当官发财，你做了校长，我连你的工资也见不到了，哪有你这样的大傻瓜。"他却笑哈哈地说："苦是苦一些，但苦中有乐，其乐无穷。"并谆谆告诫："做人要做得清白，才对得起自己，对得起大家，对得起苍天啊！"

1945年夏，总务主任见校长家生活长期困难，来校长家相告，学生历年伙食中结余粮食3万多斤，无账可查，可分而食之。张之桢听后坚决不准。不久，学校召开欢庆抗日胜利大会，师生载歌载舞，他就在会上宣布将这几年结余的3万多斤粮食全部交膳食管理委员会用以改善师生生活，顿时全场掌声雷动。同时，他还向学生公布了救济金和救济物资的收支情况，并建立师生稽核组进行审核。全校师生深受感动。为颂扬张校长廉洁奉公的高风亮节，同学们献给他一枚铜质的圆形纪念章，上面刻有"同甘共苦"4个字，以表示对校长的崇敬。

正是由于张之桢一生清白、两袖清风，他5个子女高中或高商毕业后，因限于经济条件，就都参加了工作，没有一个直接升大学的。在他退休以后，两位老人的生活全靠退休金和子女的赡养，没有丝毫积蓄，真可以说是"留得清白在人间"，值得后人永远怀念和学习。

## 爱国情深　护生心切

　　张之桢具有强烈的爱国心，当年常以"国家兴亡，匹夫有责"这一古训教育学生，要求他们毕业后切不可为日伪做事。同时，他对国民党反动当局的倒行逆施十分痛恨，对被迫害的师生常竭力奔走营救。如 1944 年春，三年级学生徐某某（永康县人）失踪后，张之桢经多方打听，得知该生被中统调查室关押在狱中，张之桢不顾个人安危，随即奔赴省教育厅等单位，据理力争，最后徐某某得以保释。1944 年秋季，二年级温州籍学生陈朱廉等人的进步活动，引起当局注意。张之桢得知后即通知他们回避，于是他们陆续离校参加革命。又如 1946 年夏，杭州中等职业学校师生因为物价飞涨，要求政府当局调整生活补助费和增加学生伙食费，分别成立了教职员联合会和学生联合会，学生代表蔡家骥等走访了张校长，他表示支持。于是学生代表就积极组织高商师生参加全市职业学校的罢课游行等活动。事后，浙江省主席沈鸿烈下令，开除组织学潮的师生。省教育厅厅长许绍棣找到张校长说："你是政府任命的校长，怎么能支持学生的反政府行动？现在唯一的补救办法是将毕业班带头的几个学生开除，以挽回影响。"张之桢当即表示："这不行，游行是我同意的，决不能出尔反尔，况且他们没有错，不能开除他们。一切由我承担，我校长可以不当。"就这样，张之桢为了保护进步学生，被撤销了校长职务。当局宣布这一决定时，学生失声痛哭。在新校长到校后，学生仍尊称张之桢为老校长。由此可见，国民党政府虽然可以免去张老的校长职务，却无法抹掉他在学生心目中的崇高形象。正如 1946 届毕业生于 1986 年在杭州共聚时，在《重聚小记》中所言："大家对已故的张之桢校长表达无限缅怀之情，对他在 1946 年为保护我年级组织反蒋学生运动的同学而被国民党反动派撤职表示敬意。"

## 知识渊博　师生共仰

张之桢不仅是一位受人尊敬的老校长，而且还是一个受人尊敬的好教师。他治学严谨，知识渊博，善于独立思考，在某些方面颇有创新。在从事教育事业的 40 多年中，他曾先后担任数学、簿记和珠算等课程的教学工作。

张之桢对数学有特殊的爱好和深入的研究。早在浙江高等学堂求学时，因数学成绩优异，学校聘请他兼教过低年级数学课。在他从事教学工作前期，主要教授的就是这门课程。他备课非常认真，对各种数学书爱不释手，并往往把所有习题先做一遍，根据学生水平的高低准备好几套解题方案，讲课时总力求从多方面提出问题，启发学生思考，注意因材施教，使基础较差的学生能够领会，水平较高的学生得到新的启迪。1986 年，著名经济学家骆耕漠同志来杭州商学院访问时，曾特地约见了先生的大女儿和女婿，赞扬先生 20 世纪 20 年代初给他们班讲数学课时提到的独到见解。

在教书生涯的中后期，张之桢主要讲授簿记和珠算等课程。他在珠算上创造了一套"乘除速算法"。高商毕业生有一手过硬的珠算本领，都得益于张之桢的传授。他的几个子女在他的影响和指导下，也都练得一手"好算盘"，有的还被选为浙江省珠算协会理事。张之桢根据长期的教学经验，曾编写了一本珠算讲义，其中有不少独到见解，可惜原稿后来被毁，没有流传下来，这是一个很大的损失。

张之桢的一生，是全心全意为商业教育事业献身的一生，他为从联高划出商科单独成立高商做出了卓越的贡献，桃李满天下，理所当然地要受到师生发自内心的尊敬。早在1929年省立高级商科中学被并入省立高级中学时，师生就送给张之桢先生一块楠木镜框作为纪念，内嵌张果老骑驴画，左上角写"张之桢教学 20 周年"，右下角写"省立高商赠"。1948 年，国民党政府当局要张之桢退休，同学们又送他一块精美木雕，上面写着："亲爱的老校长，有多少人从您这儿起步，踏上祖国的征途。高商全体师生赠。"

这里更值得一提的是，1947 年，张之桢早年的学生，当时继任高商校长的钟大雄先生等人，出于对其的尊敬，联络京沪杭一带的知名校友，由章乃器、寿勉成等人发起，为张之桢筹建礼堂并发起募捐，一时间各地校友纷纷解囊捐献，总数高达金元券 2000 万元。他们在屏风街高商校园内建造了一座可容 500 人的大礼堂，定名为"之桢堂"，并在"之桢堂"落成后，邀请校友代表回校，隆重召开庆祝大会，颂扬张之桢一生的为人和办学功绩。张之桢坐在台上热泪盈眶，在师生热烈的掌声中频频起立致谢，此情此景，感人肺腑。在浙江教育界能获得师生如此爱戴和崇敬的，确不多见。

（本文系综合文献整理而成）

# 章乃器：抗日救国"七君子"之一

◆ **人物名片**

*章乃器*（1897—1977）

　　原名埏，字子伟，又字金烽，别名嘉生，爱国民主先驱，救国会"七君子"之一。1917年毕业于浙江省立甲种商业学校。1936年11月，在上海与沈钧儒、邹韬奋等同时被国民党政府逮捕，世称"七君子事件"。中华人民共和国成立后，历任中央人民政府政务院政务委员，中央财经委员会委员，中央人民政府粮食部部长，第一届全国人民代表大会代表，中国人民政治协商会议第一、二届全国委员会常务委员，第三届全国委员会委员，中国民主建国会中央副主任委员，全国工商联副主任委员，等等。著有《章乃器论文选》等。

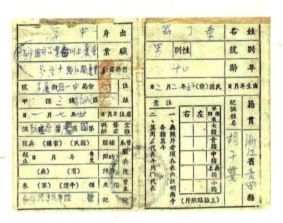

章乃器的身份证

　　章乃器长期从事金融工作，曾在上海任浙江实业银行副总经理，创办《新评论》月刊。1936年5月，在上海成立全国各界救国联合会，发表声明，响应中国共产党"停止内战，一致抗日"的主张；同年11月，在上海与沈钧儒、邹韬奋等同时被国民党政府逮捕，世称"七君子事件"。1937年"七七"事变后获释。抗日战争时期，章乃器任安徽省政府委员、财政厅厅长等职。1939年在重庆创办上川实业公司和中国工业经济研究所，从事经济活动。1945年底参与发起成立中国民主建国会，任中央常务委员。1949年9月出席中国人民政治协商会议第一届全体会议。中华人民共和国成立后，历任中央人民政府政务院政务委员，中央财经委员会委员，中央人民政府粮食部部长，第一届全国人民代表大会代表，中国人民政治协商会议第一、二届全国委员会常务委员，第三届全国委员会委员，中国民主建国会中央副主任委员，全国工商联副主任委员，等等。1977年卒于北京。

## 清寒家世　苦学成名

　　章乃器原名章埏，清光绪二十三年农历二月初二（1897年3月4日）出生在浙江省青田县小源村的一个破落乡绅之家。祖父章楷，清同治九年（1870）举人，为浙东名士，擅长诗文书法，为人急公好义，扶危济困。父亲章炯，曾留学日本，民国初年做过几任小官，后一直赋闲家居。章乃器出生时，家道已经中落。章乃器少年时代受各种新思潮的影响，倾向于革命。1911年辛亥革命爆发，他的大哥章培参加了革命军。章乃器当时还在丽水县上学，应大哥之召，毅然投笔从戎，到南京临时政府陆军部属下飞行营当了一名学兵。但辛亥革命的成果不久即被袁世凯窃取，飞行营也被取消。1913年，章乃器前往省城杭州继续求学，但到达省城时，其他学校均已招考完毕，只剩下浙江省立甲种商业学校还在招生。在这种情况下，他进入了这所学校。他原来的理想是当发明家，但进入浙江省立甲种商业学校学习这件事却无意中决定了他一生的发展方向。在该校学习的5年中，他的家境每况愈下，负担不起学费，但他每次考试都名列第一，最终靠奖学金完成了学业。1918年从浙江省立甲种商业学校毕业后，他本想继续求学，但学费无着，不得不踏出校门，走上谋生之路。经校长周锡经先生介绍，章乃器到浙江实业银行当了一名练习生。

　　翌年，他辞职北上，到北京谋生。在经历了几度失业的困苦之后，章乃器于1920年冬回到上海，重入浙江实业银行，当了一名营业部科员，生活才相对稳定。章乃器在工作之余，潜心研究经济学和金融理论，每天在昏黄的灯火下苦读到深夜，数年如一日。他的理论水平不断提升，业务才干日益增强，发表了不少有见地的论文，在银行界崭露头角。浙江实业银行总经理李铭和上海分行经理陈朵如对他都十分器重，由于李、陈的识拔，章乃器逐步擢升为营业部主任、襄理、副总经理，直至成为一名成功的银行家。

1932年6月，章乃器出面联合上海各华商银行，成立了银行界的公用机构——中国征信所。征信所采取会员制，负责对银行客户的信用进行调查。这是国内第一家由中国人创办的此类机构，章乃器代表浙江实业银行，出任董事长。他提出"审慎以求真""详尽明晰以求美""忠实公正以求善"。在他的主持下，中国征信所制定了一整套科学的调查程序，延揽了一批优秀的专门人才，除逐日向会员提供市场报告外，还根据会员的委托提供专项调查服务。中国征信所以高效、优质的服务，一举挤垮了4家外国人办的征信所。该所出版的《行名录》内容详尽，印刷精美，压倒了英人《字林西报》出版了几十年的《行名录》。

这些令中国人扬眉吐气的业绩，为章乃器赢得了社会声誉和地位。他先后受聘执教于上海光华大学、沪江大学、商学院等高等院校。1936年，章乃器的论文集《中国货币金融问题》出版，受到国内外学者的高度评价，被译成英文和日文，成为研究中国经济领域的权威性著作。

作为民族工商业的代言人，章乃器主张实行保护主义的经济政策，用统制手段管理中国的货币和金融市场，以保护民族工商业的发展。他主张"废两改元"，废除各种封建性的和殖民地化的货币，实现币制的统一；他分析了列强为夺取对中国货币的控制权而发动的货币战争，反对中国加入英镑、美元等外币集团，主张"中国要有一个独立的货币本位和稳定的货币价值"。

章乃器强调信用事业对金融市场的调节作用，首倡"信用膨胀"说，主张"以稳健的扩张信用之手段，代替不健全的通货膨胀手段"，提出创造现代银钱市场和资本市场，由华商银行"推行票据承兑和贴现，使短期资金市场现代化；同时推行股票和公司债票"。他指出，把信用放款改为票据贴现，可以加快资本的流通，使呆滞的"账面债权"化为可以流通的"票面债权"。在章乃器等人的积极倡导下，上海银行业联合准备委员会于1933年成立了上海票据交换所和票据承兑所。

## 救国无罪　名垂史册

章乃器是民族资产阶级中先知先觉型的思想家，在20世纪30年代就被国外学者视为"中国左翼运动的理论家"。早在北京任职时，他亲身经受了五四运动的洗礼，"民主与科学"成为他终生不渝的信条。他早年信仰进化论和三民主义，但不肯加入国民党，表示宁愿做三民主义的"居士"而不做"和尚"，始终坚持反对帝国主义和新军阀的立场。

为实现自己的政治主张，章乃器与沈钧儒、邹韬奋、陶行知、周新民等组成了一个10人小组，以聚餐会的形式进行活动，讨论时局和救亡的方针，这个小组就是救国会的前身。他还在 1934 年与宋庆龄、何香凝、马相伯等发表《中国人民对日作战的基本纲领》，共同发起成立中华民族武装自卫委员会。

1935 年，中共中央发表《八一宣言》，提出停止内战、组成抗日民族统一战线的主张。章乃器读后对此深为赞赏，立即通过多种渠道大量翻印散发。同年 12 月，"一二·九"爱国学生运动爆发，章乃器等在原 10 人小组的基础上，公开成立了上海文化界救国会，不久又成立了上海各界救国联合会。章乃器是这两个组织的常务委员，分管财务和宣传。他才思敏捷，文辞犀利，所撰《四年间的清算》《辟一套亡国论——唯武器论和唯武器史观》《给青年们》等政论有血有肉，脍炙人口。救国会的大多数文件也出自他的手笔，他被同人们誉为"宣言专家"。

1936 年 5 月 31 日，全国 20 余省市的 60 多位救亡团体的代表在上海集会，成立了全国各界救国联合会，沈钧儒、章乃器等 14 人被推为常务委员。会议通过的宣言批评了国民党的内战政策，提出建立"统一的抗敌政权"等主张。7 月 15 日，沈钧儒、章乃器、陶行知、邹韬奋共同发表题为《团结御侮的几个基本条件与最低要求》的公开信，表示赞同中共《八一宣言》中组成抗日民族统一战线的主张，要求国、共两党立即停止内战，合作抗日。8 月 10 日和 9 月 18 日，毛泽东两次代表中共中央致函章乃器、邹韬奋等人，对救国会的宣言和纲领表示"极大的同情和满意"，认为"这是代表全国大多数不愿意做亡国奴的人们的意见与要求"，希望与救国会"在各方面做更广大的努力与更亲密的合作"，并委托潘汉年与他们经常交换意见。

"七君子"与马相伯、杜重远合影（右起李公朴、王造时、马相伯、沈钧儒、邹韬奋、史良、章乃器、沙千里、杜重远）

　　救国会团结抗日的主张日益深入人心，上海成为全国救亡运动的中心，引起了国民党当局的严重不安。蒋介石和上海市市长吴铁城先后亲自出面设宴，对沈钧儒、章乃器等救国会领袖软硬兼施、威逼利诱，但他们仍坚持自己的主张，不为所动。由于章乃器是救国会的实际负责人，吴铁城转而威胁浙江实业银行，要求李铭辞退章乃器，企图以此手段瓦解救国会。李铭拟由银行出资安排章乃器赴英留学作为转圜，但章乃器认为救国会是关系到国家存亡的事业，既然救国与职业不能两全，便当场毅然辞职，亲手敲碎了被人视为"金饭碗"的银行副总经理一职。事实上，他早已下了毁家纾难的决心，为了支付救国会的经费，他用光了自己的积蓄，卖掉了洋房，赁屋而居。从银行辞职后，他把全部精力投入了救国运动。

　　1936 年 11 月 23 日，国民党当局以"危害民国"的罪名，将救国会领袖沈钧儒、章乃器、邹韬奋、李公朴、王造时、史良、沙千里逮捕，制造了震惊中外的"七君子事件"。这一事件激化了国民党内部矛盾，诱发了"西安事变"，张学良、杨虎城将军将"释放上海被捕的爱国领袖"列为兵谏的八项主张之一。周恩来代表中共中央赴西安与蒋介石、宋子文谈判，也提出了释放救国会领袖的要求，并提名宋庆龄、杜重远、沈钧儒、章乃器在抗日联合政府中担任职务。"七君子"在狱中大义凛然，坚决拒绝声明悔过。他们义正词严地宣告："自问无罪，天下亦尽知其无罪，为国家民族前途计，亦终认'救国无罪'四字应令永留史册。"在 1937 年 6 月 11 日开始的"苏州审判"中，"七君子"同检察官唇枪舌剑，法庭成为宣传抗日救国的讲坛。章乃器在法庭答辩中宣称："每一个有良心的中国人，都有主张抗日的义务。"救国有罪的冤狱在国内外激起了极大义愤，宋庆龄、何香凝等在社会上发起"救国入狱运动"，声明如救国有罪，则愿与"七君子"同受处罚。宋庆龄等还亲赴法院，请求与沈、章等一并羁押。国际知名人士罗曼·罗兰、爱因斯坦、杜威、罗素等也发起营救行动。

### 改革财政　团结抗战

　　卢沟桥事变爆发后，举国一致团结抗战的局面已经形成，司法当局不得不同意将"七君子"释放。1937年7月31日，他们结束了8个月的牢狱生活，在群众的热烈欢迎下光荣出狱。章乃器出狱后继续从事救亡活动。他与国际友人路易·艾黎、斯诺夫妇及徐新六、王芸生、卢广绵等发起中国工业合作协会，组织沿海工厂内迁，发展战时生产和就业。他还撰写了《抗日必胜论》《民众基本论》，批驳各种"亡国论"，提出"武器的力量不是绝对的，而人的力量毕竟还是决定胜负的因素"。这些观点，后来为毛泽东在《论持久战》一书中所采用。

"八一三"事变后，上海租界沦为孤岛，章乃器撤退到香港。第五战区司令长官李宗仁邀请他前往安徽前线工作，他立即表示同意。途经武汉时，章乃器到中共办事处会见周恩来，周恩来嘱托他到安徽后彻底执行释放政治犯的方针，搞好同新四军的合作。章乃器在1938年春到达安徽。当时的安徽省政权是一个统一战线政权，由国民党桂系的李宗仁任省主席（不久改为廖磊）。李宗仁原拟安排章乃器出任省政府秘书长，但蒋介石不同意，只好改任其为省动员委员会秘书，不久又任命他为省政府财政厅厅长。安徽的不少地区此时已相继沦陷，财政捉襟见肘，濒于崩溃。

章乃器接掌财政厅，提出"铲除贪污""节约浪费"两大方针，大刀阔斧地革除积弊陋规，惩办贪官污吏，并通过统一税收、发行辅币及在敌占区与我区之间创设货物检查税等措施，在短短的3个月内，使省财政变得收支平衡且略有盈余。章乃器在安徽坚持团结抗战，反对国民党中一部分人的逃跑主义和反共立场。他按照周恩来的嘱托，努力协助新四军，以统一财政的名义，每月补助新四军 3 万银圆，并多次派人给新四军送去奎宁等大批急需药品。章乃器为了培养财经干部，举办了几期财会讲习班，由于他在青年中享有很高的威信，不少进步青年慕名前往。这批干部在章乃器离开安徽后，大部分转入新四军工作。中华人民共和国成立后，不少人还担任了财经部门的高级领导职务。后来毛泽东与章乃器会面时，当面感谢他为党培养了大批财经干部，做了好事。

　　章乃器在安徽理财成绩斐然。他的老同学陈诚向蒋介石建议重用他，以整顿不景气的大后方经济。蒋介石在武汉召见章乃器，提出要他留在"中央"工作，但被他当场谢绝了，后又动员陈诚、孔祥熙、陈立夫等大员轮番挽留，都未奏效。不久，安徽的方治等又编造了"章乃器在安徽搞武装"的谣言，于是蒋介石对章乃器疑心顿生，使出"调虎离山计"，电召章乃器"赴渝述职"；章乃器于 1939 年 6 月到达重庆后，蒋介石又下令"免职另候任用"。此后蒋介石又几次试图重用章，但都被他拒绝了。

### 捍卫民族　谋求民主

　　章乃器到重庆之后，发现救国会内部矛盾很多。1941 年，苏联与日本签订《苏日中立条约》，其中有相互保证尊重"满洲国"和蒙古人民共和国的"领土完整和不受侵犯"的条款，一时舆论哗然。章乃器与救国会领导人签署了一封致斯大林的公开信表示抗议。后来救国会又要收回此信，章乃器不同意这样做，便脱离了救国会。

他深感"没有经济基础的政治运动，最后总不免要流为政客活动"，需要动员那些不靠做官吃饭、更不靠做官发财的工商界人士参加民主运动，要把他们组织起来，成为一个政治团体。章乃器认为要使中国富强，只有走工业化的道路。他在重庆创办了上川实业公司，兴办酒精厂、手摇发电机厂、机器厂、畜牧场等；后又创办上川企业公司，经营土产运销和进出口业务。在抗战胜利后与昆仑影片公司合作，投资拍摄了《一江春水向东流》《八千里路云和月》等抗战题材的进步影片。他与吴蕴初等创办了民族工商业界的思想库——中国工业经济研究所，自任所长。他还不断地发表文章，批评国民党官僚资本压迫民族工业的政策，为挽救中国民族工业奔走呼号。

章乃器在抗战期间发表了《论恶性膨胀》《物价问题的症结》《由节制游资说到国民财产总登记》等文章，反对官僚资本和投机资本控制国家经济命脉，主张冻结游资、规定法币使用限额、推广票据流通；对国民的土地、商品、外币、证券和债券等财产实行总登记。他要求"消灭秘密财产制度"，主张对官僚资本在国内外的财产进行调查，并依法课税。章乃器认为，为了加快中国工业化的步伐，国家在对民族工业实行保护政策的同时，不应反对在平等的原则下有计划地吸收外资。他说："自然最好的办法是借外债，聘请外国技师，以至购买外国的专利，而不必让外人设厂。但如不可能，让外人设厂总比没有好。外人投资设厂，自然要采取特许制。要订立合同，规定年限，还要附带在一定时间以内以技术传授国人的条款。特许经营的项目，限于我们无法经营，或虽能经营而质量却离必需的水准太远的事业。我们要防止不合理的国际竞争，然而必须接受合理的竞争。……‘无内忧外患者国恒亡’，无竞争者业必衰。我们不能盲目让外厂自由发展，也不能盲目地反对外厂。"

抗战胜利后，国内民主浪潮高涨。毛泽东到重庆谈判时，曾三度会见章乃器等工商界人士。1945年12月，章乃器与黄炎培、胡厥文等发起成立由工商界人士和知识分子组成的民主建国会。章乃器为民建起草了政治纲领、组织章程和各种文件，政纲提出："建国之最高理想，为民有、民治、民享。我人认定民治为其中心。必须政治民主，才是贯彻民有，才能实现民享。"政治纲领还提出"经济民主"的概念，要求以民主方式制订国家的经济计划，"人民须有充分经营企业之自由，除保护劳工及防止独占法律以外，不得再有其他之限制"；为防止家长制和个人独裁，民建的组织原则为"不采取领袖制"。这些在中国的政党中都是独具特色的。

1946年春，特务暴徒在重庆制造了著名的"较场口血案"。章乃器出面与特务交涉，遭到特务殴打，郭沫若、施复亮、马寅初等多人受伤。血案发生后，章乃器等立即举行中外记者招待会，揭露血案真相，指出"光明终要战胜黑暗"，表达了为民主而奋斗的决心。章乃器在为民建起草的各种文件和声明中，坚持争民主、反内战的正义立场，反对美国政府介入中国内战。

1947年民主同盟遭解散后，国民党当局加紧了对民主人士的迫害，章乃器被迫流亡香港。他在香港发表《乾纲重振》《新的转捩点》等文章，表达了与国民党当局决裂、向往新中国的信念。

1948 年 5 月，章乃器等民建人士在港理监事发表声明，支持中共召开新政治协商会议、建立新中国的政治主张。这一时期各民主党派在香港共同发表的宣言文件，大部分是他起草的。同年底，章乃器接到毛泽东的电报，邀请他北上参加新政治协商会议的筹备工作。当时他在香港创立的港九地产公司的事业正蒸蒸日上，但他以国事为重，毅然束装北上，舍弃了个人的事业。

章乃器与李济深、茅盾、马寅初等秘密乘坐苏联货轮，于 1949 年 1 月到达东北解放区；不久转赴北平，参加新政协筹备会议。他见到解放区欣欣向荣的景象，写下了《人民的东北》《平津工商业的新生》等文章，热情讴歌新社会。他曾说："我过去多年为资本家打算盘，今后要全心全意为人民打算盘。"在 1949 年 9 月的新政治协商会议上，他进行了题为"新民主主义的民族工商业家的任务"的发言，鼓励工商业者发展事业，积累资本，为将来和平过渡到社会主义做准备，消灭自己的阶级。在历史上，中国民族资产阶级的代表人物，公开提出消灭自己阶级的主张，这还是第一次。中华人民共和国成立后，他还将自己收藏的约 2000 件珍贵文物无偿捐献给国家。

**为爱国来　不违初衷**

中华人民共和国成立后，百废待兴，章乃器以极大的热情投入经济建设。他担任了中央人民政府政务院政务委员、财经委员会委员、编制委员会主任、全国政协常委兼财经组组长等职。作为一位杰出的理财家，他曾向周恩来建议发行人民胜利折实公债，向陈云提出打击上海投机狂潮、解决南北物资运输等建议，均被党中央所采纳，稳定了中华人民共和国成立初期的经济。针对建立和健全财政金融体制、会计制度，调动民族工商业者的积极性以发展生产等问题，他都提出了不少极有见地的意见，并做了大量工作。

1952 年，章乃器出任中国首任粮食部部长。他积极参与制定了粮食统购统销的重大政策，首创粮票制度，基本上解决了中国历代政府都难以解决的吃饭问题，对保障中国的社会政治经济稳定起了重要作用。他主张建立储备粮制度以备粮荒；制定了科学的粮食生产标准和严格的储运管理体制；针对国家在粮食价格上的政策性补贴，他反对把"不惜赔钱"理解为"不计成本"。他不懈地努力，确立了经济核算制，批判了供给制思想，使粮食部门扭亏为盈，开始向国家上缴利润。章乃器的工作多有建树，多次受到毛泽东主席、周恩来总理的表扬。

章乃器在中华人民共和国成立后担任中国民主建国会副主任委员，并与陈叔通、李维汉共同负责筹创全国工商联。全国工商联成立后，他担任副主任委员。在工作中，他对一些社会主义民主与法制、社会主义时期阶级关系等理论问题进行了独立的思考和探讨，并经常提出自己的见解，其中相当一部分是正确的或基本正确的。他不赞成过分强调阶级斗争和阶级对立，不赞成因强调政治标准而埋没业务人才，主张发挥工商业者在企业管理方面的聪明才智，为社会主义服务。对于以党代政、个人崇拜、教条主义、官僚主义等弊端，他也很早就提出了批评。有些观点虽然引发了争议，但属于人民内部的思想认识和是非问题。1977 年 5 月 13 日，章乃器在北京逝世，享年 80 岁。

章乃器的一生历尽艰辛和磨难，但他始终坚持爱国的信念和敢于讲真话的精神，保持中国知识分子"贫贱不能移，富贵不能淫，威武不能屈"的传统气节。全国工商业联合会主席经叔平在纪念章先生时指出："章乃器先生位高不自居，名重不自恃，勇于追求真理，乐于无私奉献，是中国共产党的忠诚朋友。他的一生令人敬仰，他不愧是一位杰出的历史人物。"

（本文系综合网络资源整理而成）

# 骆耕漠：新中国的"铁算盘"

◆ **人物名片**

骆耕漠（1908—2008）

　　原名丁士通，曾用名李政，浙江於潜（今杭州临安）人。1922年考入浙江省立甲种商业学校。中华人民共和国成立后，历任中共中央华东局财经委员会（简称"华东局财经委"）副主任，中央人民政府国家计划委员会（简称"国家计委"）副主任，全国人民代表大会常务委员会办公厅副主任，中国社会科学院经济研究所研究员、顾问，北京大学兼职教授，等等。1981年被聘为中国科学院哲学社会科学部学部委员，1982年受聘为中国社会科学院研究生院教授、博士生导师，国务院经济研究中心顾问。著有《骆耕漠文集》等。

骆耕漠，1908年10月18日出生于浙江省於潜县，1927年参加国民革命。任杭州市团委二区区委书记期间，由于叛徒出卖被捕入狱。在监狱里，他和一批革命者建立党小组，传递进步报刊，进行了6年多的艰苦斗争。出狱后，骆耕漠在上海《中华日报》经济副刊工作，在建立了中国经济情报社的同时，组织和参加了上海纪念"九一八"大游行等革命活动。抗日战争爆发后，骆耕漠任中共浙江省文化工作委员会书记，创办了《动员周刊》和大型刊物《东南战线》。曾山对骆耕漠的工作极为关注，多次进行重要指示。1939年3月，周恩来前往皖南视察新四军军部，路经浙江金华，特约见了骆耕漠，听取了他的工作汇报，鼓励他办好《东南战线》，一方面要"理直气壮地进行宣传，做工作"，一方面要讲究斗争策略，隐蔽一点。

**殚精竭虑　理财有方**

1940年，根据上级指示，骆耕漠前往江苏盐城新四军军部接受新的工作任务。1941年，骆耕漠到达新四军军部，被任命为新四军军部财政经济部副部长兼江淮银行行长。骆耕漠一上任就积极采购设备，准备建印钞厂。后来由于日军对盐阜区进行第一次大"扫荡"，印钞工作被迫中断。骆耕漠受命组织银行和印钞厂人员撤退，在艰苦的转移途中，他们将公款视若生命，精心保护，直到最后悉数交公。

1961年3月1日—5月12日，经济所在香山举行"社会主义经济论"讨论会（前排从左至右：孙冶方、张闻天、杨坚白、冯秉珊、骆耕漠；后排从左至右：何建章、赵效民、王绍飞、刘国光、董辅礽、孙尚清、桂世镛、项启源、李琮、田光、江冬、黄道南）（图片来源：《张闻天：画册》）

　　反"扫荡"以后，骆耕漠于1941年8月到新四军三师任盐阜行政公署财经处处长兼盐阜银行行长、中共苏北区党委财经委员会副书记。黄克诚专门交给骆耕漠一个任务，即成立盐阜银行。骆耕漠以"盐阜生产合作社"的名义组建盐阜印钞厂，成立了造纸厂，印制盐阜币。盐阜银行于1942年4月10日在阜宁陈集岔头庄挂牌成立。骆耕漠任董事长并暂兼行长。

　　作为一方财政主管，部队、民主政府、民众的基本生活保障皆是骆耕漠的重要职责。为了"发展经济，保障供给"，改善军民生活，骆耕漠可谓殚精竭虑。盐阜区有着产棉的地域优势，骆耕漠就在财经处内增设一个生产建设局，他亲任局长。生产建设局负责统一收购棉花，并自建一个土布工厂织布，生产毛巾；同时，生产建设局还组织民间土纺车纺纱，仅此项就解决了地方脱产人员的冬衣和夏衣的需求。另外，生产建设局还在地方和部队办起榨油厂、卷烟厂、农具厂等，并且利用地域特点，发展盐业生产。1945年初，骆耕漠离开盐阜地区，跟随粟裕部队前往苏浙军区，任苏浙军区供给部部长。

## 决战前夜　临危受命

1947年，骆耕漠任中共中央华东局供给部副部长。1948年春，时任华东军区供给部代部长的骆耕漠，在河南濮阳亲受陈毅之命，组建华野第一支财经接管干部大队。高景平自此追随骆耕漠从事财经工作，并与他一同调往中共中原局豫皖苏分局。

中原决战首次战役——开封战役打响后第三天，四处还响着密集的枪声，戴着近视眼镜的骆耕漠，便在前方秘密宿营地急不可耐地跃身上马，带领仅有几十名干部的财经队伍，向烽火连天的开封城冲去。战场上到处是尸体，强烈的尸臭使人几近窒息。骆耕漠一边传令大家撕开衬衫，做防护口罩，一边感慨："但愿中国从此有个好前途，不要再打仗、再混乱了。"

直到整个豫东战役获胜，全面清理战果时，知识分子气十足的骆耕漠，还不断对高景平念叨："这次攻开封，克睢杞，占豫东，打得真是天崩地裂，处处血雨腥风。一个月不到，伤亡总人数就接近6位数啊！陈毅对我说过，这不是以暴易暴，是为了结束专制黑暗统治不得不进行的暴力革命，是新中国的催生婆。但愿新中国能繁荣富强、光明万年啊！"

1949年5月，改任华东局财委与淮海战役总前委财经委员会秘书长的骆耕漠，亲自护送总前委书记邓小平由南京乘坐吉普车前往丹阳，筹备接管大上海事宜。那时，邓小平兼任华东局书记与华东局财委党组书记。华东局财委"五大委员"，即邓小平、曾山、方毅、刘岱峰、骆耕漠。方毅、刘岱峰常驻济南、郑州，日常只有曾山、骆耕漠两位具体协助邓小平及陈毅，按照新民主主义大政方针，全面制定上海财经接管的重大部署。

据时任华东局财委副秘书主任高景平回忆，由于骆耕漠善于把财经接管与日后建设相结合，并立即做出精确的数字化方案，邓小平曾在丹阳会议上当众盛赞"耕漠是足以信赖的财经领导干部"，并开玩笑说："这次组建的华东财委，几乎个个都是'人精''铁算盘'。我对做好这一摊经济工作，很有信心。"如果不是陈毅在丹阳坚持要求邓小平把骆耕漠归还华野，邓小平还想在上海接管完成后，带骆耕漠一起去西南工作。

解放军接管上海后，困难重重、危机四伏。特别是银圆非法交易猖獗，新发行的人民币站不住脚，各种企业开工不足，市场连市民口粮与日用品也无法保证供应。国民党广播电台预言，共产党在上海待不过半年。

在曾山、许涤新、骆耕漠等财委领导郑重建议下，邓小平、饶漱石、陈毅、粟裕等下决心端掉了上海银圆非法投机据点。财委随即推出了一系列新民主主义经济手段，如挂牌收兑银圆、外币，推出货币"折实单位"，在苏鲁皖豫和东北大量购运"两白一黑"（大米、棉花、煤炭），向私营企业放贷资金并提供原料与市场，按经济规律陆续组建地方国营企业，从社会各阶层积极吸纳闲散劳力，随时监控市场、调整价格，逐步缩小工农业商品剪刀差。

由骆耕漠等财经专家实施的这些宏观经济措施，有效遏止了已延续 12 年之久的恶性通货膨胀，使大上海经济重新繁荣起来，国内外有识之士交口称赞。这是 1949 年以来，中国财经领域第一个具有转折意义的重大胜利。此后数年，在华东财委领导下，上海一直承担着中央财政约 1/4 的重担，成为中国经济最主要的支柱。

### 著述不辍　硕果累累

在艰苦卓绝的革命战争年代，骆耕漠在做好繁重的领导工作的同时，还进行经济理论研究，笔耕不辍。此后，在中华人民共和国成立后的 40 多年中更是硕果累累，论著颇丰。他一方面参与国家经济建设的计划管理工作，另一方面深入、系统地研究马克思主义经济理论，同时着力进行经济政策的研究和政治经济学基础理论探索，特别深入钻研对当时经济体制改革和发展有重大指导意义的基本理论，如商品货币关系、生产劳动关系、价值和价格、利润和地租等中国经济所面临的重要问题，其政治经济研究思想已成为我国政治经济学理论流派之一。20 世纪 30—90 年代，骆耕漠共发表了几十篇革命和经济理论方面的论文。

1969年河南东岳"五七"干校的劳动场面（图片来源：《铁窗、战马和不平静的书斋——著名经济学家骆耕漠的传奇人生》，浙江人民出版社，2018年）

　　骆耕漠先生在 96 岁高龄和双目失明的情况下，以惊人的毅力完成了一部 30 余万字的著作《往事回忆》，2004 年 12 月由人民出版社出版。骆耕漠先生的回忆录，生动地记述了他从出生到中华人民共和国建立初期几十年的革命生涯和经济工作经历，气势宏大，曲折起伏。这部回忆录的出版，不仅具有珍贵的史料价值，也具有重要的现实意义。

（本文系综合网络资源整理而成）

# 周立三：经济地理学的开创者

◆ **人物名片**

**周立三（1910—1998）**

　　浙江杭州人，经济地理学家，中国科学院学部委员（院士），中国科学院南京地理与湖泊研究所研究员、名誉所长，是我国现代地理学的开拓者和奠基人。1929 年毕业于浙江省立高级商科中学，主要从事农业地理、综合考察和国情分析研究。1949 年后主要从事农业地理方面的研究。20 世纪 50 年代，率领新疆综合考察队对全疆农业自然资源开发利用与合理生产布局进行了 5 年的深入考察，取得丰硕成果，为新疆资源的开发和经济建设做出了贡献。

1933年，周立三毕业于中山大学地理系。1940年4月，周立三转入重庆北碚，协助黄国璋先生筹建中国第一个地理研究机构，是年9月，中国地理研究所正式成立。1946年，周立三前往美国威斯康星大学研究进修；1947年回国后在中国地理研究所晋升为研究员。1949年，中华人民共和国成立前夕，中国地理研究所部分人员搬迁至广州，留下一批科研骨干成立由周立三负责的南京留守工作站，周立三与当时的地下党员施雅风领导了"反搬迁搞应变"斗争，成功地粉碎了国民党当局欲将该所全部迁往广州和台湾的阴谋，为保存中华人民共和国地理研究机构和骨干力量做出了历史性的贡献。

1950年加入中国民主同盟，中国科学院地理研究所正式成立后，周立三担任副所长、研究员。1959年被任命为中国科学院南京地理研究所副所长。1978年3月，周立三复任中国科学院南京地理研究所所长、所学术委员会主任等。1980年被接纳为中国共产党党员，同年被选为中国科学院学部委员（院士）。1983年9月担任全国农业区划委员会科学顾问组副组长。1984年3月担任南京地理与湖泊研究所名誉所长、所学术委员会主任、所学位委员会主任等。1987年主持国情分析研究工作。1992年12月，周立三主持发表第2号国情报告《开源与节约——中国自然资源与人力资源的潜力与对策》。1996年1月，周立三参加了由地学部部分院士组成的红壤地区考察团，这是他参加的最后一次科学考察活动。1998年5月27日，周立三先生于南京逝世。

## 学科为国　服务经济

周立三坚持在国民经济的主战场上进行研究，急国家之所急，根据不同时期国家建设的需要与问题，开辟和拓展研究领域，承担国家与地方的重大研究项目。1987年，周立三接受国务院农村研究中心的委托，主持中国国情研究工作，确定"生存求发展，发展求生存"的思路，亲自撰写了2万多字的《中国农村国情简要分析》，科学地论证了中国现代化只能选定持久战和非传统模式，强调资源节约和适度消费。这是国情研究的开篇，此后他又提出第2—4号国情分析报告的框架与基本思路。

周立三所承担的其他几项重大研究项目，或是接受国家的任务，针对发展过程中出现的问题组织重大项目的研究，或是站在国家层面上发现、分析问题，组织有关学科共同开展工作，在完成任务的基础上提高了理论和方法论水平。

1969—1976年，他在江苏省仪征县（今仪征市）研究高产稳产农田，寻求农业发展的途径，不辞辛劳地在丘陵山区和平原地区做调查，发现基本农田建设及农业生产布局的一些问题并提出了建议，还专程去仪征向当地领导汇报。

针对太湖平原的问题，周立三在实地调查的基础上，发表论文《太湖地区经济发展面临人口、土地和粮食三大问题的挑战及其对策》，并在一次专门会上报告。1983年，他参加了上海经济区领导组织的太湖流域规划考察，历时22天，最后在总结会上发表了重要意见。他认为太湖流域规划涉及自然与经济关系、城乡关系，以及工业、农业和交通运输关系，必须统筹兼顾、合理安排，力图把自然和人文联系起来，将区域发展问题作为整体来研究。他的上述活动都是从国家目标出发的，也为后来组织太湖平原水土资源与农业发展远景"六五"国家科技攻关项目的研究打下了基础。

周立三在完成全国农业区划的基础上，考虑到研究农业问题应该有一部全面而直观的图集，他抓住机遇，极力促成并亲自主持国家农业地图集的编制。这是中国第一部大型农业地图集，具有学术和实践的双重价值。

### 身体力行　实地考察

地理学是一门区域性和综合性很强的科学，周立三认为必须面向自然、面向社会、深入实际，掌握大量第一手资料，并从中较快地增长自己的知识和才能，逐步发现地理现象的分布规律和结构演变，做出正确的判断与结论。周立三的整个学术生涯都是将身体力行和实地考察联系在一起的，不仅年轻时如此，即使年迈他也不放弃野外考察的机会。1996年地学部组织红壤地区考察时，他已 86 岁高龄，仍然主动要求参加。他支持新技术的应用，设法增加经费，添置设备，但是反对不切实际地写空洞文章。针对一些人不重视实地调研、满足于玩弄数字游戏的现象，他严肃指出，用没有根据的数据只能欺骗计算机，计算机算出来的结果也只能欺骗自己。他认为只有深入实际调查取得有价值的数据，才能得出可信的结论。

周立三强调"任务带学科"不是仅仅完成任务，还要在完成任务的基础上找出规律，形成学术观点。为了调整农业区划，他根据多年的研究撰写了《试论农业区域的形成演变、内部结构及其区域体系》，在当时引起了地学界、农学界学者的很大关注。他还多次到基层宣讲农业区划的基本理论和方法，指导进行地方的农业区划。在他和许多学者的建议下，20世纪80年代后期，中央和大多数省、市都建立了农业区划委员会及其办事机构，成为党和政府规划农业生产布局的得力部门。也正是在有效组织多学科综合研究的基础上，周立三得出了许多重要结论。例如，通过全国农业区划研究，在20世纪80年代初期，他尖锐地指出，中国农业生产存在着"掠夺式经营"的问题，即严重损耗资源和破坏生态环境，后又提出了一系列因地制宜调整农业生产布局的建议，引起中央和地方的重视。

## 新疆科考　敢为人先

中华人民共和国成立后，国家开始了大规模的经济建设，经济建设规划的制定迫切需要进行综合考察和深入研究。周立三深感考察研究的重要性，倡议并组织多学科的综合考察队前往新疆调研，这项工作得到时任中国科学院副院长竺可桢的大力支持。新疆考察队成立后，在1956—1960年间，连续5年对新疆的自然资源、社会经济条件和农业布局进行了全面而系统的考察。周立三先后任副队长、队长，他重视以任务带动学科发展，要求各专业组的活动密切联系新疆的经济建设。每年考察结束后，都要向新疆维吾尔自治区党政领导和生产部门进行汇报，提出对生产发展的建议。为了征求地方对科学考察的意见，确定若干重大考察项目并制订好年度计划，周立三还组织先遣力量对下一年的工作地区进行预察。新疆考察队在对新疆全面考察的基础上，还先后重点组织过额尔齐斯河的开发、吐鲁番盆地的综合利用、开都河改道与其对博斯腾湖的影响、塔里木盆地的盐土改良等专项考察，取得了许多重要的科研成果。

周立三与新疆考察队的其他领导、苏联专家，以及全体队员团结合作，综合研究新疆自然资源的开发利用与农业合理布局的问题，完成了《新疆维吾尔自治区农业自然资源开发利用及农业合理布局的远景设想》综合考察报告和 13 个专题研究报告，有针对性地论述了有关农牧业生产发展的重大问题。这套研究报告是新疆考察队数年考察的成果，为新疆的资源开发和发展规划提供了许多重要的建议，多年来一直被业务部门作为编制计划的重要依据。其全部考察成果，包括一系列学科专著，得到全国科学大会的表彰。

20 年后，为贯彻中央将新疆和整个大西北作为中国下一个世纪开发重点的战略，中国科学院再次组织新疆资源综合考察，仍请周立三先生主持这项工作。此时他已是 70 多岁的高龄老人，但依然接受了任务。他在其主编的《关于新疆农业发展的若干建议》报告中提出：第一，要重视山地与平原的统一性；第二，生产建设必须重视生态环境变化所引起的后果；第三，调整经济结构必须重视解决农牧、林牧、工业与农业、城市与乡村之间等矛盾；第四，要提高农牧产品在国内外市场的竞争力，必须大力提高质量。报告还对新疆的合理用水、挖掘耕地生产潜力、防治沙漠化、改良利用盐碱土、挖掘畜牧业的潜力与合理利用天然草场、保护与营造森林、重视粮食生产的小区平衡及建设棉花基地等问题做了专题分析。

### 区划研究　开创引领

中国有自己独特的自然环境,农业生产的地区差异很大。但是，长期以来各地区存在着不能因地制宜合理布局农业生产的问题，在农业上"一刀切"指挥的现象相当普遍。周立三认为，农业的地区差异是客观存在的，不同的农业区有大小不同等级的地域系统，农业区划应依据客观的农业地域分布规律，从发展生产出发，按地区生产条件与生产特点的相似性和差异性加以科学分区划片，在此基础上因地制宜合理布局，并明确各区的发展方向与增产途径，为规划和领导农业生产提供科学依据，这有助于增强主动性，减少盲目性。因此，周立三把农业区划的研究作为农业地理结合生产实践的首要问题，20 世纪 50 年代，他在主持完成"中国农业区划的初步意见"和对新疆综合考察的基础上，进一步研究省区农业区划的理论与方法，初步完成了新疆农业区划。20世纪 60 年代初，针对中国农业生产发展所受到的严重挫折，周立三和许多科学家联名向国家建议开展农业区划的研究，并得到周恩来总理的重视，农业区划被列为当时农业科技发展的第一项任务。

　　周立三担任江苏省农业区划委员会副主任委员时，率先在江苏省开展农业区划的试点工作，并在较短时间内就取得了一系列成果，得到中央有关领导的赞许和地方领导的肯定，江苏省委把"区划—规划—样板"作为领导农业生产的方法。1964 年 5 月，国家科学技术委员会在无锡召开现场会议，推广江苏的区划工作经验。

　　1979 年，周立三应国家农业委员会的要求，主持了"中国综合农业区划"工作，密切联系农业发展的问题，论述了全国 10 个一级区和 34 个二级区的农业发展方向，并分别就土地资源、农业生产布局、农业技术改造等重大问题进行了专题分析，提出建议。这一研究报告被中央许多部门应用和参考，并获得了 1985 年国家科技进步奖一等奖。作为中国农业区划研究的主要开创者，周立三不仅注意理论和方法的探索，而且注意服务于生产实践，在这个基础上总结出的理论与方法，还要尽可能地让生产计划部门的实际工作者掌握，从而发挥更大的作用。20 世纪 90 年代初，已耄耋之年的周立三主编了《中国农业区划的理论与实践》一书，对中国农业区划工作做了全面、系统的理论总结，此成果获 1995 年中国科学院自然科学奖二等奖。

**国情报告　引发关注**

自 1987 年以来，周立三先后受国务院农村发展研究中心的委托与院长基金特别支持项目的资助，带领国情分析小组共发表了 8 份国情报告，以"认清国情、分析危机、消除错觉、寻找对策"为宗旨，对中国国情进行了系统的分析研究。报告中的许多观点，很快为中央领导接受和采纳，成为制定中国经济发展方针政策的重要科学依据，并引起学术界的重视与关注。

在 1989 年 10 月发表的第 1 号国情报告《生存与发展——中国长期发展问题研究》中，周立三用"掠夺资源的经营方式"这个词形容中国经济发展中存在的问题：耕地重用轻养，林地重采轻造，草地超载过牧，水域酷渔滥捕，矿产采富弃贫、采主弃副。在分析问题后，他提出了变粗放经营为集约经营的理念，同时提出走非传统的现代化道路，即实行低度消耗资源的生产方式，提倡适度消费的生活方式。他指出，以牺牲本国有限的资源和生态环境，求得超高速度的经济增长是难以为继、不可持久的。

在 1992 年发表的第 2 号国情报告《开源与节约——中国自然资源与人力资源的潜力与对策》中，周立三更明确提出要根据中国的国情国力，"建立资源节约型国民经济体系"的观点，包括建立以节地、节水为中心的集约化农业生产体系，以重效益、节能、节材为中心的工业生产体系，以节省动力为中心的综合运输体系，以适度消费、勤俭节约为特征的生活服务体系，以及分配合理、注重效益的社会保障体系，等等。

1994 年发表的第 3 号国情报告《城市与乡村——中国城乡矛盾与协调发展研究》指出，中国长期存在城乡分割的二元结构矛盾造成多种不利影响或危害。首先，阻碍了农业现代化和城市化的进程；其次，国有资源配置不合理程度加剧，造成资源浪费和效率下降；最后，城乡人民经济差距日益扩大。针对城乡二元结构矛盾，报告提出城乡一体化与协调发展战略，根本出路在于加速城市进程以及提出相关对策。

1995 年，周立三发表了第 4 号国情报告《机遇与挑战——中国走向 21 世纪的经济发展目标和基本发展战略研究》。他在报告中首先提出，当今世界经济竞争，实质上已转入以经济与科技为主要对象的综合国力的竞争，落后意味着失败。所以，振兴科技已直接关系到中华民族自立于世界之林的自信心与凝聚力。其次，还应居安思危。要有危机感和责任感，按照中国基本国情，实事求是，解放思想，同时因地制宜，做到政策对头，措施得力，相信一定能够克服前进中的困难，迈向新世纪的光明前程。报告对中国发展持"审慎的乐观"态度，提出包括稳定和渐进、持久战、适度高速发展、高度开放和科教兴国等五大基本战略及相关对策。

（本文系中国科学院网站资料整理而成）

# 寿勉成：中国合作事业的开拓者

◆ 人物名片

**寿勉成**（1901—1966）

字襄，号松园，诸暨墨城湖人。1920 年毕业于浙江省立甲种商业学校。1924 年毕业于上海复旦大学，获社会经济学学士。次年，受上海南洋烟草公司的资助留学美国，入华盛顿大学及哥伦比亚大学苦学 4 年，获得经济学硕士学位。1928 年学成归国，先后执教于上海大厦大学、复旦大学、安徽大学等。1934 年，他受中央政治学校教务主任余井塘的推荐，担任该校经济系主任兼教授。1936 年向政府提议成立合作事业管理局，任局长，此后发起成立中国合作事业协会。他从事合作事业 30 年未买一块地，未置一间房，没一分钱存款。著有《社会经济学》《合作经济学》《合作原理》《新经济学》，翻译《资本主义的法律基础》、《李嘉图著作和通讯集》（第三卷）、《政治经济学与资本主义》等。

在近代中国合作运动史上，历史最久且贡献卓越的学术性机构，首推中国合作学社。从清末民初合作思潮的萌芽，到抗战前后合作运动的蓬勃发展，近代中国的合作运动仅存在了短短 38 年时间。寿勉成与中国合作运动的历史渊源始于中国合作学社的创立。中国合作学社是在薛仙舟等人早期创办的平民学社的基础上，于 1928 年 12 月 22 日由寿勉成、陈仲明等部分留学归国者与带有国民党党员背景的合作界知识分子在上海组成的一个民间学术机构，旨在集中同志、研究学术、倡导运动、指导设施、调查事业。该社以社员大会为最高权力机构，依照章程规定，每两年举行一次社员大会，寿勉成最早参与筹备，并担任该社研究部主任。寿勉成是民国时期合作界的一位知名人士，也是一位典型的学者型官员。他既是一位近代合作理论的宣扬者与批评者，又是南京国民政府合作政策的倡导者与实施者。他"亦学亦官亦商"，为中国合作事业的发展尽心尽力，在中国合作运动历史舞台上留下了深深的痕迹。

### 求学复旦　合作救国

寿勉成在复旦求学时，师承薛仙舟。薛仙舟是中国合作经济学的先驱，曾留学美国和德国。当时德国合作事业已相当发达，是世界合作运动的发源地之一，1911 年薛仙舟回国后，在复旦大学讲授经济学和德文等课，并开始宣传合作运动。在当时，复旦学生中响应其号召者不乏其人。他们鼓吹合作运动，认为其是实现三民主义节制资本的好方法，是反对资本主义的和平途径，这也使当时的复旦大学成为中国合作运动的主要策源地之一。当时，寿勉成正在复旦求学，在薛仙舟的启迪下，他对合作经济理论颇感兴趣，对合作救国思想深信不疑。因而在 1920 年，他参加了薛仙舟所创办的"平民学社"，担任了该学社所出版的《平民周刊》的编辑，大力宣传合作运动。

1928 年，寿勉成归国后，在复旦大学经济系任教。当时陈果夫正在复旦筹备成立中国合作学社，遂将寿勉成、王世颖、陈仲明、徐日琨等最早参加过合作运动的人组织起来，吸收寿勉成为该学社的执行委员，并募集资金建设薛仙舟合作图书馆，举办全国性的合作人员训练班。中国合作学社培养出不少中、高教合作事业人员，对我国合作事业做出了贡献。

1936 年，寿勉成在国民党中央政治学校任合作学院院长期间，培养了一大批合作运动的骨干，他们毕业后大部分被分配到中央和各省市合作行政机关工作，也有的被分配到中国农民银行从事办理农贷等工作。

寿勉成先生潜心钻研社会经济，经常邀集志同道合之士切磋、探讨推行合作运动的大计。他才华横溢，著述颇丰，著有《社会经济学》《合作经济学》《合作原理》《合作与主要经济问题》《中国合作问题》《世界合作运动史》《中国合作运动史》与《中国经济政策论丛》等，为经济学界所称颂。

寿勉成一直认为要加强中国合作运动的推行，首先必须有一个推行合作运动的纲领，建立一个完整的合作行政体系。

1938 年，他建议国民党中央成立一个合作事业管理局，以掌管全国的合作事业。国民党中央采纳了他的建议，并任命他为首任局长。合作局分 4 个系统：合作工作辅导团、合作实验区、全国合作人员训练班、全国合作社物品供销处。他还发起成立了中国合作事业协会，自任会长，陈果夫为名誉会长，孔祥熙、戴季陶、邵力子为名誉副会长，并编辑出版了《民力周报》（"合作周刊"），旨在宣传和普及合作理论，介绍合作业务知识。

寿勉成曾以中国合作事业协会会长的身份参加过国际合作联盟会议，并当选为国际合作联盟的执行委员。中国合作事业协会曾与美国合作协会合办过一个国际合作学院，设在纽约，寿先生担任了该院的中方院长，并与英国、瑞典等国家的合作社进行国际贸易和交流活动。

为了进一步推动合作运动，寿勉成还建立合作金融制度，制定了县、中央合作金库条例。1946 年，抗日战争胜利后，国民政府国库拨专款 100 万元用以开办中央合作金库。该金库于同年 11 月正式开业，寿勉成任总经理。中央合作金库在南京成立总库后不久旋即在全国大、中城市陆续成立了 80 多个分支库，开始办理汇兑、吸收存款和合作贷款等合作金融业务，并加入了"四行"联合办事总处（全称是"中央银行、中国银行、交通银行、中国农民银行联合总办事处"）。

## 忧国忧民　一心归国

在 20 世纪 30 年代，国民政府曾把合作运动列为"国民七项运动"之一，想把合作经济纳入国家经济的轨道。按照孙中山的《地方自治实行法》，规定城乡要建立各种合作社。立法院还专门颁布了《合作社法》。1938 年，决议设立全国合作事业管理局。1941 年，由蒋经国起草的《新县制》规定了每乡、每保必须建立一个合作社。可是在当时的历史社会条件下，合作运动最终不可避免地落入少数人的掌握之中，变成了某些特权者攫取私利的工具。

寿勉成是一位忧国忧民的学者，他虽悉知金融经济的奥秘，却不懂个人发财的诀窍。在掌管合作事业的 30 年中，他个人没有买过一块地，没有置过一间房，没有一分钱存款，这在那个时代里，真可谓凤毛麟角了。寿先生洁身自好，对家人、亲属也要求严格，从来不准他们利用特殊身份牟取私利。他的大儿子从大学经济系毕业，本可以通过国际合作联盟的关系，去国外留学或工作，或是随便到哪一个合作金库去做个高级职员，但寿先生不同意，硬是叫他到一家私人银行里去做练习生。这样一位清廉、正直的学者，又怎能容忍合作运动的变质呢？他自知无力挽回这一颓势，多次流露出归隐的想法。然而当权者还想继续利用他的学识和声望，此时的他已身不由己了。

1949 年下半年，寿勉成去了香港，后与在北京的老师邵力子取得联系。1950 年 1 月，当他去法国考察时，台湾当局诬其擅离职守、卷款潜逃，下令通缉。后经寿勉成把事实真相公布于世，并向国民党有关部门申诉之后，才得以洗清罪名，但他的总经理职务被撤掉了。至此，寿勉成与国民党长达20多年的关系终于破裂。

寿勉成出访西欧期间，曾在英国、法国、德国、瑞士、瑞典、丹麦、荷兰等许多国家考察合作运动，与国际合作界人士进行了广泛的接触，并曾在英、法两国讲学，与英国剑桥大学著名经济学家柯尔教授就当代经济学领域的理论和实践进行了深入探讨，收获不少，观念为之更新。在西欧考察期间，他曾撰写了《新经济学》一书，以新观念论述了社会主义计划经济与合作经济相结合的现代经济体制的模式。之后，寿勉成决心回归祖国，经邵力子推荐，由时任中央统战部副部长金城报请中央，周恩来总理表示诚挚的欢迎，寿勉成终于在1951年5月重新回到祖国怀抱。

寿勉成先生回国后，任交通部参事室专门委员，参与编辑中国历代水利志。1953年，随中央土地改革工作团赴湖南参加土地改革运动。他一直孜孜不倦地为商务印书馆翻译国外经济学名著，如《资本主义的法律基础》、《李嘉图著作和通讯集》(第三卷)、《政治经济学与资本主义》等。

（本文系综合网络资源整理而成）

# 周廷儒：古地理研究的奠基人

◆ 人物名片

周廷儒（1909—1989）

出生于浙江省新登县（今浙江杭州富阳区），地貌学家、自然地理学家、古地理学家，中国科学院院士，北京师范大学地理系教授、博士生导师。1935—1937年担任浙江省立杭州高级中学地理课教员；1938年任教于国立西南联合大学史地系；1940—1945年在重庆北碚的中国地理研究所工作，并兼任复旦大学史地系副教授；1946年赴美国加利福尼亚大学伯克利分校留学，并获得硕士学位；1950年回国担任北京师范大学教授，并兼任中国科学院地理研究所研究员、清华大学地理系教授；1952年秋担任北京师范大学地理系主任；1980年当选为中国科学院地学部委员；1981年加入中国共产党；1989年7月18日在北京逝世。

周廷儒出身于小商人家庭，9 岁丧父，由母亲与兄长抚养成长。少年好学，以优异成绩在新登读完小学后，继续到嘉兴求学，高中毕业于嘉兴秀洲中学。其后，于 1929 年秋获浙江省官费保送，进入广州国立中山大学地理系学习。1933 年获学士学位，论文为《广州白云山地形》，留系担任德籍地貌专家 W. 卞沙教授助教，这奠定了其一生的主要研究方向。

### 辗转任教　潜心研究

周廷儒于 1935—1937 年任教于浙江省立杭州高级中学。任教期间所编的中国地理教材，虽受时代局限，立论却极具特色。这也体现在他早期的区域地理著作《扬子江下游及其分区》中。

抗日战争爆发后，周廷儒于 1938 年辗转至昆明，任教于国立西南联大史地系，讲授普通自然地理学课程。1940 年，应聘重庆北碚的中国地理研究所，成为该所助理研究员；1942 年晋升为副研究员，并应复旦大学之聘在史地系任兼职副教授，主讲地貌学。周廷儒在北碚的中国地理研究所任职 6 年，主要的研究工作是在当时国民政府建设大后方、开发大西北的方针下，对四川与青海、甘肃一带国土、资源等方面做实地考察、研究。此外，他还参加嘉陵江流域地理考察，足迹遍及流域上下游，参与完成《嘉陵江流域地理考察报告》，并发表多篇论文，对流域内的地貌发育等方面的情况多有阐发。1942 年夏，作为"西北史地考察团"成员，周廷儒经兰州，沿湟水谷地、青海湖至柴达木盆地，穿越祁连山至河西走廊，出入多处当时荒无人烟之地，收集了大量第一手资料，发表《甘肃、青海地理考察纪要》及其他区域地理、地貌方面的论著。

1946 年春，周廷儒获中英庚款名额，赴美国加利福尼亚大学伯克利分校留学。伯克利分校地理系负有国际声誉，地理学界知名学者很多。受"文化景观"学派创始人美籍德国学者 C. O. 索尔教授的影响，周廷儒以 1942 年西北考察所收集的资料为基础，融汇自然地理条件与人文现象，撰写硕士论文《甘肃走廊和青海地区民族迁移的历史和地理背景》，1948 年通过答辩获得硕士学位。

1949 年中华人民共和国成立，应当时北京师范大学地理系主任黄国璋教授的聘请，周廷儒于 1950 年回国，任北京师范大学教授，兼任中国科学院地理研究所研究员、清华大学地学系教授。1952 年秋，开始担任北京师范大学地理系主任，至 1983 年离任，任期达 30 多年，其间，于 1981 年当选为中国科学院地学部委员。

在北京师范大学，周廷儒曾先后主讲地貌学、中国自然地理、古地理等课程。除从事教学工作外，为适应祖国开发建设的需要，在 20 世纪 50 年代多次参加中国科学院等单位组织的考察工作和科学研究项目。1951 年，参加内蒙古铁路选线考察。1952 年，参加华南自然地理考察。1953—1955 年，参加"中国自然区划"工作，先后参与完成《中国地形区划草案》《中国综合自然区划草案》，并参与编著《东北地貌》《华北地貌》等（后被列入"中华地理志丛刊"出版）。

1956年，周廷儒参加规模庞大的中苏合作新疆综合考察工作，其后连续4年风尘仆仆，每年春季出发，秋后方归。1956年考察新疆北部，从南坡登阿尔泰山，并两度穿越古尔班通古特沙漠，又考察了天山北麓的玛纳斯河地区。1957年攀登天山山地，重点考察了伊犁谷地和大、小尤尔多斯盆地等水资源丰富的山间谷地，并到达吐鲁番、焉耆等地。1958年考察南天山与塔里木盆地，并曾率小组对塔里木河中游进行了专门考察。1959年考察塔里木盆地南缘及昆仑山脉北坡地区。通过实际工作，周廷儒对新疆的地貌、自然地带分异规律、第三纪以来自然地理的演变等，都有独到的见解，并参与编写了《新疆地貌》一书，这也是新疆综合考察队地貌考察组的主要成果。

周廷儒通过长期的实践，认识到现代自然地理环境有它的继承性和演变过程，需要查明自然地理的发展历史，才能对现代规律有深入的认识，从而推测它的发展趋向，因而他在20世纪60年代初提出，应重视自然地理学的古地理研究方向。1962年，周廷儒在北京师范大学地理系开讲古地理学课程，随后创建古地理研究室。研究室成立伊始，即率领全室人员到内蒙古凉城岱海盆地及晋北大同、阳高等地开展第四纪古地理研究。此项目至1966年被迫停顿，研究室也随即解体。

周廷儒始终坚持着自己的信念和科学研究事业，孜孜以求，努力不懈。1972年，根据周恩来总理"中国科学院应重视基础研究和加强基础理论研究"的指示，中国科学院决定聘请 82 岁高龄的竺可桢副院长为主任，成立《中国自然地理》编辑委员会，组织各方面专家进行编著工作。周廷儒受聘为编辑委员会委员，并承担《中国自然地理·古地理》分册的写作任务。于是，从 1973 年起，周廷儒在当时极为艰苦的环境中，每日早出晚归，赴地质资料馆搜集资料，前后历时 4 年之久，案头手稿、草图堆积如山，近 40 万字的专著方得以脱稿。

1976 年以后，北京师范大学地理系古地理研究室重新开展工作，周廷儒继续兼任研究室主任。20 世纪 60 年代初期的原有设备已完全废旧或失散，孢粉分析室、C14 实验室、微体古生物分析室、岩矿实验室等大多是重新擘画、重新建设的。研究室仍以华北第四纪环境演变为研究重点，并恢复招收研究生。周廷儒以自己 60 年代开设古地理学课程时所编的教材为基础，吸收 70 年代国际前沿研究成果，编著共计 26 万字的《古地理学》，并于 1982 年正式出版。

与此同时，周廷儒还致力于探讨举世瞩目的中国东部第四纪冰川问题。为此，虽已年逾七旬，他仍于 1981 年登上庐山，1982 年登上黄山，亲临实地进行考察。

1981 年，古地理研究室建立博士点，在周廷儒的指导下，开始培养博士研究生。

## 严谨治学　勤奋工作

周廷儒毕生从事地理教育与地理科学研究，在这两个方面都做出了重要贡献。在北京师范大学地理系任教的30多年间，周廷儒长期讲授基础课程，开设研究生课程，培养的博士、硕士、本科生遍及全国，可谓"桃李满天下"，这些学生中已有许多成为我国地理教育、地理科学界的骨干。在培养人才方面，周廷儒特别重视对学生的理论素养和野外工作能力的训练。20世纪50年代初，他回国不久，便多次率领学生到胶东、辽东等地做地貌、区域地理实习，当时农村生活条件艰苦，师生自带行李、干粮，经常夜宿于破庙、农舍之中，与美国的生活条件相差甚远，而周先生不以为苦；80年代，他已古稀之年，仍带领研究生、中青年教师，数次前往秦皇岛、烟台等地，指导他们通过野外实践搜集原始素材。周廷儒自己在地理科学方面的成就，也无一不是通过辛劳的野外实践而取得的。

周廷儒一生严谨治学，勤奋工作，先后发表论文、出版专著共计60多种，主要的贡献集中在地貌学、自然地理学和古地理学方面。

地貌学方面早期的成就在于河流地貌的发育过程。《离堆与离堆山考》（1941）、《嘉陵江上游穿断山之举例》（1943）等文章通过解释嘉陵江河谷的发育历史和流域内现代地貌的特征与成因，阐明了准平面上的老年期河流在地块抬升过程中的"回春"规律。

新疆地区的地貌发育受新构造运动、干旱区气候条件与沉积规律以及中新生代以来的地质历史的影响，有它的独特规律，周廷儒综合各方面因素，对各山地、山间盆地、山前地带的地貌分别做出了细致的分析与说明，对干旱区地貌研究做出了重要贡献。

对于新疆一些引人注目的自然地理与古地理问题，周廷儒都从地貌学家、自然地理学家的视角，综合判断，做出解答。

新疆各山地、地貌和沉积物所显示的第四纪冰期规模、次数都存在差别，从气候上难以解释。周廷儒根据各山地古夷平面发育及抬升高度参差不齐的情况提出：由于新疆境内"新第三纪构造分异，各山地隆起快慢不一，高度参差。如果第四纪冰期初期，山地最占优势的均夷平面抬升到降雪最多的高度范围内，集冰的面积最大，便会发生首次最大规模的冰川。当后来主要的均夷平面上升超过了降雪最多带，下部降雪丰富带上山坡变陡，集冰机会减少，冰川作用规模自然减少"。由此，他提出了新疆山地冰川发育过程的独特模式。

塔里木盆地中的罗布泊，现在已因湖水干涸而消失。但从 20 世纪初以来，它的"迁移"问题一直是国际地学界聚讼纷纭的事件。1959 年，根据考察资料及卫星照片分析，周廷儒认为："罗布泊在历史时期从来没有迁移到别处去过，只在湖盆内部受到最新构造运动和水文变化的影响，表现出各个时期积水轮廓的变动，并非'游移湖'。"

关于新疆一带历史时期是否有日益变旱的趋势，又是一个直接关系到开发方向的重大问题。对此，各家意见分歧。周廷儒通过实地考察认为："绿洲居民砍伐沙丘上的灌木作为燃料，甚至破坏保护绿洲的树木，引起沙丘的移动，增加了沙地的吹蚀作用是绿洲田园与灌渠被风沙湮没的主要原因。"现今湮没在沙漠里的古城废墟，主要是由"荒漠区河流改道"引起的。"近数百年来，塔里木河分支上的河岸绿洲因为河道淤塞河水不继而放弃耕地的例子比比皆是，而山麓扇形地绿洲耕地面积的扩大，灌溉用水增多，也使下游河道缩短，胡杨树枯死，风沙侵占旧日的聚落。"从这些论述中可以看到，周廷儒认为新疆的自然旱化趋势并不显著，但的确是人类活动在导致环境退化。实际上，这体现了维护干旱地区结构脆弱的生态系统平衡的迫切性，也对有关部门就上下游农业协调等方面存在的问题提出了警告。

　　20世纪50年代初期，周廷儒即已致力于综合自然区划的工作。60年代，其连续撰文阐明综合自然区划的原则、方法、目的等，并发表了《中国综合自然地理区划方案》《新疆综合自然区划方案》等，这些都是我国地理学方面的重要学术文献。周廷儒的区划方案的特色在于，强调"必须考虑到区域发展的历史过程"的观点，提出在"必须探求主导因素所处的地位和作用"的同时，要考虑到"主导因素并不能作为区划的绝对标志来看……只有区域形成和发展的自然地理过程所产生的自然物体，才是客观区划的绝对标志"。1963年发表的《中国自然区域分异规律和区划原则》一文，以沉积物和风化壳所反映的气候特征及生物化石群为依据，论述了老第三纪时期中国境内地带分异的规律，在此基础上探讨"由于古地中海的消失，欧亚大陆连成一片，中国内陆大陆性气候加强，大陆和太平洋的对比关系……破坏了老第三纪行星风系统的地带"规律，以及"青藏大山原的隆起和东部地势相对下降，引起了西风急流的动力作用……改变了中国各处气候"条件所导致的"五大地域的形成"，提出了"以气候—构造作用为主导因素"的"五大地域"方案，即东部季风林地域、中部干草原地域、西部干荒漠地域、外部青川藏山原边缘高山地域及内部青藏山原寒荒漠地域。20 年后，周廷儒于 1983 年发表的《中国第四纪古地理环境的分异》再一次从第四纪以来的自然地理演变，阐明了我国三大区的分异规律（三大区即将原来"五大地域"方案中的中部干草原地域与西部干荒漠地域合并，外部青川藏山原边缘高山地域与内部青藏山原寒荒漠地域合并而成）。

　　周廷儒是我国地理学界古地理研究的奠基人、开拓者。早期的古地理研究工作着重在中生代白垩纪以来新疆自然环境的演变过程，且发表论文多篇。20 世纪 70 年代以后，除了以专著阐述古地理学原理和研究方法，以及中国第三纪以来自然地理环境的发展演化过程和规律，周廷儒还致力于探讨华北第四纪古地理问题和中国东部季风区第四纪冰期的环境问题。从环境整体协调的观点出发，周廷儒提出中国境内"第四纪寒冷期的地带性问题"和"冰期雪线问题"，从而判断，根据冰期冰缘永冻带的位置和地带雪线高度，当时中国东部"黄土带或亚热带如要发生山地冰川"，必须是在"高度 3000 米以上的山地"。此外，他还从冰蚀地貌与雪蚀地貌、真冰碛和假冰碛、网纹红土与古风化壳的关系等方面，对中国东部中低山地区曾被广泛认为是"冰川遗迹"的地貌现象提出质疑。这一重要见解的正确性，日渐为后人的工作所证实。

（本文节选自《周廷儒文案》）

# 许钦文：1937年的西湖预言家

◆**人物名片**

**许钦文**（1897—1984）

浙江绍兴人，中国民主促进会成员，中国作家协会会员，20世纪二三十年代知名小说家。1917年毕业于浙江省立第五师范学校，留任母校附小教师。1920年赴北京工读，在北京大学旁听鲁迅先生的"中国小说史略"课程，并因乡谊与鲁迅先生过从甚密，自称是先生的"私淑弟子"。1922年发表第一篇作品短篇小说《晕》，此后经常在《晨报》副刊发表小说和杂文，受到鲁迅的扶植与指导。1926年由鲁迅先生选校、资助的短篇小说集《故乡》出版，描写的大多是浙江家乡的世态人情，颇受好评，鲁迅先生将许钦文列入"乡土作家"之列。1927年，许钦文离开北京到杭州，1927—1932年，进入浙江省立甲种商业学校，担任语文课教员。抗战爆发后辗转福建各地，抗战胜利后复回杭州，前后20余年一边教书，一边写作，其间从事鲁迅著作的研究。

在中国现代文学史上，许钦文是一位颇有影响力的作家。这不仅因为他是现代文豪鲁迅先生的得意门生，多次受到先生的肯定和赞许，而且从文学的角度而言，他为中国现代乡土小说和心理分析小说确立了艺术格局，做出了杰出的贡献。

许多人只知道许钦文是一位作家，却不知道他也是一位毕生追求进步且经受过炼狱考验的反帝反封建的战士。他那激进的民主主义意识、人道主义精神和炽热的爱国主义情感，不仅对弘扬我们民族的传统文化、继承五四新文学的现实主义精神具有重大的意义，而且对于当前的精神文明建设仍具有积极的促进作用。

许钦文先生离开我们很多年了。在他离世前9年，我们曾有幸聆听过他的教导。这位胖胖的戴着深度近视眼镜的憨厚老人，就像他所塑造的一个个生动的艺术形象一般，深深地印在人们的记忆中。

## 父亲启蒙　影响深远

位于绍兴城西北的东浦镇（今越城区东浦街道），是一座古老的水乡集镇。相传村里有72条巷，12个溇。1897年7月14日（农历六月十五日），许钦文就出生在这个典型水乡的西巷桥太平溇。东浦盛产老酒，钦文祖父就以酿酒为业，但他很重视公益事业，诸如造桥铺路、修船救火之类，他是个热心人。祖父有一肚子故事，每当炎夏初秋，在院子里纳凉时，常常给孙子讲历史故事，尤其是太平天国的故事，每则故事讲完后都要讲一番做人的道理。父亲系清末秀才，以坐馆授业为生，在诗文书画上均有造诣，而且喜结交革命志士，是光复会会员平坦白的知交。许钦文7岁那年，父亲成为他识字开笔的启蒙老师。这样的家境对许钦文后来从事文学创作和投身社会活动，均有一定的影响。

许钦文10岁时，发生了震动全国的安庆起义，事件的主角徐锡麟的家就在东浦。他的被杀与接踵而来的鉴湖女侠秋瑾在轩亭口被砍头，深深地震撼了少年许钦文的心灵。1910年，许钦文终于进了他盼望已久的东浦热诚小学就读。这是一所由徐锡麟亲手创办的富于革新的学校，校名取义于"热心于革命，诚意于救国"，为适应当时革命形势发展的需要，学校设有国文、数学、军事、天文、修身等各种新式课程，大不同于封建旧私塾，很对许钦文的胃口，他学习刻苦，成绩出众。1907年，徐锡麟在安庆起义失败后壮烈牺牲，这所学校也遭到严重摧毁，但因为当地群众的支持与保护，"热诚"的校名一直未改，这所学校也成为培养绍兴革命后代的重要场所。1911年绍兴光复后，人们在城内隆重举行了徐锡麟烈士入祠仪式，15岁的许钦文和热诚小学的同学一起参加了这一庄严的仪式。许钦文后来在许多文章中都谈到自己对这所学校的感受。直到晚年，他还能准确地唱出热诚学校的校歌："烈士锡麟，手创热诚，兴学卅载，学子成群……吾侪热血，沸腾沸腾！"足见其对许钦文的影响之深。

1913年，许钦文考入了绍兴第五师范学校读书，与陶元庆（后成为著名美术家）、董秋芳（后成为著名教育家、翻译家）成为同学。这所学校的前身，就是山会初级师范学堂，鲁迅曾出任过校长，周建人、孙伏园等曾在该校学习或工作过。1917 年，许钦文在绍兴第五师范学校毕业，因成绩优异，深得师长赞许，曾留在附小任教一年有余。

1919 年，北京爆发了五四运动。许钦文对这场爱国运动是热烈支持和同情的。早在五四运动之前，他受到资产阶级民主主义思想的影响和科学社会主义思想的熏陶，向往科学与民主，反对封建主义。他如饥似渴地读了大量《新青年》《新潮》《浙江潮》等刊物发表的文章，深受鼓舞和教育。1920 年冬天，他终于下决心北上。到北京后，他在极其艰苦的条件下半工半读，在北京大学旁听鲁迅的"中国小说史略"课程，还听了李大钊的演讲，这进一步激发了他的爱国热忱。1922 年 4 月，他参加了北大学生董秋芳组织的春光社，该社邀请鲁迅、郁达夫等人为导师，开始走上文学创作之路。

## 求师鲁迅　投身乡土

1923 年 8 月 25 日晚，26 岁的许钦文在孙伏园的陪同下，第一次走进了鲁迅在北京砖塔胡同的家。当时，许钦文的生活十分贫困，且有很强的自卑心理，但鲁迅对他的热心与真诚，很快驱除了他悲观的人生态度。之后，鲁迅不但为他看稿、改稿、校对稿子，还专门请他到公园里去，趁着喝茶和吃点心的空当向许钦文讲述自己在日本时，向商务印书馆投稿被多次退回的情形，讲编辑的难处和苦衷，还接连请他和孙伏园吃饭，并有意识地和他谈反封建的意义以及写作方法。在请他看戏的时候，鲁迅向许钦文讲了戏剧与小说的不同点，又详细介绍了喜剧、悲剧和惨剧等剧种，使许钦文受益匪浅。许钦文日后在回忆这段生活时说："鲁迅先生给我的温暖，好像是春天的和风，渐渐地，把我心底里的冰块吹烊了，也把我满脑子的愤懑吹散了，使我觉得，我已不再处于绝境，并非手无寸铁，我有笔，也是可以有所作为的。"（许钦文《〈鲁迅日记〉中的我》）

鲁迅不仅在写作上帮助他，在生活上关心他、资助他，而且还多次推荐他的稿子。其中影响最大的一次是鲁迅"拟"许钦文的讽刺笔调写的一篇小说《幸福的家庭——拟许钦文》，并且在附记中说："我于去年在《晨报》副刊上看见许钦文君的《理想的伴侣》的时候，就忽儿想到这一篇的大意，且以为拟用了他的笔法来写，倒是很合适的。"这里所谓的"拟"，无非是鲁迅先生的谦逊，实则是给青年作家打广告。作为文坛老宿的鲁迅，如此奖掖一个后进作家，读者自然会对许钦文刮目相看。在鲁迅先生的热情关怀和精心培养下，许钦文名声大噪，在创作上也取得了可观的成就。

综观许钦文的作品，无论是小说、散文还是杂文，都继承了中国现代文学史上由鲁迅开创的现实主义传统，真实地反映了我国新民主主义革命时期各个历史阶段的社会生活。五四时期，当大多数作家把注意力集中在表现男女恋爱上的时候，许钦文已经把笔触伸向了广大的农村。他的许多乡土文学作品大多描写了故乡人民的苦难和不幸，特别是揭露了封建宗法势力和封建婚姻的弊害。许钦文说："我能形成现实主义的作风，多半是因为受了鲁迅先生的影响。"（《学习

鲁迅先生：在鲁迅先生责骂的时候》）

许钦文（中）在绍兴鲁迅纪念馆

　　1925 年暑假之后，许钦文离开北京到台州中学任国文教师，也进入了其写作的高产期，因作品故事大多发生在江南城乡，当时即有"乡土小说家"之美誉。

　　一年之后，许钦文又回到北京从事创作，1927 年上半年回到杭州。他先后在浙江省立甲种商业学校（1913 年更名）、浙江省立商科职业学校（1926 年更名）、浙江省立高级商科中学（1928 年更名）教书，这 3 所学校实为同一所学校，只不过经历了易名易地。1929 年，浙江省立高级商科中学与杭州第一中学合并，成立浙江省立高级中学（简称

"杭高"），许钦文也第一次成为杭高老师。之所以说是"第一次"，是因为不平凡的许钦文在1932年遭遇了轰动杭城的重大变故，不得不结束在杭高的任期，后在1946年才重回杭高。教师是许钦文一生中从事时间最长的职业，而杭高则是他待得最久的学校。

生活中，许先生的外貌并不引人注意，戴一副玳瑁边框的近视眼镜，颧骨稍高，衣着也不讲究，一年中大部分时间都穿着西装，系一条领带，完全是我们想象中的民国知识分子形象。每天一早，他总是走着来学校上班，要走六七里路。常见他拎着用包袱布包裹着的学生文簿，朴素、寡言，不显山露水，碰到熟悉的人也不过是点头微笑而已。虽说常年西装，可能跟他几年的北京生活有些关系，乡土味儿还是比较浓的，说他是乡土作家是名副其实的。

许钦文的国文课，最大的优点是允许同学们提各种问题，他本人也乐意解释。所以当时学生形成了一种习惯，凡是同学有什么问题，都在上课前写在黑板上，而先生来了之后就挨个儿回答，讲一个擦掉一个，等擦完了，问题也就回答完了。有时，回答完也就到下课时间了。

许钦文在学校的教学改革，一改过去用古文上课的教学方式，提倡用白话文上课。讲授文章内容时，他给学生介绍作者，讲述文章的背景、结构及写作技巧，着重分析文章的中心思想。上作文课时，让学生自己选题，自由发挥。这些教法，让从前习惯于跟着先生不知所云地曼声吟哦，作文谨守八股套路、诗词格律的学生感到万分新鲜，大家听得津津有味。自然，这样的新课改也受到守旧派的抵制。但在许钦文的坚持下，新式教学法还是坚持并推广开来了。对于这位和蔼可亲的老师，许多年以后，杭高的学生还在撰文回忆。可以说，许钦文的半生是在一边教书、一边勤奋写作的过程中度过的。

## 白色恐怖　经受考验

1927 年"四一二"反革命政变以后，反革命势力猖獗，白色恐怖笼罩着整个社会。面对黑暗的现实，许钦文以愤激的心情，毫不留情地揭露了国民党杀害无辜青年、枪杀革命者的罪行，并对革命者表示了关怀与同情。其中揭露最为深刻的一些代表性小说，如《鬼白》等，矛头直指敌人的专政机关，具有强烈的控诉性和深刻性，这在当时的历史条件下是极为不易的。以至于有专家指出，在这方面，在现代文学史上没有第二个人可与许钦文相比。20 世纪 30 年代，他又写了以反映狱中生活为内容的小说，揭露国民党监狱的黑暗和统治者对所关押"犯人"的虐待和残害。

1937 年抗日战争全面爆发以后，许钦文与郁达夫、董秋芳等人到福建参加抗日救亡活动，担任福州市文化界救亡协会常务理事兼宣传部部长，并在《小民报》开辟了《救亡文艺》副刊。他的这一爱国举动竟遭到国民党特务的监视和破坏，他也因此被列入黑名单。国民党还以莫须有的罪名抓捕了他的战友董秋芳。但这些都没有吓倒许钦文，反而激励他写出更多揭露日寇罪行和反映中国人民爱国抗日斗争的文章。

抗战胜利后，许钦文回到杭高任教。杭高是一所有着光荣民主传统的学校，特别是1948年5月中共杭高支部成立后，学生运动一浪高过一浪，使得许钦文最终走上了"反内战，反饥饿"的民主运动的道路。他在黎明前的黑暗中始终洁身自好，刚直不阿，表现出一个正直知识分子的高尚品质。

## 参政议政　迈上新程

1949年5月3日，许钦文在杭州迎接人民解放军进城。他目睹了在共产党领导下，中国社会发生的翻天覆地的变化，这使他由衷地感到共产党的伟大。由于对党的认识不断提高，许钦文产生了加入共产党的念头。组织上考察了这位长期与党心心相印的爱国知识分子后认为，他留在党外更能发挥作用。1952年12月，许钦文加入中国民主促进会，之后又担任了民进中央委员、浙江省副主委等职。

许钦文曾作为杭州市各界人民代表会议（市政协前身）的代表，出席第三届会议。会议期间，他认真履行职责，积极递交提案，在1953年的第三届二次会议上，他仅在文教卫生方面就提出调整私立学校收费，改进私立中学教职工工资补助金的发放方式，分批抽调各科教师参加师范学院学习，整顿私人开设的补习学校，在拱墅区设立新华书店及在各大书店内增设座位，降低游泳池票价等6个提案。

1955年3月，他又出任浙江省文化局副局长、省文联副主席、省政协常委兼副秘书长等，从一个埋头写作的教书匠走上了政治舞台。有时一天之内,他要陪外宾去绍兴两次,还要忙着下乡蹲点搞调查,以至于 20 世纪 60 年代他几乎没有时间搞创作,这对于一个作家来说是莫大的损失,但也说明他对党的工作热情。

在浙江省人民代表大会第一届第二次会议上,许钦文提出了"为适应农渔业合作化发展形势,要求大量培养师资和技术人员"的提案。在第一届第五次会议上,他又提出了"请保护孤山东方风格,保护所有历史文物和请迅速在劳动路孔庙建立碑林保存宋刻十三经碑石"的提案,受到有关部门的重视。

1949 年以后的许钦文几乎毫无保留地按党的要求去做,对党保持完全的信任。

晚年的许钦文还花了很多精力来研究鲁迅的作品,撰写有关鲁迅的回忆录。他对于鲁迅的宣传是极为认真和严肃的,多次风尘仆仆地到绍兴等地做报告,勉励青年学生学习鲁迅,继承鲁迅精神,直至生命的最后一刻。他曾用一句古语表示自己的心迹,这就是:"朝闻道,夕死可矣。"

1984 年 11 月 10 日,这位毕生追求进步,追求光明,与党同心同德的爱国民主人士在杭州走完了自己的一生,终年 88 岁。

## 廿五年后的西湖

### 许钦文

往来岳坟旗下间,搭汽车比搭划子快;可是价钱,划子便宜，每人只要铜子十枚。小病中觉得气闷，我出去散心，并不贪快，只是走累了，想坐着休息一下；以为慢慢地回来，倒是可以多看点山光水色的，我就跨上划子去。

中舱早已搭满了人，我后到，只好坐在船头上。船一划动，议论就起来；响在我背后的谈话声，可以听得很清楚。

"这几天的西湖真不错！"中年人的口音赞赏。

孤山的梅花未谢，苏白堤上的杨柳已经发芽，桃花也已含了苞，红粉粉，绿莹莹，春水盈盈，和风拂拂，清明节边的西湖，委实爽神悦目的；我同意在背后的中年人的赞赏。

"不过游人很少。"青年的口音接着说。

探望岸上，固然行人寥寥无几；当我从断桥走向岳坟，步行在白堤上时，只有偶然经过几辆车子，简直没什么游玩的人碰着；中山公园和西泠印社的门前，也都冷清清；青年的话我也有同感。

"可是西湖，"中年人又说，"也有很热闹的时候：端午、中秋和过年的几天，湖滨一带不用说，总是挤得难以通过；湖面上也是奂满划子的，因为做手业和做买卖的一大批人，都要出来走走。"

"是的，"青年应和，"做手业和做买卖的，他们多数人，都整天整天地关着，一年中只有三五日可以出来走走。现在的西湖，实在只为少数人所有；你看，能够独雇划子和坐着包车在这湖上游玩的人中，可有几个是做手业、做买卖的呢？都得时常来玩，大好风景，实在是应该大家共同享受的！"

"将来，"中年人问，"就是你所说的世界了吗？"

"是的。"青年回答。

"到了你所说的世界，"中年人又问，"西湖将要变得怎样呢？"

"第一要热闹起来，"静默了一下青年回对，"因为做手业做买卖的人，每天规定的工作时间，至多不会过八小时，一日之间，可以轮流着休息；且有例假，一月之间，可以整天轮流着休息。在休息的时间，当然要像过年过节的这种青山绿水回来游玩。

　　"第二是公共场所要增加：电影院、动物园、陈列所、剧场、学校、幼稚园、浴堂、托儿所和俱乐部等等，都要多多地建筑起来。新的房屋造添，固有的私人的别墅和庙宇，也要改作公共场所。

　　"第三，坐船坐车的办法要大大地改变：风景既好，交通又便，整个的西湖完全作为公共场所是无疑的，不过这也是个过路的重要地方，凡是为着事务而经过的，当另开一条车路；在西湖的范围内，坐车子，只要付一点手续费，不分远近，专供游玩，不过没有船夫，要自己动手。而且时常举行比赛，寓运动于游戏。

　　"第四，要新造许多浮桥，把三潭印月、湖心亭和阮公墩等等都联络起来，不用船也可以走到，而且新的建筑偏重在南岸和山上，因为夏天发南风的时候多，在南岸和山上，可以避免由湖水蒸发出来的热气。

　　"总之将来的西湖，是个多数人的大规模的游戏场；个个人可以去游玩，个个人可以去跳舞歌唱，也实在是个个人都能够这样的了。快快乐乐的，在那里，大家都是笑嘻嘻的；无须为着车钱船钱争多论少，'到岳坟去！''到旗下去！'这种急促的呼喊，也不会再有。"

　　"这是你的理想！"中年人说了就轻声笑起来。

　　"是应该这样的！"青年认真地回对，"以后总得做到这个样子！"

“要到什么时候呢？”

“唔！只要积极的建设，十八九年的工夫就很可以，这是有了例子的；再加六七年的准备时间，唔唔！廿五年以后的西湖，总天天都很热闹的了罢！”

这些话青年认认真真地说，很有把握的样子。

船到旗下，中年人和青年都早就先我上岸去，他们的脸相，我终于没有看清楚。

廿五年以后的西湖，究竟将要怎么样，现在谁也不能明确地断言；青年对于他所说的情形，与其说是猜想，不如说是希望。

鲁迅先生曾经在他的《故乡》上这样写着：“希望是本无所谓有，无所谓无的。这正如地上的路：其实地上本没有路，走的人多了，也便成了路。”

既然有人在“走”，廿五年以后，未必不成“路”；这也是谁也不能明确断言的。“理想”本由于“希望”的作用，也是含着希望的意义的。

“这是你的理想”，中年人对青年所说的话，是并不错的罢！

——出自《谈风》1937 年第 15 期。

（本文部分内容选自《许钦文先生的不平凡人生》）

# 宋清如：不下于冰心之才女

◆人物名片

宋清如（1911—1997）

　　江苏省常熟县人，浙江省杭州商业学校语文教师，著名的莎士比亚戏剧翻译家、诗人朱生豪（1912—1944）的夫人。1911年春生于江苏省常熟县西张栏杆桥日晖坝（今属张家港市凤凰镇安庆村）一户富豪家庭。1932年进入之江大学，1933年起常在《现代》等多种文学刊物上发表诗作，被誉为有"不下于冰心女士之才能"的女诗人。因为对于诗歌的共同爱好，与朱生豪结为伴侣。1942年，两人在战火中的上海举行了简单的婚礼，并携手进入莎士比亚的世界，宋清如对朱生豪的"译莎"事业起了重要的支持作用。宋清如一生从事教育工作，桃李满天下，深受学生敬爱。

宋氏先祖宋宪，世居京兆（今西安一带），曾任唐代大理寺丞，讲授《易经》，弟子众多。唐武德年间，宋宪后代宋文英迁居浙江湖州，其子少英公被赐葬于海虞河阳里，直至六世孙景存公携带一个弟弟两个侄子到海虞安家，宋文英被推为海虞始祖。他的后代就在常熟开枝散叶，耕读传家，俨然成为常熟的名门望族。山清水秀的虞山孕育了美丽灵秀的女儿，二十三世孙宋清如就在桃花盛开的河阳里出世。她的曾祖宋荣曾、祖父宋寿孙均为国学生，宋寿孙"敕授儒林郎，晋授奉直大夫分省实用州同知"，宋家算得上殷实的书香之家。父亲宋文麟、母亲周氏养育了三女一子，宋清如是二女儿。

宋清如是极有个性与主见的女孩，相对富裕的家庭为其成长提供了物质保障，幼年时接受私塾启蒙，接着到常熟女子高小读书，之后经过自己的抗争与努力，得以在苏州的慧灵女中、女子中学（1932年又改名为苏州女子师范）分别完成初中、高中学业。在苏州档案馆里还珍藏了她在慧灵女中读书时所写的《前校长蓝纱斐女士五十大庆序》，语言活泼，对校长充满崇敬。家人本来希望她初中毕业后回家结婚，但她表示"不要嫁妆要读书"，母亲疼爱这个掌上明珠，给了她一个自由的天空。宋清如是个为读书为写诗而生的女孩，对新诗着迷，经常在《现代》《之江年刊》上发表新诗，其中《有忆》《夜半歌声》可以说是20世纪30年代新诗中的精品，展现了新女性外出求学、争取独立自主的心路历程。

### 之江生情　以诗为媒

按当时教育部的规定，师范生已享受过公费待遇，就不能报考公立大学，故1932年，已从苏州女子师范学校毕业的宋清如考入了美国教会大学——杭州之江大学，成为中文系的一名学生。人生往往因为某个偶然的决定而改变航向，之江大学对宋清如也是如此，所谓"金风玉露一相逢"，宋清如、朱生豪就在这里相识、相知、相爱。

嘉兴小伙子朱生豪，出身于一个小商人家庭，兄弟三人，他排行老大，祖上留下一座大宅子，"房屋和庭园各占一半，因此空气真是非常好，有一个爽朗的庭心，两个较大的园子，几个小天井，前后门都有小河通着南湖"。貌似家境不错，其实并非如此，这所房子除留一部分自住外，出租给了三户人家和一家油行，每年有300元租金可以贴补生活。本来一家五口的日子也就这样过着，谁料1922年12月母亲撒手人寰，接着父亲也离世，慈母遗留下的积蓄维持了朱生豪从高小到大学的学业，而家庭的变故使他的性格格外沉静、敏感、孤僻，沉默寡言，他将全部心思放在学业上，小学毕业直升初二，1929年被嘉兴秀洲中学推荐到之江大学就读。

宋清如在高中时代就喜欢写新诗，也试着创作新诗，但她并不懂得传统诗词的平仄。之江大学有一个"之江诗社"，诗社中有不少古体诗词高手，宋清如拿出精心准备的"宝塔诗"作为参加之江诗社活动的见面礼。朱生豪的同班同学彭重熙看后，传给朱生豪，朱生豪看了下就微笑着把头低下，没有言语，没有表情，宋清如一阵紧张，觉得她的"宝塔诗"

成了"怪物"。几天后，朱生豪写信给她，并附上3首新诗，请宋清如指正。来而不往非礼也，宋清如立即回信，诗词创作成为两个年轻人的话题。她开始学作旧诗词，他耐心指点她，毫不客气地批评，情不自禁地表扬，一字一句地修改，她的旧诗词有所长进，但渐渐放弃了新诗。当年主编《现代》的施蛰存赞赏她的才华，为她听从朱生豪的话不再写新诗而深感遗憾。西子湖畔、六和塔下，宋清如、朱生豪因诗结缘，因缘生情，他们坠落到月下老人早已编织好的情网之中。

### 十载书信　谱就恋曲

1933年夏，朱生豪大学毕业，到上海世界书局做英文编辑。临别之时，朱生豪将1932年秋创作、1933年夏完稿的3首《鹧鸪天》赠给宋清如，那份情意尽在词中。其一：楚楚身裁可可名，当年意气亦纵横，同游伴侣呼才子，落笔文华洵不群。招落叶，唤停云，秋水朗似女儿身。不须耳鬓常厮伴，一笑低头意已倾。其二：忆昨秦山初见时，十分娇瘦十分痴，席边款款吴侬语，笔底芊芊稚子诗。交尚浅，意先移，平生心绪诉君知。飞花逝水初无意，可奈衷情不自持。其三：浙水东流无尽沧，人间暂聚易参商。阑珊春去羁魂怨，挥手征车送夕阳。梦已散，手空扬，尚言离别是寻常。谁知咏罢河梁后，刻骨相思始自伤。而宋清如仍在杭州继续学业，书信将他们联系在一起。宋清如客气地向朱生豪讨教作诗，而朱生豪则向心仪的天使倾诉着无限的爱恋，对其称呼达 70 余种，如宝贝、妞妞、傻丫头、亲亲、宋儿、小鬼头儿等，落款也是稀奇古怪。书信给性格内向、不善言辞的朱生豪诉说相思之情提供了舞台，借助点点笔墨，写尽满腹惆怅、相思、烦恼，有情真意切、缱绻缠绵的一面，也有风趣幽默、活泼开朗的一面。他一般两三天就写一封信，有时一日一封，他疯狂地爱上了这位江南才女，"我实在喜欢你那一身的诗劲儿，我爱你像爱一首诗一样"，几乎每封信都要表示永远待她好。

上海的生活是寂寞、孤独的，朱生豪的信中经常出现"自杀""梦境""想死"这样的字眼，文人颓废、抑郁、孤寂的情绪时时弥漫在书信里。宋清如就像定海神针，一接到她的信，他就快乐："风和日暖，令人永远活下去。世上一切算得什么，只要有你。我是，我是宋清如至上主义者。""我的快乐即是爱你，我的安慰即是思念你。"真情难得，宋清如以诗词、以女性特有的细致回应朱生豪，满怀深情填了一首《蝶恋花》："愁到旧时分手处，一桁秋风，帘幕无重数。梦散香消谁共语，心期便恐常相负。落尽千红啼杜宇，楼外鹦哥，犹作当年语。一自姮娥天上去，人间到处潇潇雨。"

1935 年 8 月，朱生豪到常熟宋家，这是两人关系明朗的标志。"那照眼的虞山和水色使眼前突然添加了无限灵秀之气，那时我真爱你的故乡。"所谓爱屋及乌，因为是心爱姑娘的家乡，所以朱生豪对常熟也非常喜爱。相识 10 年，书信 10 年，诗文交流 10 年，情感交融 10 年，男未娶，女未嫁，他们在等待。

致宋清如：

　　妳的来信如同续命汤一样，今天我算是活过来了，但明天我又要死去四分之一，后天又将成为半死半活的状态，再后天死去四分之三，在后天死去八分之七等等，直至妳再来信，如果妳一直不来信，我也不会完全死完，第六天死去十六分之十五，第七天死去三十二分之三十一，第八天死去六十四分之六十三，如是等等，我的算学好不好？

　　　　　　　　　　　　　　朱生豪

《致宋清如》

## 相夫教子　思念未了

　　1936 年，宋清如从之江大学毕业，她的理想是做一名教师。朱生豪和她开玩笑，愿以一月 3 块大洋聘请她做秘书和家政。湖州民德女中向她抛来橄榄枝，宋清如接受了这份月薪 50 元的工作。自此，这个年已 25 岁的女诗人正式走上社会。远在上海的朱生豪"笃莎剧，尝首尾严诵全集十余遍，于原作之精神，自觉颇有会心"，他听从同事詹文浒的建议，于 1935 年开始翻译莎士比亚戏剧，表示将译作作为礼物送给宋清如。宋清如感动之余，写了《迪娜的忆念》一诗相赠："落在梧桐树上的，是轻轻的秋梦吧？落在迪娜心上的，是迢远的怀念吧？四月是初恋的天，九月是相思的天……"朱生豪为这首诗谱曲，以此见证他们的爱情，见证他事业的开端。教书是宋清如的工作，副业则是为朱生豪的译作校对、誊写，偶尔做些修改。

　　这样美好的日子才开始，日寇的侵略打乱了一切，朱生豪收集的各种莎剧版本及"诸家注释考证批评之书"悉数毁于战火，只能挑出一套牛津版全集和几本译稿。短暂逃亡后，朱生豪再度回到上海工作，而宋清如则远离故土，辗转重庆、成都等地教书谋生，两人天各一方，相思一种。

　　1942 年 5 月 1 日，他们经过了 10 年爱情长跑后，步入婚姻的殿堂，一代词宗夏承焘为新婚伉俪题下"才子佳人，柴米夫妻"8 个大字。

　　爱情是浪漫的，婚姻生活却是务实的。宋清如由才女转为主妇，一日三餐，柴米油盐，样样操心，这也是那个年代知识女性为家庭所做的牺牲。朱生豪依然做他的才子，"闭户家居，摈绝外务"，一门心思在家翻译莎士比亚作品，这是他的梦想。"他译莎，我做饭。"几十年后宋清如如是说。

困顿的生活、超负荷的工作，摧垮了朱生豪原本单薄的身体。1944 年 12 月 26 日，朱生豪完成了 37 部莎士比亚戏剧中 31 部的翻译，带着无限的遗憾撇下了深爱的妻子和年仅 1 岁的儿子。

### 生豪遗愿 倾力完成

朱生豪去世后，她一度绝望到要随他而去："你的死亡，带走了我的快乐，也带走了我的悲哀。人间哪有比眼睁睁看着自己最亲爱的人由病痛而致绝命时那样更惨痛的事！痛苦撕毁了我的灵魂，煎干了我的眼泪。活着的不再是我自己，只似烧残了的灰烬，枯竭了的古泉，再爆不起火花，漾不起漪涟。"

此后的人生，她只顾着两件事：抚养当时刚满周岁的儿子，替亡夫完成莎士比亚戏剧的翻译出版。

1948 年，宋清如独自完成 180 万字遗稿的全部整理校勘工作，写下译者介绍，交由世界书局出版工作。

1954 年，朱生豪翻译的《莎士比亚戏剧全集》重版发行，出版社按规定汇来 2 万元稿酬，宋清如谦虚恭敬地将钱款退回，出版社又寄来请她一定收下……为人处世一向清廉的宋清如执意要划出部分，分别捐给嘉兴图书馆、新闻单位及秀洲中学等，余下款项用来购买公债支援国家建设。

1955—1958年，她在朱生豪弟弟的协助下，翻译完成了朱生豪未竟的5部半莎士比亚戏剧。她是如此谨慎、郑重，直到自己校勘无误，才开始联系出版社，却不知出版社已早就落实了译者。这不能不说是个巨大的遗憾，但她心中释然，那3年，她恍惚回到了"你译莎来我做饭"的岁月，在莎士比亚的戏剧中，他们仿佛又于天上人间"共度"了3年。

1977年，依然独身的宋清如回到嘉兴朱氏老宅，这一年，她67岁了。小墙上挂着朱生豪的画像，老家具还在，床还是当年那张。可惜，她的译稿已荡然无存，好在珍藏的书信还在，经反复劝说，她终于答应——整理，挑了一部分结集出版，题名《寄在信封里的灵魂》。

1991年，80岁高龄的宋清如应邀出演电视剧《朱生豪》，她以真实感情和质朴的感染力打动了观众和评委，奇迹般地获得了第12届中国电视剧飞天奖的荣誉奖。

1997年6月27日，宋清如突发心脏病，猝然离世。生前，她将伴随自己40多年的朱生豪手稿全部捐献给了国家。

2003年，人民文学出版社出版了朱生豪、宋清如夫妇的合集《秋风与萧萧叶的歌》，收录了朱生豪的诗作58首、宋清如的诗作51首。

（本文系网络资源整理而成）